ISBN n° 2-910818-05-5
Dépôt légal : 2ème trimestre1996

Dodo

365 histoires pour m'endormir

Dodo

365 histoires pour m'endormir

Illustrations de Fabienne Gallois

Place Furstemberg, éditeurs.

1er janvier

Les couleurs du caméléon

Il y a très longtemps, sur la terre, les hommes et les animaux n'avaient ni maisons, ni terriers. Lassés, ils finirent par aller voir le bon Dieu pour lui demander son aide.
– Nous ne pouvons plus vivre sans abri. S'il te plaît, aide-nous à nous loger.
– D'accord, consentit le bon Dieu. Où désirez-vous habiter ?
– Dans une maison, avec un champ à labourer, dit l'homme, avec enthousiasme.
– Tu les auras, répondit le bon Dieu.
– Et moi, je voudrais habiter sous terre ! s'écria la taupe.
– J'aimerais vivre dans un nid, très haut dans un arbre, fit l'oiseau.
– Moi, au fond des mers, demanda le poisson.
– Je voudrais porter ma maison sur mon dos, dit l'escargot.
– Comme vous voudrez, dit le bon Dieu.
Chacun repartit, heureux. Mais il restait, dans un coin, un animal qui ne demandait rien. C'était le caméléon.
– Et toi, caméléon, s'étonna le bon Dieu, tu ne me demandes pas un abri ?
– Non, non, répondit le caméléon. J'aime me promener partout, où je veux, quand je veux. Je n'aimerais pas vivre toute ma vie au même endroit. Je grimpe aux arbres, je me cache dans les feuilles, je cours le long des rochers, je me prélasse sur le sable...
– Tu as bien raison, reconnut le bon Dieu. Je vais t'offrir le don de changer de couleur selon ton humeur. Ainsi, tu seras partout chez toi.
Le caméléon repartit ravi et fut, depuis ce jour, le plus heureux des animaux.

D'après un conte africain.

2 janvier

Jack et le haricot magique

Il était une fois un petit garçon qui s'appelait Jack. Il vivait avec sa mère dans une petite maison. Tout ce qu'ils possédaient était une vache. La brave femme envoya son fils vendre l'animal au marché.
– Tu dois en tirer au moins dix pièces d'or, lui expliqua-t-elle.

En chemin, Jack rencontra un vieil homme qui lui dit :
– Je t'échange ta vache contre ce haricot.
– Un haricot ? Vous êtes fou, s'écria Jack. Je dois la vendre dix pièces d'or !
– Ce haricot est magique. Si tu le plantes, il poussera jusqu'au ciel.
Jack était émerveillé. Il donna sa vache et rentra chez lui avec son haricot.
– Jack ! Notre seul bien ! Tu l'as vendu pour un misérable haricot ! cria sa mère.
Et elle jeta la graine par la fenêtre. Mais au beau milieu de la nuit, le garçon se réveilla. Quelle surprise ! Le haricot avait poussé jusqu'à atteindre les nuages...
Jack monta le long de la tige et arriva au ciel, où il vit un grand château. Il frappa à la porte. Une grosse femme lui ouvrit et lui dit :
– Tu te trouves dans le château d'un ogre. S'il te voit, il va te manger.
Jack se cacha très vite, car l'ogre rentrait, avec un énorme rôti et un sac plein d'or.
– Ça sent la chair fraîche ! s'exclama-t-il, mais sa femme l'interrompit bien vite :
– Ce n'est que ton rôti, mets-toi donc à table.
Pendant ce temps, Jack s'empara du sac d'or et s'enfuit à toutes jambes. Il redescendit le long du haricot et rentra chez lui réveiller sa mère. Celle-ci pleura de bonheur en voyant l'énorme sac d'or et embrassa son fils.
Grâce au haricot magique, ils ne manquèrent plus de rien...

D'après un conte anglais.

3 janvier

Le trou dans l'eau

Il était une fois un jeune homme riche qui désirait se marier. Il avait un doux visage et des yeux profonds, toutes les filles du village voulaient l'épouser. Mais il était très difficile et refusait toutes celles qu'on lui présentait. Trop laide, trop petite, trop grosse ou trop bête, elles avaient toutes un défaut.
Le jeune homme était très malheureux de ne pas trouver une femme à son goût.
Un beau jour, il aperçut, au bord d'une fontaine, une très jolie jeune fille. Il en tomba très vite amoureux. Tous les jours, il revint la voir à la fontaine.
Au bout de quelque temps, il la demanda en mariage. Mais la jeune fille lui répondit :
– Je veux être sûre que mon futur mari m'aime vraiment. J'épouserai celui qui sera capable de faire un trou dans l'eau.
– Un trou dans l'eau ? Mais c'est impossible, s'écria le jeune homme. Jamais tu ne trouveras de mari !
– Si tu m'aimes vraiment, lui dit-elle, tu trouveras une solution.
Et elle s'en alla.
Le jeune homme eut beau réfléchir, il ne trouva aucun moyen de faire un trou dans l'eau. Il était très triste, car son amour pour la jeune fille était toujours aussi fort.
L'hiver arriva, et le jeune homme alla à la fontaine dans l'espoir de revoir sa bien-aimée. Quand il découvrit l'eau toute gelée, il eut soudain une idée. Il tira son bâton, creusa un petit trou dans la glace et attendit la jeune fille.
– Voilà, j'ai fait un trou dans l'eau ! s'exclama-t-il fièrement.
Les deux jeunes gens se marièrent le jour même et furent très heureux.

D'après un conte italien.

4 janvier

Les lutins cordonniers

Il était une fois un cordonnier qui travaillait sans cesse pour gagner sa vie. Il était déjà vieux et, bientôt, n'eut plus la force de travailler la nuit. Il dit à sa femme :

– Tant pis, reposons-nous, nous finirons notre ouvrage demain matin.

Quand il se leva au petit matin, il découvrit avec surprise que toutes les chaussures avaient été cousues pendant la nuit. Il pensa : « Peut-être ai-je travaillé sans m'en apercevoir ? »

La nuit suivante, il laissa à nouveau le cuir et les outils sur sa table. Le lendemain matin, le travail était fait.

Ainsi, toutes les nuits, le travail du cordonnier se fit tout seul, comme par magie. Le cordonnier et sa femme étaient désormais riches et heureux.

Mais un soir, il voulut savoir qui pouvait bien venir ainsi toutes les nuits. Il se cacha dans un coin de l'atelier et attendit.

À minuit surgirent deux lutins, nus comme des vers, qui découpèrent et cousirent le cuir à toute vitesse. Puis ils s'en allèrent avant le lever du jour.

Le cordonnier raconta l'histoire à sa femme et dit :

– Les pauvres, ils doivent avoir si froid ! Nous devrions leur coudre des vêtements pour les remercier.

Le cordonnier et sa femme préparèrent donc de beaux vêtements bien chauds. Ils les déposèrent à la place du cuir et guettèrent l'arrivée des lutins.

Les deux lutins entrèrent et poussèrent des cris de joie à la vue des habits neufs. Ils les enfilèrent et dansèrent dans la pièce en chantant :

– Nous voilà bien habillés, adieu le travail et les souliers !

Et ils s'en allèrent, joyeux. Ils ne revinrent plus travailler le cuir pendant que le cordonnier dormait. Celui-ci dut se remettre à la tâche...

D'après Grimm.

5 janvier

Le loup et le scarabée

Un loup se promenait un jour au milieu d'une forêt. Soudain, il aperçut un scarabée qui courait sur le tronc d'un arbre.
– Bonjour à toi, ami loup, fit l'insecte.
– C'est donc cet insecte qui m'adresse la parole ? se demanda le loup. Tu es si petit, si ridicule, que je ne t'avais pas entendu.
– Ne dis pas ça, répondit tristement le scarabée. J'ai beau être petit, je suis plutôt beau. Bien sûr, on ne me voit pas très bien, mais regarde la jolie couleur verte de mes ailes...
– Laisse-moi rire ! Comparée à mon superbe poil noir, ta pauvre carapace est affreuse.
– Tu n'es pas gentil, ami loup. Je voulais seulement te dire bonjour, et tu te moques de moi.
– Eh bien ! Tu ne voudrais pas que je te traite comme mon égal... Il ne manquerait plus que ça !
Le loup éclata de rire.
« Il a peut-être raison, pensa le scarabée. La nature a été injuste avec moi. Je suis minuscule, tandis que lui est grand et fort. »
Il allait s'éloigner, sûr de ne plus jamais adresser la parole à qui que ce soit, quand un chasseur apparut. Prudemment, de peur de se faire écraser, le scarabée se glissa dans un tronc d'arbre creux. Quant au loup, il était moins fier que tout à l'heure ! Il courait, grognait, ne savait pas où se cacher. Heureusement, le chasseur tirait très mal et ne réussit qu'à lui roussir le poil.
Le lendemain, le loup rencontra à nouveau le scarabée, dont les ailes étaient toujours d'un beau vert brillant. Le loup regarda son pelage tout brûlé et se sentit ridicule.
– Excuse-moi, dit-il à l'insecte. Je m'étais trompé. Tu as beau être plus petit que moi, tu ne manques pas de qualités ! Le chasseur ne t'a pas touché, toi.
C'est ainsi que le loup et le scarabée devinrent les meilleurs amis du monde...

D'après un conte français.

6 janvier

La sole

Il y a très longtemps, la terre tout entière était recouverte par la mer. C'était un immense royaume, habité par des milliers de poissons. Mais il n'y avait pas de roi. Les habitants de cette mer vivaient dans le plus grand désordre. Les bancs de poissons se heurtaient entre eux. On s'attaquait, on se mangeait sans arrêt.
Un jour, la sole proposa que l'on choisisse un roi. Mais il n'était pas facile de désigner le meilleur des poissons, celui qui serait digne de commander aux autres.
– Je serai votre reine, dit-elle, car c'est moi qui en ai eu l'idée la première.
Le requin répondit :
– Pas question, je suis le plus puissant, avec mes dents pointues. Je serai le roi.
– Jamais, dit la baleine, je suis dix fois plus grosse que toi, ce sera moi la reine.
L'espadon leur cria, agitant son long nez pointu :
– Avec mon épée, je suis de loin le meilleur roi ! A-t-on déjà vu un roi sans épée ?
– Allons, allons, dit la sole, calmez-vous. Nous allons organiser une course et le gagnant deviendra le roi des mers.
Les autres acceptèrent. La sole riait en cachette, car, plate comme elle l'était, elle pensait glisser entre les

eaux à toute vitesse. Or quelle ne fut pas sa surprise de découvrir, quand elle passa la ligne d'arrivée, le hareng, qui attendait tranquillement ! C'était un petit poisson argenté qui ne faisait jamais de bruit et ne dérangeait personne. Mais il était si rapide qu'il avait gagné la course. On le nomma aussitôt roi des poissons. La sole fut tellement jalouse que, de rage, elle fit une affreuse grimace. Depuis ce jour-là, les soles ont toutes la bouche tordue...

D'après Grimm.

7 janvier

Les trois fileuses

Il était une fois une jeune fille très paresseuse qui refusait de filer la laine. Un jour que sa mère la grondait pour sa paresse, la reine du pays passa par là et entendit les cris. La mère de la fille, qui avait honte d'avouer la vraie raison de ses reproches, répondit :

– C'est ma fille, Votre Majesté. Elle travaille sans arrêt ; c'est mauvais pour sa santé.

La reine pensa qu'une demoiselle aussi travailleuse serait une très bonne épouse pour son fils. Elle la fit aussitôt venir à son château. Puis elle lui montra un immense tas de laine à filer, si grand qu'il aurait fallu des années et des années pour en venir à bout.

– File donc toute cette laine et, quand tu auras terminé, je saurai que tu es vraiment courageuse. Tu pourras alors épouser mon fils et devenir princesse.

La jeune fille regarda le tas de laine et se mit à pleurer.

C'est alors que trois vieilles femmes entrèrent dans sa chambre. Elles étaient très laides : l'une avait un pied plat comme une crêpe, la deuxième avait une énorme lèvre, et la dernière avait un pouce tout déformé. Elles lui dirent :
– Nous sommes des fileuses de laine. Nous pouvons accomplir tout ton travail, et très vite. Mais il faut que tu promettes de nous inviter à tes noces sans avoir honte de nous. Tu nous présenteras comme tes tantes.
La jeune fille accepta, et le tas de laine fut filé en un rien de temps. La reine était ravie et l'on annonça le mariage.
Le jour des noces, le prince s'étonna de voir ces tantes aussi laides. Il demanda :
– D'où vous viennent ce pied plat, cette lèvre énorme, ce pouce déformé ?
– C'est à force d'appuyer sur la pédale du rouet, pour filer la laine, dit l'une.
– C'est à force de mouiller le fil dans ma bouche, expliqua l'autre.
– C'est à force de retourner, de tordre et d'étirer le fil, fit la troisième.
Alors le prince se tourna vers sa femme et dit :
– Tu ne travailleras plus jamais, car je ne veux pas que tu deviennes aussi laide que tes tantes !
Ainsi, grâce aux trois fileuses, la jeune fille n'eut plus jamais à filer la laine.

D'après Grimm.

8 janvier

Les petits nœuds

Il était une fois une très belle jeune fille, qui se montrait paresseuse et impatiente. Elle filait la laine, mais ne supportait pas que la pelote s'emmêle. Quand des nœuds se formaient dans le fil de laine, elle jetait la pelote. Et comme elle était très riche, elle se disait toujours : « À quoi bon perdre du temps avec des nœuds à démêler ! Il suffit de tout jeter. »
Elle dépensait et dépensait encore, rachetant de nouvelles pelotes de laine.
Sa servante, elle, ramassait les fils de laine que jetait sa maîtresse. Sans se presser, courageusement, elle défaisait les nœuds. Avec les fils, elle se mit à tisser une jolie robe, car elle était trop pauvre pour s'en acheter une.
Le jour des noces de sa maîtresse, un bal somptueux fut organisé. Chacune des invitées avait acheté une belle robe pour l'occasion, sauf la pauvre servante. Mais celle-ci décida de porter la robe qu'elle avait tissée elle-même.
Cette robe était si belle, si bien faite, que tout le monde l'admira. La fiancée était furieuse que personne ne la regarde.
– Tu peux bien danser, maintenant, grâce aux fils que j'ai jetés ! fit-elle.
À ces mots, le jeune fiancé pensa : « Cette petite servante est bien courageuse et bien habile, car elle a la plus jolie robe et l'a faite de ses mains ! »
Il se retourna alors vers sa promise en disant :
– Cette fille, dont tu te moques, a bien plus de mérite que toi. C'est elle que je veux épouser.
Et c'est exactement ce qu'il fit. La belle paresseuse faillit en mourir de rage...

D'après Grimm.

9 janvier

Les trois petits cochons

Trois petits cochons avaient décidé de s'installer dans la forêt. Il n'était pas question de dormir en plein air, car le loup rôdait.

Le premier cochon, qui était très paresseux et n'aimait que s'amuser, dit :

– Je vais construire une maison en paille. Ce sera vite terminé.

Le deuxième, qui était plus sérieux mais pas très patient, répondit :

– La mienne sera en bois. J'irai ramasser des fagots ; ce ne sera pas trop long.

– Je construirai la mienne en pierre. Ce sera un peu plus difficile, mais, au moins, le loup ne pourra pas y entrer, dit le troisième, qui était le plus sage.

Quand ils eurent terminé, chacun rentra chez lui. Le soir venu, le loup arriva et frappa à la porte de la maison de paille.

– Ouvre-moi, cochon, rugit-il, ou je soufflerai et ta maison s'envolera !

– Jamais de la vie ! cria le petit cochon.

Alors le loup souffla, et la maison de paille partit en morceaux. Le petit cochon, terrifié, se réfugia chez son frère: Mais le loup souffla encore, et la maison s'écroula. Ils coururent à la maison de pierre.

– Ouvre-moi, cochon, où je soufflerai, et ta maison s'envolera !

– Tu peux toujours essayer ! répondit le troisième petit cochon.

Le loup souffla de toutes ses forces, mais la maison ne trembla même pas.

Furieux, il grimpa sur le toit et se glissa dans la cheminée. Mais le malin petit cochon avait tout prévu. Le loup tomba tout droit dans un énorme chaudron plein d'eau bouillante, où il se noya. Les trois petits cochons firent une ronde autour de la marmite en chantant joyeusement...

D'après un conte français.

10 janvier

Le brin de paille, la braise et le haricot

Un jour, une vieille femme, fort pauvre, décida de faire cuire des haricots. Elle alluma un bon feu dans la cheminée et jeta sur les braises une grosse poignée de paille. Par miracle, un brin de paille tomba sur le sol, tandis que les autres s'enflammaient en criant. Il reprit ses esprits et vit près de lui une braise qui avait dû éclater. Celle-ci avait été projetée hors de l'âtre.

– Nous avons eu de la chance, dit le brin de paille.

– C'est vrai, lui répondit la braise, c'est incroyable !

À ce moment, la vieille jeta les haricots dans la marmite, mais l'un d'entre eux réussit à sauter hors de sa main et tomba près de la braise et du brin de paille.

– Je suis sauvé, fit le haricot. C'est un vrai miracle !

– Puisque nous avons tous les trois échappé aux flammes, dit le brin de paille, nous pourrions partir d'ici et aller visiter le monde.

Ils marchèrent longtemps et arrivèrent face à un précipice. Ce n'était que les bords d'un ruisseau, mais il leur

parut très profond. Comment traverser sans se noyer ? Le brin de paille se coucha en travers, comme un pont au-dessus du vide. La braise s'avança, mais s'arrêta au milieu. Elle avait si peur qu'elle ne pouvait plus bouger. Elle resta si longtemps immobile que le brin de paille prit feu et tomba dans le ruisseau, entraînant la braise dans sa chute. Le courant les emporta.
Le haricot, resté seul sur la rive, rit tellement de cette mésaventure qu'il éclata.
Heureusement, un tailleur qui passait par là le recousit avec un morceau de fil noir. Depuis ce jour, tous les haricots ont un petit trait noir, comme une couture, sur le côté...

D'après Grimm.

11 janvier

Dame Holle

Il était une fois une veuve qui avait deux filles. Alors que l'une s'amusait et allait au bal, l'autre devait effectuer les pires travaux de la maison.
Un jour, celle-ci alla au puits tirer de l'eau, mais elle y tomba par mégarde.
Au fond, elle découvrit un monde enchanté... Il y avait là une prairie ensoleillée et un four où cuisaient de gros pains dorés.
– Sors-nous du feu, nous sommes cuits ! supplièrent-ils.
Sans avoir peur de se brûler, elle les fit sortir du four.
Enfin, elle arriva à une maison où vivait une vieille magicienne, dame Holle.
– Reste avec moi, lui dit la femme ; j'ai besoin que l'on m'aide pour le ménage.
La jeune fille resta et servit gentiment dame Holle.
Un jour, elle demanda à la vieille femme si elle pouvait rentrer chez elle, car son pays lui manquait.
– Tu m'as fidèlement servie, lui répondit dame Holle. Va, ouvre cette porte, tu seras chez toi et je te récompenserai de ta gentillesse.
La jeune fille se retrouva près du puits, couverte d'or de la tête aux pieds.
Quand sa sœur la vit revenir, elle faillit en mourir de jalousie. Elle se jeta à son tour dans le puits en se disant : « Moi aussi, je serai couverte d'or ! »
Une fois dans le monde enchanté, elle refusa de sortir les pains du four, pour ne pas se salir. Puis elle servit dame Holle une seule journée et s'en alla, car elle était trop fatiguée. Quand elle revint, au lieu d'or, elle fut couverte de colle, si forte et si épaisse que jamais elle ne put s'en débarrasser...

D'après Grimm.

12 janvier

Le chaton perdu

Il était une fois un petit chat gris qui s'était perdu. Comment retrouver sa maison ? Un lapin qui passait par là lui dit :
– Ne t'inquiète pas. Je vais te ramener chez moi, mes parents vont te nourrir.
Une fois rentré au terrier, il montra le chaton à sa mère :
– J'ai ramené un petit lapin perdu ; donnons-lui de la salade et des carottes !
– Je ne veux pas de salade, miaula le chat.
– Ce n'est pas un lapin, dit la mère. Regarde ses griffes, ce doit être un écureuil.
On amena le chaton chez un écureuil qui vivait au sommet d'un arbre.

– Mange des noisettes, puis nous chercherons tes parents, dit-il.
– Je ne veux pas de noisettes, gémit le chat.
– Tu es peut-être un hérisson, dit l'écureuil.
Mais quand ils arrivèrent chez le hérisson, celui-ci regarda le chat et dit :
– Tu n'es pas un hérisson. Va-t-en, je ne veux pas d'un animal inconnu.
Le chat resta seul dans la nuit et miaula tant qu'il put.
– Personne ne veut de moi, gémit-il, je ne retrouverai jamais mes parents.
Attiré par ses miaulements, un hibou se posa près de lui.
– Qu'as-tu à crier comme ça, petit chat ?
– Je me suis perdu, répondit le chaton.
– Ce n'est rien, fit le hibou, qui connaissait tout des autres animaux. Je vais m'envoler, et tu n'auras qu'à me suivre d'en bas. De là-haut, je pourrai voir ta maison et je t'y mènerai.
C'est ainsi que le chaton put rentrer chez lui, où il passa la nuit bien au chaud.

D'après un conte russe.

13 janvier

Les deux rois

Deux royaumes se faisaient la guerre. Au bout de quelques mois, l'un des rois remporta une terrible bataille. Le second roi fut jeté dans un sombre cachot.
Un jour, la fille du roi prisonnier demanda à être reçue à la cour du vainqueur. Le souverain se dit : « Cette fille vient me supplier de libérer son père. Il n'en est pas question. »
Mais il accepta de la rencontrer, car il était juste.
La jeune fille, qui était jolie et douce, le supplia :
– Votre Majesté, je ferai n'importe quoi pour libérer mon père. Je ferai même l'impossible !
– L'impossible ? fit le roi. Très bien, très bien. Tu n'as qu'à revenir me voir plus tard. Mais tu ne devras être ni à pied ni à cheval. Tu ne seras ni nue ni habillée. Et, de plus, tu devras m'offrir un cadeau qui ne soit pas un cadeau. Va-t-en, à présent.
Quand la jeune fille fut repartie, le roi pensa : « Elle ne reviendra pas ! Jamais elle ne pourra accomplir ce que je lui ai demandé. »
Pourtant, le lendemain, la jeune fille se présenta, montée sur un gros chien. Ce n'était pas un cheval,

mais elle n'allait pas à pied. Elle était vêtue d'un filet de pêche. Il ne s'agissait pas d'un vêtement, mais elle n'était pas nue. Enfin, elle offrit au roi une colombe blanche. Quand il la prit dans ses mains, elle s'envola. Ce n'était pas un cadeau, car il avait disparu.
Le roi fut très impressionné. Il fit libérer le père de la demoiselle sur-le-champ et lui demanda aussitôt la main de sa fille. Ils se marièrent et furent très heureux...

D'après un conte russe.

14 janvier

Le renard et le chat

Un jour, un renard et un chat se rencontrèrent au coin d'un bois.
– Bonjour, ami renard, dit le chat. Comment vas-tu, ces jours-ci ? J'espère que tu ne souffres pas trop du froid.
Le renard regarda le chat d'un air méprisant.
– De quel droit m'adresses-tu la parole ? Sais-tu au moins à qui tu parles ?
– Bien sûr, dit le chat, je voulais seulement être gentil. Pourquoi ne m'aimes-tu pas ?
– Parce que tu n'es pas bien malin, répondit le renard. Saurais-tu quoi faire si des chasseurs venaient à passer ?
– Je monterais très vite dans un arbre grâce à mes griffes.
– Ha Ha ! ricana le renard. Tu ne sais rien faire d'autre, alors que moi... j'ai mille tours différents dans mon sac ! Je suis le plus rusé des animaux.
Tout à coup, des chasseurs sortirent du bois, et leurs gros chiens se précipitèrent sur les deux animaux en aboyant.
Le chat, prenant ses jambes à son cou, grimpa au sommet du premier arbre venu. Une fois en haut, il cria :
– Renard, sors un tour de ton sac, c'est le moment !
Mais le temps que le renard se demande quel tour il allait jouer aux hommes, les chiens l'avaient déjà attrapé.
– Tu as peut-être des centaines de tours dans ton sac, lui lança le chat, mais moi, qui n'en connais qu'un, je suis sain et sauf !
Et il rit longtemps de voir le renard pris au piège...

D'après Grimm.

15 janvier

La vieille femme bavarde

Il était une fois un paysan très pauvre qui avait découvert un trésor. Sa femme était une vieille bavarde, qui ne savait pas garder un secret. En rentrant chez lui, il eut une idée. Il pêcha un poisson qu'il posa sur un arbre. Puis il attrapa un lapin, qu'il plaça dans un filet de pêche, au bord de l'eau. Enfin il acheta des galettes qu'il posa sur les buissons. Ceci fait, il appela sa femme et lui parla du trésor.
– Regarde, dit-elle, alors qu'ils cheminaient. Un poisson dans un arbre !
– Eh bien ! lui répondit-il, il fait son nid. C'est un poisson qui vit dans les arbres.
– Regarde ! Un lapin dans un filet de pêche ! cria-t-elle, très étonnée.

– Et alors ? Les lapins sont propres ; il se baignait sans doute quand on l'a pêché.
– Et ces galettes, dans les buissons ?
– Elles viennent d'un pays lointain où les toits sont faits de galettes. Quand il y a beaucoup de vent, elles s'envolent jusqu'ici.
– Tu sais bien des choses, lui dit sa femme.
Ils rapportèrent le trésor et vécurent très heureux. Mais la vieille bavarde ne pouvait s'empêcher de parler. Elle raconta partout l'histoire du trésor. Bientôt, tout le monde fut au courant, même le roi. Celui-ci les convoqua au palais :
– Vous avez découvert un trésor sur mes terres, il est à moi !
– Oui, Sire, mais c'est nous qui l'avons trouvé.
– Qui me prouve que vous ne l'avez pas volé ? dit le roi.
– Je me souviens que, ce jour-là, il y avait des poissons dans les arbres, des lapins dans l'eau et des galettes dans les buissons. Alors, vous pensez si je n'ai pas oublié !
Le roi fit répéter à la vieille ce qu'elle venait de dire : il n'en revenait pas. De son côté, le paysan souriait discrètement, car son plan était sur le point de réussir.
– C'est une vieille folle, gronda le roi. Il n'y a jamais eu de trésor.
C'est ainsi que le malin paysan put garder sa fortune...

D'après un conte russe.

16 janvier

La princesse au petit pois

Il était une fois un roi et une reine qui se désespéraient car ils n'arrivaient pas à marier leur fils unique. En effet, ils lui avaient présenté de nombreuses princesses, mais le prince leur trouvait toujours un défaut. Celle-ci avait une voix trop aiguë, telle autre était trop nerveuse, tandis qu'une autre ne l'était pas assez. Aucune n'était assez délicate aux yeux du prince.
Une nuit, alors qu'un orage terrible s'était abattu sur le château, tous trois entendirent que l'on frappait à la porte. Ils coururent ouvrir et trouvèrent une princesse qui leur demanda un abri pour la nuit. La pauvre était complètement trempée, et elle tremblait de froid. Malgré cela, elle était si jolie que le prince en tomba aussitôt amoureux.
Sa mère le remarqua et, reprenant espoir, elle décida de faire subir à la princesse une petite épreuve. En faisant le lit de la princesse, elle glissa un petit pois entre deux matelas, puis elle les recouvrit avec quantité d'autres. Elle fit tant et si bien que la princesse dut monter au sommet d'une échelle pour arriver à se coucher.

Cet énorme lit était moelleux à souhait, pourtant la jeune fille était gênée par quelque chose, et elle eut beau se tourner et se retourner, elle n'arriva pas à trouver le sommeil.
Le lendemain matin, la reine demanda à la princesse si elle avait passé une bonne nuit. Mais celle-ci répondit qu'elle n'avait pas réussi à fermer l'œil, car il y avait comme une petite bille très dure qui l'avait dérangée. La reine répondit alors que c'était un petit pois caché tout en bas du lit, et le prince, tout heureux, sut qu'il avait enfin trouvé une princesse assez délicate pour qu'il puisse l'épouser.

D'après Andersen.

17 janvier

Le loup et le renard

Il était une fois un loup et un renard qui vivaient ensemble dans un terrier. Chaque jour, le loup disait au renard :
– Tu dois toujours m'obéir, sinon je te mangerai tout cru.
Un jour, le loup eut faim et ordonna au renard d'aller chercher à manger.
– Je connais une ferme où nous pourrons trouver des brebis bien tendres, dit le renard.
En un rien de temps, il rapporta une brebis au loup, qui s'en lécha les babines. Celui-ci, qui avait encore faim, pensa : « Le renard a capturé cette brebis, je peux bien m'emparer de l'autre. »
Mais il était maladroit et fit tant de bruit que le fermier surgit et le roua de coups.
Le lendemain, le loup ordonna encore au renard de lui procurer de quoi manger.
Il s'écria :
– Cette fois, je vais aller avec toi. Je verrai ainsi comment tu t'y prends.
– Je connais une boucherie où l'on met la viande à saler dans la cave, fit l'autre.
Ils se glissèrent dans la cave par un trou. Puis ils se mirent à dévorer la viande. Mais le renard ne mangeait pas trop. Il allait et venait, passait et repassait sans cesse par le trou.
– Je veille, dit-il au loup, tu peux manger tranquille.
Soudain, le boucher, qui avait entendu du bruit, arriva en criant. Le renard se faufila dans le trou et s'enfuit. Mais le loup, qui avait trop mangé, resta coincé. Le boucher appela ses aides, et le loup fut capturé. Depuis ce jour, le renard vit heureux dans son terrier, sans recevoir d'ordres de personne...

D'après Grimm.

18 janvier

L'étoile et le serpent

Il y a très longtemps de cela, les serpents n'étaient pas dangereux. Ils n'étaient que de gros vers de terre et n'avaient jamais mordu personne.
Dans le ciel vivait une superbe étoile, qu'on appelait l'étoile du Berger. À chaque fois qu'elle apercevait le serpent, elle se moquait de lui :

– Pauvre animal ridicule ! Tu n'as ni pieds ni mains, ni rien pour te défendre ! Tu es la honte des animaux ! Et le pauvre serpent rentrait sous terre en pleurant.

Un jour, pourtant, le bon Dieu entendit les pleurs du serpent et eut pitié de lui. Il lui dit alors :

– Je te donne ces crochets pour te défendre. Ils sont pointus comme des couteaux et contiennent du poison. Ainsi, tu ne seras plus sans défense.

L'étoile du Berger ne savait pas que le serpent avait désormais une arme terrible. Elle descendit à nouveau du ciel pour se moquer de lui.

– Tu n'es qu'un minable ver de terre !

Le serpent en eut assez. Il attendit que l'étoile se penche sur lui et, quand elle fut tout près, il se détendit d'un coup et la mordit.

– Aïe ! cria l'étoile du Berger, surprise.

Elle remonta au ciel, mais elle avait tellement mal qu'elle ne pouvait plus se déplacer.

L'étoile du Berger existe encore ; on peut la voir quand la nuit est claire. Mais depuis ce jour, elle ne bouge plus comme les autres étoiles. C'est la seule qui soit immobile, toujours à la même place...

D'après un conte indien.

19 janvier

Le vieux grand-père et son petit-fils

Il était une fois un très vieil homme, si vieux qu'il ne voyait plus très clair, et ne pouvait plus marcher. Cela faisait bien longtemps qu'il n'avait plus travaillé aux champs. Il restait à la maison, au coin du feu, toute la journée.

Ses mains tremblaient et, quand il était à table, la nourriture tombait de sa cuiller. Son fils et sa belle-fille étaient dégoûtés de le voir manger aussi salement. C'est pourquoi ils le grondaient comme un enfant, malgré son âge.

Ils avaient tellement honte du grand-père qui faisait tomber sa soupe sur la table, qu'ils finirent par le faire manger à l'écart, loin des autres. On l'obligeait même à se cacher derrière le poêle, où il mangeait tout seul, tristement.

Un jour, le vieil homme, qui tremblait de plus en plus, fit tomber son écuelle. Le bol se cassa en mille morceaux.

– Il va casser toutes nos belles assiettes, dit sa belle-fille.

Et, dès le lendemain, ils lui achetèrent une écuelle de bois. Elle était solide, mais semblable à celle du chien.

Un jour, le fils du vieil homme rentra à la maison et vit son enfant qui jouait avec de petites planches de bois.

Il demanda au petit, qui venait d'avoir quatre ans :

– Que fais-tu avec ces morceaux de bois ?

– Je construis une écuelle pour papa et maman, quand ils seront vieux.

Alors le mari et la femme se rendirent compte de leur méchanceté. Ils se mirent à pleurer et demandèrent pardon au grand-père. Désormais, il eut de nouveau sa place à table et mangea avec les autres. Plus jamais on ne lui adressa de reproches, car ses enfants avaient compris qu'à leur tour, ils seraient vieux un jour...

D'après Grimm.

20 janvier

Les fées

Il était une fois une veuve, qui avait deux filles. La première était laide et méchante, la seconde, belle et gentille. Mais la femme préférait l'aînée, qui restait toute la journée devant son miroir, à se coiffer et à s'admirer.
Un jour, la mère appela sa cadette et lui dit :
– Va donc chercher de l'eau à la fontaine, au lieu de ne rien faire !
La jeune fille obéit en souriant, car elle avait très bon caractère.
Quand elle arriva à la fontaine, elle vit une vieille femme qui paraissait fatiguée.
– S'il te plaît, lui demanda-t-elle, donne-moi à boire.
La jeune fille prit sa cruche et la remplit à l'endroit où l'eau était la plus claire. Puis elle la tendit à la vieille dame, qui était en réalité une bonne fée.
– Tu es très gentille, dit celle-ci, tu mérites un don. Chaque fois que tu parleras, des roses et des diamants jailliront de ta bouche.
La jeune fille rentra chez elle.

Dès qu'elle parla, des fleurs tombèrent de sa bouche. Sa mère faillit s'en étouffer de jalousie.
– Va aussi à la fontaine, cria-t-elle à l'aînée. Tu reviendras avec le même don.
Quand la méchante fille arriva à la fontaine, la fée lui demanda à boire.
– Comment ? Suis-je ta servante ? lui répondit l'aînée. Tu n'as qu'à te servir !
– Tu es bien méchante, dit la vieille. Tu mérites un don. Chaque fois que tu parleras, des serpents et des crapauds sortiront de ta bouche.
La méchante fille rentra chez elle, crachant des crapauds et des vipères. Furieuse, la mère chassa la cadette. Mais un jeune prince passait par là. Dès qu'il la vit, il tomba fou amoureux et l'épousa sur-le-champ...

D'après Perrault.

21 janvier

Le lion et le rat

Un énorme lion chassait un jour dans une plaine. Il avait très faim et ne trouvait pas de gibier à se mettre sous la dent, à peine quelques insectes ou des racines.
« Des insectes ? Pas question, pensa-t-il. Je suis le roi des animaux, le plus puissant et le plus fort. Il est hors de question que je croque un misérable scarabée ou une minuscule coccinelle. Des racines ? Je ne suis pas une vache pour brouter de l'herbe ! »
Et il rugit de colère. Mais tout à coup passa un petit rat. Le lion l'attrapa par la queue et ouvrit sa grande gueule. Le raton allait être englouti, quand il cria :
– Arrête, lion, ne me mange pas !
– Et pourquoi donc ? fit le lion.
– Je suis si petit que tu aurais encore faim après m'avoir mangé. Et puis, si tu me manges, je ne pourrai jamais te servir à rien. Réfléchis !
– Et à quoi veux-tu me servir, petit et chétif comme tu es ?
– On ne sait jamais, lui répondit le rat. Épargne-moi et je te serai utile un jour.
Le lion eut pitié de la pauvre bête et la déposa sur le sol.
– Tu peux t'en aller, je te laisse la vie, dit le roi des animaux.
Le lendemain, alors qu'il chassait encore, le lion tomba

dans un piège. Il se débattit, mais, malgré toute sa force, il ne put se libérer du filet qui l'emprisonnait.
« Les hommes vont venir et me tuer », pensa-t-il avec angoisse.
Mais, à ce moment-là, le raton surgit et grignota le filet avec ses petites dents pointues.
Il fit un gros trou, par lequel le lion put s'enfuir.
– Tu vois, dit le rat au lion, on a toujours besoin d'un plus petit que soi !

D'après Ésope.

22 janvier

Le renard et les oies

Un beau jour, un renard affamé se retrouva au milieu d'un troupeau d'oies. Il n'en croyait pas ses yeux : des dizaines de belles oies bien dodues, qui ne demandaient qu'à être mangées. Elles criaient et le suppliaient de les laisser partir, mais il ne voulait rien entendre.
C'est alors que la plus vieille des oies prit la parole :

– Renard, tu veux nous manger, et c'est bien normal.
– Comment ? Mais elle est folle ! crièrent les autres oies.
– Laissez-moi parler, dit la vieille. Avant de nous manger, renard, tu dois nous accorder une dernière faveur.
– Que veux-tu ? demanda le renard, qui se léchait déjà les babines.
– Laisse-nous faire notre prière avant de nous dévorer, fit l'oie. Nous nous mettrons en ligne et tu pourras choisir celles qui te plaisent le plus.
– D'accord, concéda le renard. Mais dépêchez-vous.
– Merci, lui dit l'oie. Et elle se mit à prier.
Elle caqueta et caqueta encore.
Puis la deuxième se mit à prier. Elle caqueta pendant des heures et des heures.
Ensuite, ce fut au tour de la troisième.
Quand elles eurent toutes prié seules, elles se mirent à caqueter toutes ensemble, ce qui faisait encore plus de bruit.
Cela dura tellement longtemps que ça n'est pas terminé et qu'il est impossible de raconter la fin de cette histoire.
Quelque part, ces oies sont encore en train de prier...

D'après Grimm.

– Veux-tu bien rester tranquille ! cria le renard, essoufflé.
Pendant ce temps, à force de gigoter, la poule avait réussi à sortir du sac. Elle mit une grosse pierre à sa place et fila chez elle. Le merle, voyant qu'elle était sauvée, s'envola pour de bon.
Le renard, furieux, retourna vers son sac en pensant : « Tant pis pour ce merle. Il me reste une bonne poule bien grasse ! »
Et il sourit en songeant au bon repas qu'il allait faire.
Une fois chez lui, il appela sa femme et lui demanda qu'elle prépare une grosse marmite. Quand l'eau fut brûlante, le renard vida le sac dans la marmite. La grosse pierre tomba dans l'eau bouillante. Éclaboussé de la tête aux pieds, le renard se retrouva tout pelé. Jamais plus il n'essaya de capturer des poules...

D'après un conte russe.

23 janvier

Le renard et la poule

Il était une fois une gentille petite poule. Elle avait un ami, un beau merle, qui lui rendait souvent visite à la ferme. Ils s'appréciaient beaucoup.
Un jour, un renard se glissa dans le poulailler. Il avait emporté avec lui un grand et solide sac, car il pensait bien ne pas revenir les mains vides. Il attendit que la poule passe, l'attrapa et la jeta dans le sac. Heureusement, le merle avait entendu les cris de la poule. Du haut de sa branche, il vit arriver le renard.
Il se posa et laissa pendre son aile, comme si elle était cassée. Le renard se dit : « Voici un merle blessé... Avec son aile cassée, il ne pourra pas s'envoler. Je n'aurai plus qu'à l'attraper et à le dévorer, comme la poule. »
Ravi de l'aubaine, il se précipita sur le merle.
Mais, à chaque fois que le renard se rapprochait, le merle volait un peu plus loin.

24 janvier

Le cheval et le renard

Il était une fois un très vieux cheval, qui ne servait plus à rien. Son maître, un paysan très avare, le chassa. Pourtant, il eut quelques regrets. Il pensa : « Je vais lui donner une dernière chance. Mais je lui demanderai quelque chose de si difficile qu'il ne pourra jamais le faire. Ainsi, je pourrai le chasser sans remords. »
– Je te garderai si tu peux me ramener un lion, dit-il au cheval.
La pauvre bête s'en alla en pleurant. Chemin faisant, le cheval croisa un renard.
– Où vas-tu comme ça, ami cheval ?
– Je dois ramener un lion à mon maître, gémit l'autre.
– Je vais te tirer de là, dit le renard. Tu n'auras qu'à te coucher par terre et à m'attendre.
Le renard fila chez un lion et lui confia :
– Lion, j'ai un bon repas pour toi. Un superbe cheval

mort, gros et gras. Mais il faudra le ramener dans ta tanière.
– Et comment cela ?
– Je l'attacherai à ta queue ; tu n'auras plus qu'à le tirer.
– Bonne idée, dit le lion.
Une fois près du cheval, le renard fit semblant d'attacher le cheval à la queue du lion. Mais en réalité, il attachait, tout doucement, les pattes du fauve. Quand le lion fut prisonnier, le cheval se leva et galopa le plus vite possible vers sa maison. Lorsque son maître le vit revenir, il tint sa promesse. Ainsi, le cheval eut toujours un abri et du bon foin.

D'après Grimm.

25 janvier

La bonne bouillie

Une fillette très pauvre vivait seule avec sa mère dans une cabane de fagots. Un jour, elle rencontra une bonne fée, qui eut pitié d'elle.
– Tu es une brave fille. Je vais te faire un cadeau. Prends ce pot, il est magique. Quand tu diras : “Petit pot, cuis ! ”, il te donnera une délicieuse bouillie. Quand tu seras rassasiée, tu diras : “ Petit pot, cesse ! ” et il s'arrêtera de lui-même.
La petite fille remercia la vieille dame et courut chez sa mère. Ravies, elles mangèrent tous les jours à leur faim. Mais un matin, alors que la fillette était sortie, sa mère eut envie de manger.
– Petit pot, cuis ! dit-elle.
Et du pot magique se mit à sortir de la bouillie.

Cependant, quand la femme eut mangé, elle ne savait plus ce qu'il fallait dire.
– Petit pot, arrête ! Petit pot, ne cuis plus ! Petit pot, j'ai fini !
Rien n'y faisait. Le pot déborda, et la bouillie envahit la cuisine, puis remplit la maison entière.
– Petit pot, ça suffit ! criait la femme. Mais ce n'était pas la bonne formule.
La bouillie se répandit dans la forêt et dans les champs, puis à travers le village. Les pauvres étaient contents, car ils avaient enfin à manger. Mais il y en avait bien trop ! Tout était recouvert par la bouillie.
Quand la fillette rentra chez elle, elle s'écria :
– Petit pot, cesse !
Et tout rentra dans l'ordre. Mais, aujourd'hui encore, ce pays est tellement plein de bouillie que, pour avancer, il faut manger son chemin !

D'après Grimm.

26 janvier

Le léopard et le feu

Il y a très longtemps, le monde était bien différent. Aucun homme ne peuplait encore la terre, et tous les animaux étaient amis.

À cette époque, le léopard était encore tout blanc. Très fier de sa belle couleur, il se brossait consciencieusement tous les matins.

Son meilleur ami était le feu. Un jour, le léopard lui dit :

– Feu, mon ami, pourquoi ne veux-tu jamais venir chez moi ? J'ai une belle hutte et cela me ferait plaisir que tu me rendes visite.

– Je ne peux pas, dit le feu. Quand je sors de chez moi, je brûle tout, il est impossible de m'arrêter.

– Allons, tu feras un effort ! Tu n'auras qu'à faire attention.

– D'accord, dit le feu, qui voulait plus que tout faire plaisir à son ami.

Dès qu'il fut dehors, le feu commença à tout brûler autour de lui. Il brûla les champs et les forêts, les plaines et les vallées. Tous les animaux criaient :

– Rentre chez toi, feu, tu es en train de tout dévaster !

Mais le feu n'entendait plus rien. Arrivé chez le léopard, il brûla la hutte en un clin d'œil. Le léopard faillit mourir dans l'incendie. Grâce à son agilité, il fit un bond vertigineux et réussit à sauter par la fenêtre pour se sauver.

– Regarde ce que tu as fait ! cria-t-il au feu. Ma maison ! Mon beau pelage blanc, plein de taches noires !

– Je t'avais prévenu, dit l'autre. Je ne peux pas m'arrêter de brûler.

Le léopard, furieux, n'adressa plus jamais la parole au feu, et ils restèrent fâchés. Depuis ce temps, les léopards ont la peau tachetée et détestent le feu...

D'après un conte chilien.

27 janvier

Le vieux chien

Il était une fois un berger qui avait un chien, un très vieux chien, pour l'aider à garder son troupeau. Ce chien était si vieux qu'il ne voyait plus très bien. Ses griffes n'étaient plus assez solides, ses dents, plus assez pointues. Pourtant, depuis qu'il gardait le troupeau, jamais un loup n'avait réussi à voler un mouton. Un jour, cependant, son maître décida de le remplacer par un jeune chien.

Il donna un coup de pied à la pauvre bête et cria :
– Va donc vivre ailleurs ! Tu as passé l'âge de garder les bêtes. Et je ne te nourrirai pas à rester au coin du feu.
Dès le premier jour, le jeune chien alla garder le troupeau. Il était fort et vigoureux, mais comme il était tout jeune, il avait un immense appétit. Il mangea tellement qu'il s'endormit profondément.
Sans réveiller le jeune chien, le loup enleva un mouton qu'il dévora tout cru.
Le vieux chien resta caché, car il voulait donner une bonne leçon à son maître. À son retour, le berger compta ses bêtes et se mit à gémir :
– Le loup m'a volé un mouton ! Pourquoi n'ai-je pas gardé mon bon, mon fidèle chien de garde ?
À ces mots, le vieux chien sortit des bois. Le berger le supplia de reprendre sa place et s'excusa de l'avoir maltraité.
Il pleura tant que le chien finit par accepter. Grâce à son expérience, il apprit très vite au jeune chiot comment il fallait s'y prendre pour garder le troupeau. Bientôt, le loup ne parvint plus à s'approcher. Les brebis étaient sous bonne garde.
Quant au vieux chien, il passa ses journées au coin du feu, à attendre sa pâtée...

D'après un conte finlandais

28 janvier

Le fils ingrat

Il était une fois un homme très égoïste, qui vivait seul avec sa femme dans une très grande maison. Il ne voulait pas d'enfant et disait toujours :
– Les enfants, c'est sale, trop bruyant, et ça passe son temps à jouer.
Parfois, des pauvres venaient frapper à sa porte pour demander un peu d'argent ou un morceau de pain. Il les chassait sans jamais rien leur donner.
– Vous n'avez qu'à travailler ! Je ne suis pas obligé de vous nourrir !
Et ils vivaient ainsi, l'homme et la femme, sans jamais rien faire pour les autres. Un jour, ils se mirent à table, prêts à manger un poulet qui sortait du four. Un bon poulet bien dodu, à la peau croquante, entouré de pommes de terre dorées. Ils se régalaient déjà par avance, quand on frappa à la porte.
Le mari alla ouvrir. C'était son vieux père.
– Bonjour, mon fils ! Comme ça sent bon chez toi !
L'homme se précipita à la cuisine et dit à sa femme :
– Cache vite ce poulet ! Sinon, il faudra le partager avec mon père.
La femme obéit et donna au vieil homme un morceau de pain sec.

– C'est tout ce que nous avons, expliqua-t-elle.
Dès que son père fut parti, l'homme ferma la porte à clé en s'exclamant :
– Allons-nous enfin manger ce poulet ?
Mais quelle ne fut pas sa surprise, quand il se pencha sur le plat, de voir que le poulet avait disparu ! À sa place, apparut un horrible crapaud, qui lui sauta au visage. Il fut bien puni de son avarice, car le crapaud ne le lâcha plus de toute sa vie...

D'après Grimm.

29 janvier

La poule et le crocodile

Il y a très longtemps, dans un pays lointain, vivait une poule. Un beau jour, elle décida d'aller rendre visite à une amie, de l'autre côté de la rivière. Mais les crocodiles dévoraient toutes les poules qui s'aventuraient au bord de l'eau. Les pauvres volatiles devaient effectuer de longs détours afin d'éviter de s'approcher de la rivière, de peur d'être avalés tout crus.
La poule était pressée. Elle décida d'emprunter tout de même le chemin le plus court, celui qui longeait la rivière.
Dès qu'elle arriva au bord de l'eau, un énorme crocodile jaillit et l'attrapa entre ses dents pointues. Il allait l'avaler quand elle cria :
– Ne me mange pas, grand frère !
Le crocodile la laissa partir, perplexe :
– Pourquoi cette bête m'appelle-t-elle son frère ? Je ne suis pas un coq !
Le lendemain, la poule retourna chez son amie. Le crocodile se jeta sur elle. Il se préparait à la croquer, lorsqu'il entendit :
– Mon frère ! Laisse-moi tranquille !
– Mais enfin, pourquoi m'appelles-tu ton frère ? questionna le crocodile.
– Eh bien ! parce que les crocodiles naissent dans des œufs, comme nous, répondit la poule.
– Je ne le savais pas, reconnut-il.
Depuis ce jour, les poules passent, en toute tranquillité, le long des rivières, sans jamais être mangées par les crocodiles. Est-ce qu'on mange sa propre sœur ?

D'après un conte africain.

30 janvier

Le choix d'une épouse

Il était une fois un paysan qui désirait se marier. On lui présenta trois femmes, qui lui plurent toutes les trois. Elles étaient toutes jolies, intelligentes et douces. Impossible de choisir !
Il demanda conseil à ses nombreux amis, mais chacun lui répondait différemment. On lui conseillait tantôt l'une, tantôt l'autre, ou encore la troisième. Le paysan était très découragé.
« Que faire ? pensa-t-il. Je ne peux tout de même pas épouser les trois ! »
Il alla enfin prendre l'avis de sa mère, car elle connaissait bien les choses de la vie.

– Ce n'est pas un problème, mon fils, dit la vieille dame. Offre un morceau de fromage à chacune d'entre elles et tu pourras choisir.
– Un morceau de fromage ?
Le paysan était bien étonné de cet étrange conseil. Mais comme c'était un bon fils, il fit ce que sa mère lui avait demandé.
La première se jeta sur le morceau de fromage et le mangea entièrement, avec la croûte. La deuxième,

au contraire, enleva la croûte, mais, en la découpant, elle enleva aussi un bon morceau de fromage. Il ne lui en restait plus qu'un tout petit morceau à manger. La troisième, enfin, découpa tranquillement la croûte sans perdre de fromage.
Alors, le paysan comprit le conseil de sa mère : « La première, se dit-il, est trop impatiente. La deuxième est trop délicate. La troisième est parfaite ! »
Il se maria aussitôt avec elle et ils vécurent très heureux...

D'après Grimm.

31 janvier

Le vilain petit canard

Il était une fois une cane qui avait couvé de beaux œufs. « Qu'ils sont mignons ! » songea leur mère, quand les canetons apparurent.
Tout à coup, le dernier œuf se craquela et en sortit un petit canard pas comme les autres. Son plumage était gris, presque noir. Il avait une petite houppe de duvet noir sur la tête, qui lui faisait comme une perruque.
Le vilain petit canard se montra vite adorable, mais il était si laid que ses frères se moquaient sans arrêt de lui. Un beau jour, il en eut assez et s'en alla, tout seul.
« Personne ne m'aime, ni mes frères ni les autres canards. Peut-être que, ailleurs, quelqu'un voudra de moi, même si je ne suis pas beau. »
Il rencontra des canards sauvages et vécut quelque temps chez eux. Mais eux aussi lui répétaient qu'il était affreux.
Il repartit alors, seul et triste. Chemin faisant, il rencontra un cygne magnifique. Il était si beau que le vilain petit canard en eut le souffle coupé. Il se dit : « Ce cygne va se moquer de moi. »
Mais le cygne ne parut pas surpris de le voir.
– Que fais-tu là, petit cygne, tu devrais être chez ta mère !
– Je ne suis pas un cygne, pleura le vilain petit canard. Je suis le fils d'une cane. Mais je suis trop laid ; alors, j'ai dû quitter ma mère.
– Mais non, lui répondit l'autre. Ta mère a dû couver un œuf de cygne. Nous sommes gris et laids à la naissance, mais tu deviendras vite comme moi !
Et il le ramena à sa femme. Quelques mois plus tard, le vilain petit canard était devenu le plus beau des cygnes.
Les enfants venaient l'admirer sur le lac...

D'après Andersen.

1er février

Le loup qui n'aimait pas chasser

Il était une fois un loup qui n'aimait pas chasser. Il était constamment affamé et rôdait partout à la recherche d'un peu de nourriture.

Un jour, il aperçut un paysan qui déjeunait d'un bon morceau de pain.

– Bon appétit, fit-il au paysan. Ça a l'air bien bon ce que tu manges.

– C'est du pain, lui dit le paysan. Tu en veux un morceau ?

– Avec plaisir. Nous autres loups, nous n'en mangeons jamais.

Il engloutit son morceau de pain et le trouva délicieux.

– Tu as de la chance d'en manger tous les jours, dit-il au paysan. C'est très bon ! J'aimerais tellement être à ta place...

– Mais rien ne t'en empêche, répondit l'autre. Tu n'as qu'à labourer la terre.

– Et il poussera du pain ?

– Non, pas tout de suite. Il faut attendre la bonne saison et semer du blé. Ensuite, les graines germent et les épis poussent. Il faut alors les couper.

– Bien, bien, fit le loup. C'est un peu long, bien sûr, mais pas tellement difficile. Il ne reste plus qu'à manger le bon pain que l'on a ramassé.

– Pas tout à fait, expliqua le paysan. Nous, les hommes, nous n'avons rien sans travailler. Il faut ensuite moudre les grains de blé pour en faire de la farine. Après cela, on la mélange avec de l'eau, puis on fait cuire la pâte et...

Le loup ne lui laissa pas le temps de finir.

– Arrête ! C'est bien trop compliqué, s'écria-t-il.

Le paysan retourna aux champs. Quant au loup, il rentra dans les bois... et alla chasser pour son dîner !

D'après un conte lituanien.

2 février

La vieille dame et le guérisseur

Il était une fois une vieille dame qui faisait toujours confiance à tout le monde. Elle ne voyait plus très bien, malgré ses lunettes, et se demandait si quelqu'un pourrait l'aider à recouvrer la vue.

– Je peux vous rendre ce service, madame, lui dit un homme qu'elle n'avait jamais rencontré auparavant. Je suis un guérisseur. Si vous me payez, je vous soignerai. Vous verrez aussi bien que lorsque vous aviez vingt ans.

– Guérissez-moi, dit la vieille. Je vous paierai.

Le guérisseur lui expliqua alors :

– C'est très simple. Il vous suffira de fermer les yeux.

– Très bien, acquiesça la vieille.

Le guérisseur fit cuire une prétendue potion, où il mit des carottes, des navets, des tomates et des épinards.

Quand il revint, il dit à la vieille :

– Voici une potion très efficace. C'est une recette secrète que je tiens des plus grands médecins.

Maintenant, buvez et fermez les yeux.
La vieille femme obéit. Pendant ce temps, le guérisseur se mit à voler tout ce qu'il y avait dans la maison.

Il prit les meubles, les tableaux, les bijoux et les habits.
– Voilà. Ouvrez les yeux et payez-moi, dit-il. Vous êtes guérie.
– Guérie ? répondit-elle. Je vois encore moins bien qu'avant ! Je ne vois même plus mes meubles ni les objets autour de moi !
Tant pis, dit le guérisseur. Si vous ne voulez pas me payer, tant pis.
Et il s'en alla. La vieille femme s'aperçut enfin du tour qu'il lui avait joué, mais le charlatan était déjà loin. À partir de ce jour, elle hésita à se fier à n'importe qui...

D'après Ésope.

3 février

L'argent du ciel

Il était une fois une petite fille qui avait perdu son père et sa mère. Son seul bien était un morceau de pain. La pauvre n'avait pas d'habits de rechange ni même la moindre pièce pour s'acheter à manger. Mais elle était si gentille et si raisonnable qu'elle ne pleurait pas et marchait courageusement sur la route.
En chemin, elle croisa un vieux mendiant, plus pauvre qu'elle encore, puisque cela faisait longtemps déjà qu'il errait de village en village.
– J'ai faim, lui dit-il. Par pitié, donne-moi une bouchée de ton pain.
– Tenez, monsieur, répondit-elle, de bon cœur. Et elle lui offrit tout son pain.
Plus loin, elle tomba sur une fillette qui grelottait de froid.
– Tiens, prends mon manteau, proposa la gentille fille.
Elle continua sa route, et aperçut un petit garçon qui sanglotait.
– Que t'arrive-t-il ? demanda-t-elle.
– J'ai froid à la tête, lui expliqua le garçon, et je suis trop pauvre pour m'acheter une casquette.
– Prends mon bonnet de laine, lui dit-elle. Il te réchauffera.
Enfin, elle arriva dans la forêt. La nuit tombait et elle n'avait plus que sa chemise. Elle vit approcher une petite fille étrange, qui lui demanda :
– Donne-moi ta chemise, j'ai froid.

La brave petite offrit sa chemise. Elle ne possédait plus rien au monde. Mais la fillette disparut sous ses yeux et, à sa place, tomba une pluie d'étoiles, qui la recouvrirent. Quand elle rouvrit les yeux, elle était vêtue de beaux habits bien chauds, et les étoiles s'étaient transformées en des milliers de pièces d'or...

D'après Grimm.

4 février

Le lion et le vieux lièvre

Il était une fois, dans un pays lointain, un vieux lion. Cet animal était le plus énorme, le plus terrible, le plus méchant qu'on ait connu. Les autres animaux étaient tellement terrorisés qu'ils n'osaient plus sortir de chez eux. Le vieux lion pouvait surgir à tout moment et les dévorer tout crus.

Alors, les animaux se rassemblèrent pour trouver une solution à leur problème. On décida de proposer un marché au lion. Tous les matins, on lui offrirait un animal. En échange, il devrait jurer de ne plus chasser. Le vieux lion se dit :

« Une proie par jour, sans même que je me fatigue à chasser ! J'accepte. »

Ainsi, chaque matin, un pauvre animal était dévoré par la terrible bête.

Mais un beau jour, un vieux lièvre fut désigné pour servir de repas au fauve. Comme il était malin et avait sa petite idée derrière la tête, il ne pleura pas comme les autres. Il marcha courageusement et arriva chez le lion.

– Je suis en retard, fit le lièvre, parce que j'ai été attaqué par un autre lion.

– Un autre lion ? Sur mon territoire ?

– Oui, un autre lion, répondit le lièvre. Bien plus jeune et plus fort que vous.

– C'est ce qu'on va voir ! grogna le fauve. Il va voir qui est le maître ici !

Le vieux lièvre conduisit le lion à la rivière et lui annonça :

– C'est là qu'il se cache !

Le fauve se pencha sur l'eau et vit son reflet. Il crut que c'était un autre lion et se jeta à l'eau en rugissant. Comme il ne savait pas nager, il se noya aussitôt !

Le lièvre repartit tranquillement, tout fier d'avoir débarrassé la région du méchant lion...

D'après un conte indien.

5 février

Le marchand qui était impatient

Un riche marchand revenait un jour du marché. Il avait bien vendu toute sa marchandise, et sa bourse était pleine de pièces d'argent. Il monta à cheval, pressé de rentrer chez lui pour compter à sa femme le bel argent qu'il avait gagné.

Mais, alors qu'il se préparait à partir, un employé des écuries lui montra l'une des pattes avant de son cheval et lui dit :

– Votre cheval a un sabot mal ferré ; il manque un clou. Voulez-vous que je m'en occupe ?

Le marchand, qui était très impatient de rentrer, lui répondit :

– Non, non, le fer tiendra bien quelques kilomètres.

Et il partit au galop. Mais, en chemin, il s'arrêta pour déjeuner dans une auberge. Il vit que le fer, auquel il manquait un clou, était tombé. L'aubergiste lui dit :

– Il manque un fer à la patte de votre cheval. Vous devriez le faire remplacer.

Le marchand, impatient d'être auprès de sa femme, répondit :

– C'est inutile ! Je ne suis plus très loin de chez moi. À peine une dizaine de kilomètres !

Et il reprit son chemin. Mais le cheval, qui avait mal à la patte, boitait un peu. Le marchand lui pressa pourtant le pas, car il commençait à pleuvoir. Il glissa dans une flaque, tomba et se cassa la patte. Le marchand dut prendre ses sacoches sur le dos et repartir à pied. Il n'arriva chez lui que très tard dans la nuit, épuisé et trempé par la pluie. Sa femme était très inquiète de ne pas le voir rentrer. Quand elle apprit l'histoire, elle lui dit :

– Tu vois comme un simple clou peut causer de problèmes ! Ton impatience te perdra ! Si tu avais accordé un peu plus de temps à ce détail, tu serais arrivé à l'heure et je ne me serais pas inquiétée.

D'après Grimm.

6 février

Conte-devinette

Il était une fois trois femmes qui partirent cueillir des fleurs dans la forêt. En chemin, elles rencontrèrent une méchante sorcière :

– Comment osez-vous approcher de ma maison ? Pour vous punir, je vais vous transformer en fleurs.

D'un coup de baguette magique, la sorcière en fit trois pâquerettes absolument identiques. Puis elle pensa : « L'une d'entre elles n'a pas cueilli mes belles fleurs. Je vais lui réserver un sort meilleur qu'aux deux autres. » Elle s'adressa donc à celle qui n'avait pas eu le temps de composer son bouquet :

– Toi seule auras le droit de reprendre ton vrai visage, mais uniquement la nuit. Dès le matin, tu redeviendras une fleur.

C'est ainsi que la femme put rentrer dormir chez elle toutes les nuits. Au matin, cependant, elle rejoignait ses compagnes dans la forêt.

Un jour, elle supplia son mari :

– Je t'en prie, viens me chercher dans la forêt. Tu n'auras qu'à me cueillir, et je retrouverai enfin mon apparence humaine .

– Mais comment te reconnaître parmi trois fleurs identiques ?

Il alla dans la forêt dès le lendemain matin. Deux des pâquerettes étaient couvertes de rosée, car elles avaient passé la nuit dehors. La troisième était toute desséchée, car elle avait passé la nuit dans une maison, près d'un bon feu bien chaud.

Il coupa délicatement la pâquerette racornie et sa femme put s'en retourner chez elle...

D'après Grimm.

7 février

Le chat trouve un ami

Il y a très longtemps, les animaux ne se connaissaient pas entre eux. Il y avait dans la forêt un petit chat qui cherchait un ami. Un jour, il rencontra un crapaud.
– Veux-tu être mon ami ? lui demanda-t-il.
– Je veux bien, dit le crapaud.
Et ils se mirent à converser.
Mais une gazelle passa et écrasa le crapaud.
Le chat courut après elle en criant :

– Attends, gazelle ! Regarde, je cours vite, moi aussi ! Veux-tu être mon amie ?
– D'accord, dit la gazelle.
Mais alors qu'ils discutaient arriva un léopard, qui dévora la gazelle.
– Léopard, nous sommes de la même famille, dit le chat. Veux-tu être mon ami ?
– Pourquoi pas, répondit le léopard. Et ils s'assirent pour déjeuner ensemble.
Mais un éléphant sortit de la forêt et écrasa le léopard sous sa grosse patte.
– Tu es très fort, éléphant, dit le chat. Vois-tu, je cherche un ami, mais je finis toujours tout seul. Veux-tu être mon ami ?
– Avec plaisir, acquiesça l'éléphant. Et ils devisèrent joyeusement.
Mais un chasseur sortit du bois et tua l'éléphant d'un coup de fusil.
– J'en ai assez, fit le chat. Dès que je trouve un ami, quelqu'un vient me le tuer ! Je voudrais bien être ton ami, chasseur, mais quelqu'un te tuera dans cinq minutes, et je serai de nouveau seul.
– Personne ne me tuera, lui dit l'homme.
– C'est vrai ? Alors, tu veux être mon ami ?
– Oui, bien sûr, répondit l'homme.
Depuis ce jour, le chat est resté le grand ami de l'homme...

D'après un conte africain.

8 février

Les abeilles et les bourdons

Les abeilles et les bourdons vivaient en paix dans une belle ruche. Mais un beau jour, une terrible guerre commença.
– C'est notre ruche, disaient les abeilles.
– Pas du tout, répondaient les bourdons, nous habitons là depuis des années.
Et ils s'insultaient, se battaient, sans que jamais personne ne sache à qui appartenait réellement la ruche. Enfin, ils en eurent assez de se battre.
– Allons voir le hibou, il est vieux et sage, proposa une abeille.

Les bourdons acceptèrent la proposition, et tout le monde alla consulter le hibou.

– Que voulez-vous ? demanda l'oiseau de nuit, surpris.
– Nous aimerions savoir si la ruche appartient aux abeilles ou aux bourdons, répondirent les insectes.
– Il existe un bon moyen de vous départager, proposa le hibou. Vous voulez savoir qui a construit cette ruche ? Que chacun en bâtisse une pareille à celle-là. Ceux qui seront capables de faire la ruche la plus ressemblante auront le droit de garder la première.
– Parfait ! dirent les abeilles, car elles étaient courageuses.
Mais les bourdons, qui ne faisaient que butiner les fleurs, s'inquiétèrent.
– Nous ne pourrons jamais construire une pareille ruche, dirent-ils. C'est bien trop de travail !
Et ils s'envolèrent loin de là, car ils avaient honte de leur paresse.
C'est ainsi que les abeilles vécurent heureuses grâce aux conseils du vieux hibou...

D'après Ésope.

9 février

Jean le Sot

Il était une fois un garçon pas très malin que l'on appelait Jean le Sot. Un jour, sa mère l'envoya chez le meunier porter du grain pour faire de la farine.
– N'oublie pas de lui dire : "Vous ferez bien trente kilos de farine, avec tout ce grain."
En chemin, il vit des paysans dans un champ, qui moissonnaient le blé. Comme il ne savait pas quoi dire, il leur lança :
– Vous ferez bien trente kilos de farine, avec tout ce grain.

Mais les paysans, furieux d'entendre cela, le poursuivirent pour lui donner des coups de bâton.

– Seulement trente kilos ! Nous avons travaillé toute une saison pour ce grain !

– Mais qu'est-ce qu'il faut dire ? demanda Jean le Sot.

– Tu n'as qu'à dire : “Je vous souhaite dix charrettes comme celle-ci.”

Il reprit son chemin et croisa un enterrement.

– Je vous souhaite dix charrettes comme celle-ci, fit-il.

À ces mots, tous se jetèrent sur lui et le giflèrent à tour de bras.

– Tu veux que nous mourions tous, espèce d'idiot ?

— Mais qu'est-ce que je dois dire ? gémit Jean le Sot.

– Si tu ne sais pas quoi dire, lui répondit-on, tais-toi, c'est préférable.

Jean le Sot suivit ce conseil et continua sa route sans problème.

« Plutôt que de dire des bêtises, pensa-t-il, il vaut bien mieux se taire ! »

D'après un conte français.

10 février

Le tigre et la petite renarde

Il était une fois une petite renarde qui vivait heureuse en plein cœur de la forêt. Tous les autres animaux avaient peur du tigre, avec ses dents acérées et ses griffes pointues, qui dévorait tout sur son passage. Ils disaient :

– Cette petite renarde est bien imprudente ! Le tigre n'en fera qu'une bouchée.

Mais la petite renarde était rusée et répondait :

– Ne vous inquiétez pas pour moi ! J'ai plus d'un tour dans mon sac.

À force de se promener dans les bois, elle finit par croiser le tigre. L'énorme animal l'attrapa d'un coup de patte et ouvrit grande sa gueule. Mais elle s'écria :

– Comment, tigre, tu oserais me manger ? Moi que tous les animaux craignent !

– Mais tu es minuscule fit le tigre en riant !

– Peut-être. Mais les hommes eux-mêmes ont peur de moi ! Quand je m'approche de leur village, ils s'enfuient en courant.

Le tigre fut très surpris, car il croyait être le seul à faire peur aux hommes.

– Montre-moi si tu peux les faire fuir, rugit-il. Je pourrai bien te dévorer après...

La petite renarde s'approcha du village. Elle choisit un endroit où les herbes étaient très hautes et se mit à courir. Le tigre la suivait en grondant.

La seule chose que les habitants du village pouvaient voir, derrière les hautes herbes, c'était... le tigre ! Terrorisés, ils s'enfuirent à toutes jambes.

– Tu vois, dit la renarde. Regarde comme ils ont eu peur.

« Si les hommes en ont peur, c'est qu'elle doit être redoutable », pensa le tigre, impressionné.

Et il la laissa partir. Jamais plus il n'osa s'approcher d'elle...

D'après un conte chinois.

11 février

La Dame des eaux

Il était une fois un garçon et une fille qui se promenaient au bord d'un étang. En regardant au fond de l'eau, ils virent une étrange maison. Mais, à force de se pencher, ils tombèrent dans l'eau, où les attendait une sorcière, la Dame des eaux.

– Vous allez travailler pour moi, mes petits agneaux !

Et elle garda les deux enfants prisonniers dans son royaume, les obligeant à travailler jour et nuit. Un jour, enfin, la Dame des eaux quitta l'étang pour aller à la messe. Les deux enfants profitèrent de l'occasion pour s'enfuir. Ils remontèrent à la surface et coururent vers leur village. Mais la sorcière se mit à les poursuivre.

La fille fouilla dans ses poches et ne trouva que deux objets qu'elle avait emportés du royaume des eaux : une brosse et un miroir. Elle jeta la brosse, espérant que la sorcière trébucherait dessus. La brosse, qui était magique, grandit et devint une véritable montagne de piquants. Mais la Dame des eaux, avec ses grandes jambes, grimpa par-dessus et continua à les poursuivre.

Le garçon chercha à son tour dans ses poches : il n'y avait qu'un peigne. Il le jeta vers la méchante femme. Le peigne grandit et devint une forêt de peignes, avec des dents hautes comme des arbres. Mais la Dame des eaux savait marcher sur les pointes et continua à les pourchasser de plus belle. La fille jeta alors le miroir, qui se brisa et devint une montagne de miroirs. Ils étaient si brillants et si lisses que la sorcière glissa et tomba. Dix fois, elle essaya de grimper sur les morceaux de verre, mais il n'y avait aucune prise.

C'est ainsi que les enfants purent rentrer chez eux. Jamais plus ils n'osèrent se pencher au-dessus de l'étang...

D'après Grimm.

12 février

Blanche-Neige

Il était une fois une gentille reine, qui se disait : « Si j'avais une fille, j'aimerais qu'elle soit blanche comme la neige, que sa bouche soit rouge comme le sang et ses cheveux noirs comme l'ébène... »

Le souhait de la reine se réalisa. Elle eut une fille, si pâle, à la chevelure si foncée, qu'elle l'appela Blanche-Neige.

La petite grandit et devint de plus en plus jolie. Mais, à la mort de sa mère, son père se remaria avec une méchante femme. La nouvelle reine était très belle, mais personne ne l'aimait, car elle était bien trop coquette.

Cette méchante femme possédait un miroir magique, dont le pouvoir était de tout connaître et de dire toujours la vérité.

– Miroir, petit miroir, qui est la plus belle ? demandait la reine.

– C'est vous, Majesté, répondait-il invariablement.

Jusqu'au jour où le miroir déclara :

– C'est Blanche-Neige, votre belle-fille, qui est la plus belle, Majesté.

La reine devint aussitôt folle de rage. Elle décida de se débarrasser de Blanche-Neige. En secret, elle fit venir un chasseur, le plus adroit du royaume.

– Emmène Blanche-Neige dans la forêt, ordonna-t-elle, et tue-la !

Le chasseur obéit, mais, au moment où il levait son grand couteau, il changea d'avis. Il trouva la jeune fille si belle qu'il ne put la tuer. Il la laissa partir dans les bois, en pensant que personne ne saurait jamais qu'il lui avait laissé la vie sauve.

Pendant ce temps, Blanche-Neige marchait dans la forêt. Elle avait froid et peur. Où allait-elle dormir ? Soudain, elle aperçut une maisonnette...

À suivre...

13 février

Blanche-Neige (suite)

Blanche-Neige entra dans la demeure, qui était minuscule. Elle y trouva une petite cheminée, une petite table avec sept petites chaises et sept petites assiettes. Dans une autre pièce, elle découvrit sept petits lits. La jeune fille mangea un peu de soupe dans chacune des assiettes. Puis elle s'endormit profondément.

Cette maison appartenait à sept nains, qui rentrèrent pendant son sommeil. La jeune fille se réveilla et eut peur en apercevant les sept nains qui la contemplaient. Mais ils avaient l'air tellement gentils qu'elle fut vite rassurée.

– Tu peux rester parmi nous et t'occuper de la maison, lui proposèrent-ils.

Blanche-Neige accepta avec joie et vécut heureuse avec ses amis les nains.

Mais, un beau jour, la méchante reine, face à son miroir, demanda :

– Miroir, petit miroir, dis-moi qui est la plus belle !

– C'est Blanche-Neige, Majesté, répondit le miroir, l'amie des sept nains.

La méchante femme faillit en étouffer de rage. Elle se dit alors :

– « Je vais me déguiser en vieille paysanne et offrir à Blanche-Neige une pomme empoisonnée. Ainsi, j'en serai débarrassée pour toujours ! »

La jeune fille ne se méfia pas. Elle croqua dans la pomme et tomba comme morte. Quand les nains rentrèrent du travail, ils la trouvèrent allongée sur le sol. Tristement, ils la portèrent en haut de la montagne, dans une belle boîte de verre.

Le prince charmant, qui passait par là, fut tellement impressionné par la beauté de Blanche-Neige qu'il l'embrassa. À cet instant, elle fut guérie du mauvais sort de la reine et se réveilla. Le prince la demanda en mariage et l'épousa aussitôt.

Quant à la méchante reine, elle en mourut de rage...

D'après Grimm.

14 février

La tortue et le singe

Il y a très longtemps, sur une île perdue au beau milieu de l'océan, vivait monsieur Tortue. C'était une grosse tortue de mer, qui habitait sous la mer avec sa femme. Mais il se sentait souvent seul. Un jour, pourtant, il rencontra un singe, qui devint son meilleur ami. En quelques jours, ils étaient devenus inséparables.
La femme du singe était très heureuse que son mari ait trouvé un ami. Mais madame Tortue, elle, ne supportait pas cette amitié. Un jour, elle eut une idée.
– Je suis très malade, dit-elle à son mari. C'est une terrible maladie inconnue et je risque d'en mourir.
– Que faire ? demanda le pauvre monsieur Tortue, très inquiet.
– Il suffit que je mange un cœur de singe et je serai guérie, répondit sa femme.
Malgré lui, monsieur Tortue invita donc le singe à dîner chez lui. Mais, comme il ne savait pas nager, le singe demanda à monsieur Tortue de le porter sur sa carapace. Et les voici partis dans les vagues. Pendant le trajet, le singe s'enquit :
– Tu m'as l'air soucieux. Que se passe-t-il ?
Monsieur Tortue, qui se sentait honteux, lui expliqua la situation.
– Je suis désolé, fit-il, mais je suis obligé de te tuer pour prendre ton cœur.
– Mince alors ! Si tu m'avais prévenu, je l'aurais apporté avec moi ! Ne sais-tu pas que les singes laissent toujours leur cœur à la maison avant de sortir ?
– Non, avoua monsieur Tortue. Retournons le chercher alors.
Une fois sur la plage, le singe grimpa au sommet d'un cocotier et lui lança :
– Espèce d'idiot ! Tu es si bête que tu n'es même pas digne d'être mon ami !
C'est ainsi que monsieur Tortue, par la faute de sa femme, perdit son unique ami.

D'après un conte indien.

15 février

Comment le lièvre devint blanc…

Il y a très longtemps de cela, les Indiens chassaient dans les plaines. Mais, un jour d'hiver, quelle ne fut pas leur surprise de n'y trouver aucun animal !
– Nous allons mourir de faim, se lamentèrent les chasseurs.
Ils marchèrent très longtemps. Parmi eux, il y avait un petit Indien qui chassait déjà aussi bien que les grands. Il se sépara des autres et marcha, tout seul, escaladant

même des montagnes. Là où il était, la neige tombait si fort que tout était blanc. Enfin, il trouva un faisan, qu'il mit dans sa besace.

– C'est bien, j'ai trouvé à manger. Mais comment vais-je faire pour retrouver mon chemin ? Je vais mourir de froid !

C'est alors qu'apparut un lièvre. À cette époque, les lièvres avaient encore les mêmes couleurs que les lapins. Celui-là était marron et noir.

– Ne pleure pas, dit-il au petit Indien. Tu as perdu ton chemin ? Je sais où se situe ton campement. Suis-moi, je vais t'aider à le retrouver.

Le petit Indien le suivit en séchant ses larmes. L'animal le guida dans la montagne jusqu'à ce qu'ils aperçoivent les tentes, en bas, dans la plaine.

– Voilà. Bonne soirée à toi, lui souhaita le lièvre.

– Merci de tout cœur, dit le petit garçon. Mais je suis triste pour toi, car nous sommes venus chasser dans les montagnes et nous risquons de te tuer un jour.

Tandis qu'il parlait, il caressait le lièvre tout doucement. Au fur et à mesure qu'il passait sa main sur son pelage, qui était très doux, le lièvre changeait de couleur ! Il devint bientôt blanc comme la neige. C'est ainsi que le lièvre devint tout blanc. Depuis ce jour, aucun chasseur ne peut le voir dans la neige...

D'après un conte amérindien.

16 février

Cendrillon

Il était une fois une adorable jeune fille dont le père était veuf. Un jour, celui-ci décida de se remarier et épousa une mauvaise femme qui avait deux filles, aussi méchantes que leur mère. Elles se montrèrent vite jalouses de leur nouvelle sœur. La pauvre fille était obligée d'accomplir tous les travaux de la maison, même les plus difficiles. On l'appelait Cendrillon.

Leur père partit un jour pour la ville et leur demanda ce qui leur ferait plaisir.

– Des robes et des bijoux, s'écrièrent les deux méchantes soeurs.

– Une petite branche d'arbre, demanda Cendrillon.

Les autres se moquèrent d'elle et la traitèrent d'idiote. Mais quand le père fut de retour, Cendrillon alla planter la petite branche, qui poussa et devint un bel arbre. Sur cet arbre se posa un magnifique oiseau blanc. Il dit à la jeune fille :

– Tu peux me demander ce que tu désires. Il te suffira de venir sous cet arbre.

Comme elle était très raisonnable, elle ne réclama rien à l'oiseau et attendit d'avoir vraiment besoin de lui.

Un beau jour, on apprit que le prince du royaume donnait un grand bal au château afin de trouver une épouse digne de lui.

Les deux sœurs achetèrent les plus belles robes qu'elles purent trouver. Cendrillon demanda à sa belle-mère l'autorisation de se rendre à la fête, mais la méchante femme lui répondit :
– Tu pourras y aller seulement si tu parviens à ramasser toutes les lentilles que je jetterai dans la cendre en moins d'une heure !
Et elle versa un pot entier de lentilles dans la cheminée. Comment trier ces minuscules lentilles dans un gros tas de cendres ?

À suivre...

17 février

Cendrillon (suite)

Cendrillon courut à l'arbre magique et appela l'oiseau.
– Je t'en prie, aide-moi ! Il faut que je trie toutes ces lentilles avant une heure !

À ces mots, tous les oiseaux des environs arrivèrent à tire-d'aile et entrèrent dans la cuisine. En une minute, ils sortirent chaque lentille, y compris les plus minuscules, de la cendre. Puis ils s'envolèrent aussitôt.
La belle-mère, contrariée, ne tint pas sa promesse.
– Tu n'iras pas au bal, car tu n'as rien à te mettre.
Cendrillon retourna voir l'oiseau blanc. En un clin d'œil, elle était vêtue d'une robe magnifique et parée des bijoux des plus scintillants. Elle courut au château et entra dans la salle de bal. Elle était si belle, si resplendissante, que tout le monde se tut et l'admira. Le prince l'aperçut et l'invita aussitôt à danser. De toute la soirée, il ne voulut danser avec aucune autre. Les méchantes sœurs n'avaient pas reconnu Cendrillon, mais elles étaient furieuses de ne pas avoir été choisies.
À la fin du bal, Cendrillon rentra chez elle en courant. Mais, dans sa hâte, elle perdit l'un de ses escarpins.
Le prince parcourut tout le pays, clamant qu'il épouserait celle à qui appartenait cet escarpin. Quand arriva leur tour, les deux méchantes sœurs eurent beau essayer le soulier, il était trop petit pour elles. Seule Cendrillon, dont le pied était très fin, put enfiler l'escarpin. Dès le lendemain, le prince épousa la jeune fille et ils vécurent très heureux. Quant aux méchantes sœurs, elles partirent dans une autre contrée, jalouses du bonheur de Cendrillon.

D'après Grimm.

18 février

La vieille dans la forêt

Il était une fois une pauvre servante qui voyageait avec ses maîtres dans un carrosse. Soudain, au détour d'un chemin, des brigands surgirent des bois et les attaquèrent. La jeune fille réussit à se sauver, mais elle pensa : « Que vais-je faire, perdue dans la forêt ? Je vais être dévorée par les loups. Mes habits sont tout déchirés. Et je meurs de faim ! »
Mais un petit oiseau se posa sur son épaule. Il portait trois petites clés d'or.

– Prends ces clés, dit-il. Elles te permettront d'ouvrir trois portes secrètes, cachées dans des troncs d'arbres. Tu y trouveras ce qu'il te faut.
La pauvre servante ouvrit les trois portes et découvrit tout ce que l'oiseau avait promis. Il y avait là du lait et du bon pain, un grand lit moelleux et de magnifiques robes, plus belles que celles d'une princesse.
La jeune fille vécut dans la forêt. Mais, un jour, l'oiseau revint et lui dit :
– Tu trouveras dans une clairière, tout près d'ici, la maison d'une vieille sorcière. Entre chez elle, va jusqu'à sa chambre et rapporte-moi une petite bague très simple. Surtout, ne lui parle pas. Et ne te laisse pas tenter par ses beaux bijoux.
La jeune fille obéit. Comme elle était très sage, elle exécuta exactement ce que l'oiseau lui avait dit. Elle ne parla pas à la méchante sorcière et n'emporta qu'une bague, la plus discrète, la plus simple. À son retour, elle la tendit à l'oiseau. Dès que l'anneau eut touché son bec, il redevint le plus beau des princes.
– J'étais ensorcelé par cette méchante femme, lui expliqua-t-il, mais grâce à toi je suis sauvé !
Ils rentrèrent alors dans son royaume, se marièrent et furent très heureux...

D'après Grimm.

19 février

L'éléphant et le lapin

Un lapin vivait heureux dans sa petite maison, au bord d'une rivière. Il ne dérangeait personne et passait ses journées à croquer ses carottes. Mais, un beau jour, il entendit un bruit terrible dans son jardin. Il regarda par la fenêtre et vit un énorme éléphant qui piétinait ses plantations.
– Fais attention, gros balourd ! cria le lapin. Tu écrases tout sur ton passage !
– Bien sûr, microbe, lui répondit l'éléphant, je pourrais même t'écraser, toi.
Le lapin fut très vexé par l'attitude de cet animal. Il lui cria :
– Tu te crois très fort. Eh bien ! Je te défie de me battre en duel !
– Je t'écrabouillerai comme un ver, fit l'éléphant. Même le tigre et le lion n'osent pas s'attaquer à moi. Tu oses me défier ?
– Demain matin, nous nous battrons, assura le lapin.
L'éléphant s'en alla en riant.

Le lendemain, l'éléphant arriva d'un pas lourd, en faisant trembler le sol des arbres. Mais, alors qu'il allait charger en barrissant, le lapin sortit de derrière son dos une petite souris. L'énorme animal s'arrêta tout net. Car l'éléphant, s'il n'a pas peur des grands fauves, est terrifié... par les souris !
Le lapin visa très soigneusement. Il prit la souris et la jeta dans l'immense oreille de l'éléphant. Celui-ci, épouvanté, s'enfuit en écrasant tout sur son passage.

– Tu abandonnes le combat ? demanda le lapin en riant à son tour, bien heureux de son triomphe.
Le pachyderme ne répondit même pas ; il courait et court encore aujourd'hui. Ainsi, il n'est pas utile d'être gros et fort pour être le vainqueur. Il suffit d'être le plus malin...

D'après un conte africain.

20 février

Comment naquit le mille-pattes

Il y a bien des années, les habitants de la terre étaient bien embêtés. Le bon Dieu venait à peine de les créer, et certains n'étaient pas encore tout à fait terminés. Il leur manquait une queue, une oreille, une aile... mais surtout des pattes. La scolopendre, elle, avait quatre belles pattes. C'était un petit insecte, long comme un ver de terre et, surtout, très malin. Très vite, il avait compris que tous les animaux rêvaient d'être dotés de pattes. Comme il était bricoleur, il avait décidé d'en fabriquer. Quand il en eut confectionné un bon nombre, il ouvrit une boutique et se mit à les vendre.
Les pattes de la scolopendre partaient comme des petits pains. Tout le monde se précipitait, en achetait, en offrait à ses amis.
Et le brave insecte fabriquait et fabriquait encore. Il en fit plus de mille !
Un beau jour, pourtant, le bon Dieu décida qu'il était temps de donner des pattes à tous les animaux.

Il réalisa alors pour chacun la patte qui lui convenait : une patte velue pour le renard, une petite pour le lapin, une longue patte fine pour la cigogne... En quelques jours, tout le monde fut servi.
La pauvre scolopendre se retrouva avec une immense quantité de pattes qu'elle ne pouvait plus vendre.
« Je ne vais tout de même pas jeter toutes ces belles pattes ! »pensa-t-elle.
Comme son corps était très long, elle décida alors de les garder pour elle. Elle pourrait ainsi avancer plus vite que les autres insectes. Et, surtout, il lui serait impossible de trébucher avec toutes ces pattes !
Ainsi naquit cet étrange insecte que l'on appelle le mille-pattes...

D'après un conte chinois.

21 février

Quand les rats ne voulaient plus être mangés...

Depuis toujours, les rats menaient une vie très dangereuse. Leurs ennemis, les chats, les guettaient à chaque sortie, pour n'en faire qu'une bouchée. Un jour, les rats en eurent assez. Ils se réunirent pour trouver une solution à ce terrible problème. Comment se débarrasser des chats ?
– Nous pourrions les tuer, proposa un rat.
Mais tous les autres éclatèrent de rire, car aucun d'entre eux n'était assez gros ni assez fort pour affronter un chat.
– Nous pourrions leur proposer un marché : de bons morceaux de fromage contre la paix, suggéra un autre.

– Impossible, lui répondirent les autres. Les chats sont traîtres. Ils nous mangeraient quand même. On ne peut pas se fier à leur parole.
– Et si nous nous cachions à leur approche ? poursuivit-il.
– Les chats sont bien trop silencieux, affirmèrent les autres. Avec leurs coussinets, ils font moins de bruit qu'un souffle de vent !
Tout le monde se tut, découragé. Mais soudain, un raton s'écria :
– J'ai trouvé ! Il suffit d'accrocher un grelot au cou de chaque chat ! Nous les entendrons arriver de loin, au son de leur clochette.
Les rats se mirent à applaudir. Quelle bonne idée ! Grâce à ce système, les chats ne pourraient plus jamais les surprendre.
Comment se fait-il alors que les chats continuent à dévorer les rats ? C'est très simple : connaissez-vous un seul rat qui soit capable d'accrocher un grelot au cou d'un chat sans se faire manger tout cru ?

D'après Ésope.

22 février

Les enfants de la lune

Il y a fort longtemps de cela, le soleil et la lune étaient de grands amis. Le soleil avait de beaux garçons dorés qui brillaient au-dessus de la terre. La lune, elle, était la mère de superbes filles, toutes blanches, qui luisaient dans le ciel.
Mais, en secret, elle était jalouse du soleil. Cet astre qui brillait plus qu'elle la mettait dans tous ses états ! Un jour, elle décida de lui jouer un mauvais tour.
– Ami soleil, dit-elle, je n'en peux plus d'entendre ces enfants qui crient. Pourquoi ne pas nous en débarrasser ?
– Mais qu'est-ce que tu racontes ? répondit le soleil qui adorait ses enfants.
– Je t'assure, reprit la lune. Nous n'avons qu'à les noyer et nous serons tranquilles. D'ailleurs, si tu refuses, je ne te fréquenterai plus.
– Bien, fit le soleil, tristement. Comme tu voudras.
Il prit un grand sac, mit tous ses garçons à l'intérieur et rejoignit la lune qui l'attendait, au dessus de la mer. Elle aussi avait un grand sac, mais il était plein de cailloux ! Et ils jetèrent leurs fardeaux au fond de l'eau.
Le soir venu, pour la première fois, le soleil alla se coucher, car il était bien découragé. C'est alors que la lune se leva et lâcha toutes ses filles à travers le ciel.
– Allez jouer, mes petites !
Et les étoiles filèrent partout dans l'obscurité.
Quand le soleil se rendit compte du vilain tour que son amie lui avait joué, il ne lui adressa plus jamais la parole. Depuis ce jour, la lune n'ose plus sortir que lorsque le soleil s'est couché. Vous pouvez encore la voir, aujourd'hui, en compagnie de ses filles les étoiles...

D'après un conte africain.

23 février

Comment naquit la grêle

Depuis des mois déjà, un froid glacial s'était abattu sur la terre des Indiens. Le sol, recouvert d'une épaisse couche de neige, ne permettait plus à l'herbe de pousser. Les Indiens étaient très inquiets. Comment survivre sans animaux à chasser, dans le froid qui mord ? Ils décidèrent de faire appel au sorcier du village. Il appela les esprits pour que le soleil revienne sur leurs terres, il essaya d'utiliser sa magie, mais en vain. Il neigeait toujours.

C'est alors qu'un corbeau vint se poser aux pieds du sorcier, sur un talus tout blanc de neige.

– N'aie pas peur, dit-il au sorcier. Je sais, moi, comment faire revenir le soleil. Donne-moi tous les jours un fruit et un petit morceau de viande, et avec mes grandes ailes, j'irai le voir, et je lui demanderai de briller à nouveau, et de faire fondre la glace.

– Ta proposition ne m'intéresse pas, dit le sorcier, et tu m'agaces !

Et il lança une pierre sur le corbeau qui s'envola furieux en poussant un "crôôôa" de douleur. Le corbeau était décidé à se venger.

Il convoqua tous les corbeaux de la région et leur expliqua son plan. Il montèrent dans le ciel et se posèrent sur un gros nuage qui cachait la lumière du soleil et d'où tombait la neige. Avec leur bec, il prirent un peu de neige dans un nuage et en firent des petites boules de glace qu'ils lancèrent sur le village. Sur la terre, en voyant arriver ce qui était de la grêle, les Indiens eurent très peur, et accusèrent le sorcier d'avoir utilisé de la mauvaise magie. Ils le chassèrent et firent la paix avec les corbeaux. Depuis ce jour, les Indiens et les corbeaux sont très amis, et jamais plus il ne grêle sur le village…

D'après un conte amérindien.

24 février

La naissance du requin

Il était une fois un homme très riche qui vivait dans une grande demeure, au bord de la mer. Il possédait plus d'or que n'importe qui au monde. Rien n'était trop cher pour lui. Il n'avait ni femme ni enfants, car il était très avare et ne pensait qu'à lui.

Jamais il n'avait l'idée d'offrir un cadeau ou de faire plaisir à quelqu'un. Il gardait son argent dans un coffre fermé à clé. Plus il en recevait, moins il en donnait.

Un jour, un pauvre vieillard se présenta à sa porte. Il avait l'air très fatigué et ses vêtements, tout déchirés, montraient sa misère.

– S'il vous plaît, mon bon monsieur, demanda le vieux, donnez-moi une petite pièce ou un morceau de pain. Ce qui n'est rien pour vous est beaucoup pour moi.

– Va-t-en, sale mendiant ! hurla l'avare. Tu n'as qu'à travailler si tu as faim.

– Vous avez tort d'être aussi méchant, lui répondit calmement le vieillard. Vous verrez, l'avarice est toujours punie.

Quelque temps après, une terrible tempête s'abattit sur la région. La mer inonda la maison de l'avare et l'emporta très loin au large. Il se débattait furieusement contre le courant, quand il vit approcher un homme qui paraissait aussi à son aise dans l'eau qu'un poisson. C'était le vieux mendiant.

– Je suis le roi des mers, dit-il à l'avare. Pour te punir,

je vais te transformer en animal. Tu seras le plus méchant et le plus détesté des poissons.
En un clin d'œil, l'avare se métamorphosa en un gros poisson aux dents pointues. Il était si effrayant que personne ne l'aimerait jamais. C'est ainsi qu'apparut le premier requin...

D'après un conte philippin.

25 février

Le roitelet et l'ours

Un ours et un loup entendirent un jour le chant d'un oiseau.
– C'est le roitelet, dit le loup. Le roi des oiseaux.
– Le roi des oiseaux ? Il faut que je voie son palais ! répondit l'autre.
Il n'avait pas prononcé ces mots que l'ours était déjà penché sur le nid du roitelet.
– C'est ça, le palais du roi des oiseaux ? Trois brins de paille ?
Le roitelet, à ces mots, se vexa.
– Tu oses m'insulter ? Ce sera la guerre !
L'ours et le loup préférèrent filer. Ils craignaient la puissance du roi des oiseaux. Ils convoquèrent sur-le-champ les plus féroces des animaux à quatre pattes. Le renard, qui était habitué à se battre, leur expliqua :
– Avec ma grande queue épaisse, je donnerai le signal de la bataille. Tant qu'elle sera dressée, nous continuerons le combat. Si je la baisse, cela voudra dire que nous sommes en danger.
Du côté des oiseaux et des insectes, on était très inquiet. Mais un jeune bourdon, qui avait assisté en secret à la réunion de leurs adversaires, s'écria :
– Ne vous faites pas de souci, j'ai mon plan !
La bataille s'engagea. Les amis de l'ours chargèrent en rugissant. Pendant ce temps, le petit bourdon se dirigea vers le renard. Il le piqua si fort sous la queue que l'autre partit en hurlant, abandonnant la bataille. Dès qu'ils ne virent plus le panache du renard dressé en l'air, les animaux à quatre pattes crurent qu'ils étaient en danger. Ils s'enfuirent sans demander leur reste...
Les oiseaux, ravis, fêtèrent leur victoire, et l'ours dut leur présenter ses excuses.

D'après Grimm.

26 février

Le petit soldat de plomb

Il était une fois un petit soldat de plomb, qui avait été fabriqué en même temps que les onze autres soldats de sa boîte, mais on l'avait réalisé en dernier. Comme il ne restait plus assez de plomb, le pauvre n'avait qu'une jambe.

Il avait été offert à un petit garçon pour son anniversaire... C'était le paradis des jouets. Il y avait là de gros ours en peluche, des marionnettes, mais surtout... un superbe château en carton. On pouvait y voir, à travers d'étroites fenêtres, de petits salons et de petites chambres. Il y avait un bassin, avec de petits cygnes en carton. Debout, à la porte de ce château, le soldat aperçut une jolie danseuse, découpée dans du papier, avec un visage très doux. Mieux encore, elle était perchée sur une jambe et tenait l'autre si haut que notre soldat ne la vit pas.

« Cette danseuse est si belle, pensa-t-il. Et, comme moi, elle n'a qu'une jambe... »

Il tomba fou amoureux de la jolie fille de papier. Toute la journée, il attendit que le petit garçon ait fini de jouer. Il savait bien que, la nuit tombée, les jouets se mettraient à vivre tout seuls, et qu'il pourrait enfin admirer sa bien-aimée.

Le petit garçon joua la journée entière, puis il alla se coucher. Alors, les jouets s'animèrent. Les peluches rendirent visite aux marionnettes ; les soldats de plomb sortirent de leur boîte pour parcourir le château. Le soldat de plomb ne pouvait détacher ses yeux

de la jolie danseuse. Elle aussi le regardait et le trouvait bien attirant. Cela dura toute la nuit. Même les autres jouets se demandèrent si le soldat et la danseuse n'étaient pas un peu amoureux.

Le lendemain matin, quelqu'un posa le petit soldat sur le rebord de la fenêtre. Il y eut un coup de vent... et il tomba dans la rue !

À suivre...

27 février

Le petit soldat de plomb (suite)

Le petit soldat était tombé de très haut. Planté, au bout de son fusil, entre les pavés, il était si bien caché que personne ne put le retrouver. Ce furent deux petits garçons qui, en jouant au ballon, le remarquèrent. Il pleuvait si fort que l'eau coulait au milieu de la rue, comme un torrent.

– Regarde, un soldat de plomb ! Si on lui faisait un bateau ?

– Bonne idée, répondit l'autre. Il descendra le ruisseau.

Ils lui confectionnèrent un bateau en papier, le glissèrent

dedans et le posèrent dans l'eau. Dès qu'il eut touché le ruisseau, le navire partit à toute vitesse.
Mais il allait tellement vite qu'il finit par se remplir à ras bord. Le pauvre soldat de plomb allait couler à pic quand il fut avalé par un gros poisson qui passait par là. Le poisson nagea vers une rivière où il fut pêché. On le vendit sur le marché, avec le petit soldat de plomb dans l'estomac. La cuisinière qui l'avait acheté lui ouvrit le ventre et s'exclama :
– Venez voir ce que j'ai trouvé dans ce poisson ! Un soldat de plomb !
Toute la maison vint admirer cette étrange figurine, puis on la porta dans la chambre d'enfant. Quelle ne fut pas la surprise du petit soldat quand il reconnut la fenêtre d'où il était tombé la veille ! Tout était là : le château, la danseuse...
Le petit garçon entra et, sans raison, jeta le pauvre soldat au feu. Le plomb se mit à fondre. C'est alors qu'un coup de vent balaya la pièce. La belle danseuse, qui était faite d'un papier très léger, s'envola et tomba, elle aussi, dans les flammes.
C'est ainsi que le petit soldat de plomb et sa bien-aimée purent enfin se retrouver pour toujours...

D'après Andersen.

28 février

Le chacal et le soleil

Il y a bien des années, le soleil vivait sur la terre, avec les hommes. Il élevait un troupeau de brebis, les plus belles que l'on ait jamais vues. Leur laine, blanche et épaisse, faisait envie à tous les moutons du monde. Les fauves, bien sûr, rêvaient de les croquer, mais personne n'avait jamais osé en manger une.
Un jour, pourtant, le chacal aperçut les brebis seules dans un champ.
– Quel beau repas ce serait là ! Tout le monde a peur du soleil ; moi pas.
Et le chacal avala toute crue la plus belle des brebis. Il s'endormit, satisfait de son repas.
En se réveillant, il eut soif et alla au puits.
Mais, dès qu'il avança le museau pour boire, il sentit une terrible chaleur, et le puits se vida. Plus une goutte d'eau ! Le chacal, assoiffé, se dirigea vers la rivière. Il se précipita vers la bonne eau bien fraîche, mais à peine s'était-il penché que la rivière devint un lit de cailloux tout secs.
– Quelle chaleur ! fit le chacal. Heureusement, il reste le lac.
Il fila vers le lac, mais là encore, alors qu'il s'apprêtait à boire, le lac devint sec comme un désert. Le chacal se mit à pleurer. Alors, le soleil se montra.
– Je t'en prie, excuse-moi, gémit le chacal, et le soleil répondit :
– Je te pardonne, chacal. Tu peux boire, maintenant.
Et l'eau revint dans le puits, la rivière et le lac.
Depuis ce temps, le soleil est prudent. Il ne vit plus sur la terre mais dans le ciel, où personne ne peut attraper ses brebis. On peut encore les voir, au-dessus de nous : ce sont les nuages. Quant au chacal, il préfère désormais chasser la nuit, lorsque le soleil est couché...

D'après un conte tunisien.

1er mars

Margot la malice

Margot était une cuisinière très gourmande qui aimait, plus que tout au monde, goûter les plats dès qu'ils sortaient du four.
Un jour que son maître avait invité un ami à dîner, Margot mit à cuire un beau poulet à la broche.
Au bout de quelque temps, la chair était rôtie à point, la peau dorée et croustillante.
Mais l'invité n'était toujours pas là.
Elle remarqua alors une aile qui commençait à brûler. Elle se dit :
– Autant manger celle-ci. Si je la laisse sur le feu, elle sera perdue et mon maître sera furieux.
Elle engloutit donc le délicieux morceau. Puis elle réfléchit de nouveau :
– S'il ne reste qu'une aile, mon maître va trouver cela étrange, il m'accusera et me grondera.
Et elle dévora la seconde aile. Puis elle pensa :
– Ce poulet sans ailes n'est plus présentable. Je ne vais pas le jeter pourtant !
Sans attendre, elle le mangea tout entier.
C'est alors que son maître entra dans la cuisine et prit un grand couteau pour l'apporter sur la table.
– Mon ami arrive ; je l'ai aperçu par la fenêtre. Sors vite le poulet du feu.
Aussitôt, Margot se précipita à la porte. Dès que l'invité entra, elle chuchota :
– Partez vite ; mon maître est furieux de votre retard. Il veut vous couper les oreilles ! Regardez, il a pris un grand couteau !
À ces mots, l'invité prit ses jambes à son cou. Margot s'écria :
– Votre ami est bien impoli ! Il s'est emparé du poulet et s'est enfui !
Le maître n'en croyait pas ses oreilles. Un ami de si longue date ne devrait jamais se comporter comme cela ! C'est ainsi que Margot mangea le poulet sans que personne n'en sut rien...

D'après Grimm.

2 mars

Les fraises

Il était une fois une méchante femme qui avait deux filles. L'aînée était tout le portrait de sa mère. La cadette, au contraire, était douce, gentille et serviable. Mais sa mère et sa sœur la détestaient. Elles profitaient de son bon caractère pour l'obliger à faire tous les travaux de la maison.
Un jour, la méchante sœur eut envie de fraises. On était en plein hiver et il neigeait à gros flocons. Impossible de trouver des fraises par un temps pareil !
– Va m'en chercher, ordonna-t-elle à la cadette.
– Mais où pourrais-je trouver des fraises en cette saison ? demanda la jeune fille.
– Débrouille-toi pour en rapporter, cria la mère qui avait surpris leur conversation. Sinon, tu ne remettras pas les pieds dans cette maison !
La pauvre fille partit seule, sous la neige. Mais dès qu'elle eut fait quelques pas, les arbres se couvrirent de belles fraises bien juteuses.
« Merci, mon Dieu ! pensa-t-elle. Et elle en rapporta deux gros paniers. »
Quand les deux méchantes

femmes la virent revenir, elles n'en crurent pas leurs yeux. Comment avait-elle fait pour trouver des fraises en plein hiver ?
À force de questions, la cadette finit par leur raconter son histoire.
– J'ai pensé si fort aux fraises qu'elles sont apparues, dit-elle.
Folles de jalousie, sa mère et sa sœur sortirent de la maison.
« Faisons de même, pensaient-elles. »
Mais à peine furent-elles dehors que les arbres se couvrirent d'épines et de ronces. Il se forma autour d'elles une forêt tellement sombre, tellement épaisse, qu'elles ne retrouvèrent jamais plus le chemin de leur maison...

D'après un conte français.

3 mars

La chèvre menteuse

Il était une fois un homme très pauvre qui avait six enfants. Il rassembla ses dernières économies et alla acheter une chevrette au marché. Il confia l'animal à son fils aîné en disant :
– Tu iras garder la chèvre. Veille à ce qu'elle soit bien nourrie.
À son retour, le père demanda :

– La journée s'est-elle bien passée ?
– Très mal, s'écria la chèvre. J'ai été si mal gardée que je ne ferai pas de lait !
Furieux, l'homme chassa son fils de la maison. Le lendemain, il confia la chèvre à son deuxième enfant, en lui recommandant de bien la traiter. Mais quand vint le soir, la chèvre dit à nouveau :
– J'ai été si mal gardée et si mal nourrie que je ne ferai pas de lait !
Hors de lui, le pauvre homme chassa son deuxième fils. Le lendemain, ce fut au tour du troisième enfant puis, le jour d'après, du quatrième. Et ainsi jusqu'au sixième.
Après avoir chassé tous ses fils, l'homme se retrouva seul. Il choisit pour la chèvre le plus vert des pâturages, la plus tendre des herbes, le plus frais des ruisseaux. Puis il rentra chez lui, satisfait, et demanda à l'animal s'il était content de cette belle journée.

– J'ai été si mal gardée que je ne ferai pas de lait ! répondit la chèvre.
C'est alors que l'homme comprit qu'elle n'était qu'une menteuse et qu'il s'était montré bien injuste. Il la chassa à son tour en se disant, mais un peu tard, qu'il ne ferait plus confiance à n'importe qui...

D'après un conte français.

4 mars

Le miel des abeilles

Un roi avait trois fils. L'aîné et le deuxième partirent découvrir le monde, en quête d'aventures et pour rencontrer leur future femme. Le cadet, que l'on appelait le benêt, car tout le monde pensait qu'il était très bête, resta au château.
Ses deux frères voyagèrent à travers tout le pays, mais ni l'un ni l'autre ne trouva une jolie femme à épouser. Découragés, ils s'installèrent un moment dans une grande forêt. C'est alors que leur frère cadet vint les rejoindre. Quand ils le virent approcher, les deux autres se mirent à ricaner :
– Regardez qui voilà ! Le benêt ! Que viens-tu faire ici ?

– Comme vous, répondit le cadet. Je suis à la recherche d'une épouse.
– Voyez-vous ça ! Tu es bien trop bête !
Et les trois frères se mirent en route. Chemin faisant, ils tombèrent sur une fourmilière. Les deux premiers voulurent donner des coups de pied dedans pour voir les fourmis courir dans tous les sens. Mais le cadet s'écria :
– Ces pauvres fourmis ne vous ont rien fait ! Je vous interdis de les toucher.
Ils continuèrent donc leur route. Enfin, ils arrivèrent à une ruche.
– Nous devrions enfumer les abeilles, proposa l'aîné. Ce serait drôle de les voir abandonner leur ruche. Et nous mangerions leur miel !
– Ces pauvres abeilles ne vous ont rien fait ! Je vous interdis de les toucher ! cria le benêt.
Les trois frères pénétrèrent alors dans une immense et sombre forêt. Tout à coup, ils aperçurent au-dessus des arbres les tours d'un magnifique château. Ils décidèrent d'y passer la nuit...

À suivre...

5 mars

Le miel des abeilles (suite)

Dès qu'ils entrèrent dans le château, les trois frères comprirent qu'il était ensorcelé. Tous les habitants étaient en pierre : les hommes,

les valets, les chevaux... et même les trois filles du roi, qui étaient belles comme le jour. C'est alors qu'un petit homme apparut, un magicien, qui leur expliqua :
– Pour délivrer les habitants de ce château, il vous faudra réussir deux épreuves. La première consiste à retrouver en une journée les mille perles du collier de la reine, perdues dans la forêt. Mais s'il en manque une seule, vous serez transformés en statues de pierre à votre tour.
À la fin de la journée, l'aîné n'avait que cent perles. En un clin d'œil, il devint une statue froide et grise. Puis le deuxième fils, à son tour, fut changé en statue.
Quand vint le tour du cadet, il mit toute sa bonne volonté à rechercher les perles dans l'herbe et sous la mousse. Mais il y en avait bien trop. Il s'assit par terre et pleura.
C'est alors que les fourmis qu'il avait sauvées arrivèrent :
– Tu as été bon avec nous ; ne t'inquiète pas, nous allons t'aider.
Et comme elles étaient des milliers, elles retrouvèrent toutes les perles.
– Il ne reste plus qu'une épreuve, fit le magicien. Tu devras reconnaître la plus jeune fille du roi, qui est très douce parce qu'on l'a nourrie au miel.
Alors, un essaim d'abeilles entra par la fenêtre. Elles trouvèrent, sur les lèvres de l'une des princesses, de minuscules traces de miel. Grâce à elles, le benêt put reconnaître la cadette.

Ainsi, le château redevint vivant, et le prétendu benêt épousa la plus jolie des princesses...

D'après Grimm.

6 mars

La part de la récolte

Il était une fois un paysan qui travaillait un petit lopin de terre. Ce n'était qu'un modeste champ, à peine plus grand que sa chaumière, mais la terre y était bonne. Un jour, le propriétaire de son champ, un méchant ogre, vint le voir.

7 mars

La bête inconnue

Un ogre, aussi bête que méchant, possédait de nombreuses terres qu'il louait aux paysans. Il exigeait une grosse partie de la récolte, parfois même la récolte tout entière ! Mais un paysan malin avait réussi à garder tout ce que la terre produisait.
« Ça ne va pas se passer comme ça », se dit l'ogre.

– Paysan ! Le loyer que tu me verses ne me suffit plus. Désormais, tu devras me donner ce qui pousse au-dessus de la surface de la terre. Et tu garderas le reste.
Et il partit en ricanant, tout fier de sa trouvaille : « Cet idiot de paysan sera obligé de me donner chaque grain de blé qui poussera sur son champ. Il ne lui restera que les racines ! »
Le pauvre homme rentra chez lui, bien abattu. Mais il lui vint une idée.
Quand arriva le temps de la récolte, l'ogre vint chercher sa part. Le paysan avait semé des navets, des radis, des carottes... tous les légumes qui poussent sous terre. L'ogre ne put que repartir avec un tas de feuilles. Furieux, il pensa à la récolte de la saison suivante.

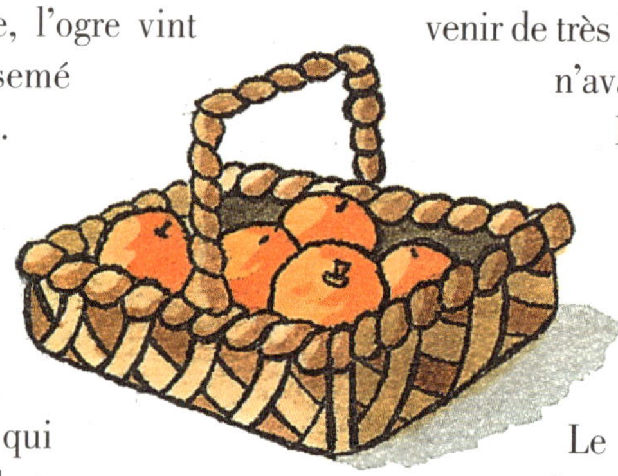

– La prochaine fois, dit-il au paysan, tu ne m'auras pas comme ça. C'est toi qui garderas ce qui pousse au-dessus de la terre.
Une saison passa. L'ogre retourna chercher sa part. Mais quelle ne fut pas sa surprise de trouver un tas de racines pleines de terre !
– Voici votre part, lui dit le paysan.
– Comment ça, ma part ? C'est moi qui ai choisi ce qui pousse sous terre !
– Tout à fait. Vous pouvez emporter ces racines, elles sont à vous.
L'ogre, fou de rage, s'aperçut que le paysan avait semé du blé, de l'orge, du maïs, qui poussent au-dessus de la terre ! Il s'en alla, honteux et furieux...

D'après un conte français.

Et il se rendit chez le paysan.
– Nous allons jouer à un jeu, dit-il, cela s'appelle " La bête inconnue ". Chacun de nous devra présenter à l'autre un animal étrange. Si je réussis à deviner le nom de ton animal, je récupérerai ton champ.
– Et si je gagne ? demanda le paysan.
– Eh bien ! alors, tu auras mes terres ! fit l'ogre, qui ne s'inquiétait pas.
Le paysan réfléchit. L'ogre était riche ; il pourrait faire venir de très loin une bête inconnue. Lui, en revanche, n'avait qu'une oie et deux chèvres...
Il se cacha dans le jardin de l'ogre, et vit bientôt revenir ses serviteurs qui tenaient en laisse un étrange cheval avec une longue corne.
– Cette fichue licorne de Tasmanie refuse d'avancer ! cria l'un d'entre eux.
Le paysan rentra chez lui, tout content. Il couvrit sa femme de miel et la roula dans les plumes que les poules avaient laissées sur le sol du poulailler. Puis il planta deux carottes dans ses cheveux, telles des cornes...
Quand l'ogre arriva, tirant sa bête inconnue par la bride, le paysan lui fit :
– Bah ! Ce n'est qu'une licorne de Tasmanie !
Son tour venu, l'autre fut incapable de reconnaître la femme du paysan. Un animal avec des plumes et des cornes ? Il fut bien obligé de lui donner ses terres...

D'après un conte français.

8 mars

Le Petit Poucet

Il était une fois un bûcheron et sa femme, si pauvres qu'ils n'avaient même plus de quoi nourrir leurs six enfants.

– Je ne vois plus qu'une solution. J'irai perdre nos fils dans la forêt.

Sa femme pleura beaucoup. Lui-même avait bien du chagrin, mais, dès le lendemain matin, il emmena les six garçons en forêt. L'un des enfants, que l'on appelait le Petit Poucet, car il n'était pas plus grand que le pouce, avait tout entendu. Il sortit donc de la maison avant l'aube et alla ramasser des petits cailloux, qu'il cacha dans ses poches. Quand ils partirent, au fur et à mesure qu'ils s'éloignaient de la maison, il sema les petits cailloux derrière lui.

Le père attendit d'être au beau milieu de la forêt, puis il s'enfuit discrètement. Les enfants se mirent à pleurer.

Mais, grâce aux petits cailloux, ils retrouvèrent le chemin de la maison. En les voyant revenir, leurs parents, qui étaient très tristes et regrettaient de les avoir perdus, les embrassèrent et leur préparèrent un bon repas.

Mais le temps passa et le bûcheron devint plus pauvre encore. Il ne pouvait même plus se nourrir lui-même. Bientôt, il dit à sa femme :

– Cette fois-ci, hélas ! nous devons nous séparer de nos petits pour de bon.

Le Petit Poucet les entendit et voulut sortir pour ramasser des cailloux, mais la porte était fermée à clef. Cette fois-là, il ne put semer que des miettes de pain. Quand il voulut les chercher pour pouvoir retrouver son chemin, le Petit Poucet s'aperçut que les oiseaux les avaient toutes mangées ! Les pauvres enfants étaient bien perdus.

À suivre…

9 mars

Le Petit Poucet (suite)

Seuls dans la forêt, les six garçons avaient peur et froid. Soudain, ils parvinrent à une demeure inconnue, une immense maison au toit recouvert de tuiles noires. Les enfants frappèrent à la porte. Une femme leur ouvrit.

– Bonsoir, madame, nous sommes perdus ; nous avons froid et faim !

– Mes pauvres enfants, répondit-elle. Vous êtes ici dans la maison d'un ogre, mon mari. S'il vous voit, il vous mangera tout crus !

Elle les fit entrer tout de même, car elle savait que dehors les loups les dévoreraient. Alors qu'ils se réchauffaient près du feu, l'ogre rentra de la chasse. La femme les cacha tous les six sous le lit de ses filles.

– Ça sent la chair fraîche ! s'écria l'ogre. Et il renifla tant et si bien qu'il découvrit les pauvres enfants qui tremblaient au fond de leur cachette.

– Ne les tue pas encore, supplia sa femme. Engraissons-les avant.

– D'accord, fit l'ogre. Tu peux les nourrir ce soir.
Tout le monde partit se coucher, sauf le Petit Poucet, qui réveilla ses frères et s'enfuit avec eux. Mais l'ogre chaussa de grandes bottes qui le faisaient courir plus vite que le vent et se mit à les poursuivre.
Fatigué de chercher, il s'arrêta au bord d'un ravin pour se reposer. Le Petit Poucet, qui n'était pas loin, en profita pour lui voler ses bottes et le pousser dans le précipice ! Puis il courut à toute vitesse, grâce aux bottes magiques, et retourna chez l'ogre pour lui dérober tout son or.
Enfin, il rejoignit ses frères et ils purent rentrer chez eux. Grâce à l'or du méchant ogre, le bûcheron devint riche et ne chercha plus jamais à perdre ses enfants...

D'après Perrault.

10 mars

La maison qui se construisait toute seule

Il y a très longtemps, bien avant que les hommes n'habitent sur la terre, les animaux vivaient dans de petites maisons. Le léopard, lui, rôdait dans les bois et dormait à la belle étoile. Un jour, il décida, lui aussi, de construire sa maison. Pour cela, il choisit une belle clairière accueillante. Mais l'herbe y était très haute.
– Je vais me procurer des outils. Demain, je viendrai couper ces herbes.
Mais le bouc, qui cherchait lui aussi un bon emplacement pour construire sa maison, arriva dans la clairière juste après son départ. Il la trouva parfaite et se mit à couper les herbes hautes. Dès le soir, il ne restait plus qu'un petit tapis de gazon.
Quand le léopard revint le lendemain, avec ses outils, il vit l'herbe déjà coupée.
– Ça alors ! s'exclama-t-il. C'est sûrement le dieu des léopards qui est venu à mon aide. Merci, dieu des léopards ! Demain, je viendrai faire les murs !
Le lendemain, le bouc vint construire les murs de sa maison. Le soir venu, il s'en alla. Le léopard, qui avait chassé toute la journée, n'en revint pas.
– Encore merci, dieu des léopards ! Demain, je viendrai faire le toit.
Il fila à travers bois, certain que le dieu des léopards reviendrait le lendemain.
Le bouc revint et termina sa maison, puis il alla chercher sa femme et ils s'installèrent. Quand le léopard se présenta, il trouva la maison habitée.

– Que faites-vous dans ma maison ?
– Ta maison ? Mais c'est la mienne, protesta le bouc.
Alors, il lui expliqua que ce n'était pas le dieu des léopards, mais bien lui qui avait construit cette belle demeure. Le léopard était tellement déçu qu'il faillit en pleurer. Heureusement, le bouc, qui était bien gentil, lui permit d'habiter avec eux...

D'après un conte iranien.

11 mars

Le léopard et le bouc

C'était il y a bien longtemps, à l'époque où les animaux vivaient encore dans de petites maisons. Le léopard habitait avec le bouc et la femme de ce dernier dans une belle clairière. Ils se partageaient le travail de la maison : le léopard rapportait de la viande, le bouc de la salade et sa femme faisait la cuisine. Tout allait très bien jusqu'au jour où il se passa une chose terrible. Le léopard revint, comme tous les soirs, portant sur son dos ce qu'il avait chassé. Ce jour-là, il entra en portant... une chèvre. Le bouc et sa femme poussèrent de grands cris :

– Comment ? Pauvre chèvre ! Jamais nous ne pourrons en manger !

– Vous êtes bien délicats, fit le léopard.

Mais il ne parvint pas à convaincre ses deux compères. Il grommela :

– Ah, les mangeurs d'herbe ! Toujours à faire la fine bouche !

Le bouc et sa femme prirent peur. Et si le léopard décidait soudain de les dévorer au lieu d'aller chasser ? Le bouc eut alors une idée.

Le lendemain, il alla chercher le corps d'un léopard qui était tombé dans un piège. Il le porta chez lui et le déposa sur la table. Son ami poussa de grands cris :

– Pauvre léopard ! Qui a tué ce malheureux ? Jamais je ne pourrai en manger.

– Tu es bien délicat, répondit le bouc, c'est aussi bon que de l'antilope, tu sais.

La chèvre se rapprocha du léopard et lui chuchota dans le creux de l'oreille :

– Tu sais, mon mari a un terrible pouvoir. Si quelqu'un lui déplaît, il lui fait les gros yeux, et l'autre meurt aussitôt. Mais chut ! Il pourrait nous entendre.

À ces mots, le léopard, terrifié, partit en courant et ne revint jamais. Quant au bouc et à sa femme, ils purent enfin vivre tranquilles...

D'après un conte irakien.

12 mars

Le mari à la maison

Un paysan, qui vivait avec sa femme dans une petite ferme, en eut un jour assez d'aller travailler aux champs.

– Ne te plains pas, dit sa femme. C'est bien plus fatigant de rester à la maison...

– Tu plaisantes ! s'écria le mari. Je voudrais bien t'y voir.

– Très bien, fit-elle. J'irai aux champs demain, et tu resteras à la maison.

Le lendemain, le mari se réveilla d'excellente humeur. Il se réjouissait de la bonne journée qu'il allait passer à ne rien faire. Sa femme lui avait recommandé de préparer le repas et de faire un peu de ménage.

Il se leva et balaya rapidement la cuisine. Ce n'était pas bien fatigant ! Puis, comme il avait soif, il descendit à la cave pour se servir un verre de vin. Il mit un pichet à remplir. Mais, tandis que le vin coulait, il entendit un grand bruit en haut, dans la cuisine. Remontant en courant, il oublia de reboucher le tonneau.
Il vit alors un cochon qui s'était échappé de la porcherie et qui bousculait tout dans la cuisine. L'animal avait renversé un gros pot de beurre, qu'il engloutissait avec des grognements de joie.
– Hors d'ici, sale bête ! cria le paysan en ramenant le cochon à la porcherie.
Pendant ce temps, le vin se répandait dans la cave.
La femme rentra des champs et trouva son mari épuisé.
– As-tu passé une bonne journée ? demanda-t-elle ironiquement.
– Horrible, répondit-il. Le vin a inondé la cave. Le cochon a mangé le beurre. Demain, je retourne aux champs, et toi tu t'occuperas de la maison !
Plus jamais il ne prétendit qu'une journée à la maison est une journée de repos...

D'après un conte norvégien.

13 mars

Le roi des corbeaux

Il était une fois un homme qui n'avait qu'un œil. Ses trois filles, plus belles les unes que les autres, vivaient avec lui en attendant de se marier. Un jour, un corbeau se posa sur la fenêtre de leur maison et dit :
– Je suis le roi des corbeaux. Donne-moi une de tes filles en mariage ; sinon, il t'arrivera malheur.
Le père ne voulut pas forcer ses filles à accepter, car il les aimait tendrement.
– Je ne peux accepter, mentit l'aînée. Je suis déjà secrètement fiancée à un roi.
– Moi non plus, dit la deuxième. Je suis fiancée à un prince, depuis hier soir.

Le père eut pitié de la cadette, et ne lui parla de rien.
Le lendemain, le roi des corbeaux revint et réclama sa femme.
– Hélas ! mes filles ont refusé et je ne peux pas les obliger, gémit le père.
À ces mots, l'oiseau creva l'œil de l'homme et s'envola.
Le pauvre homme gémit :
– Voyez le résultat de vos caprices : votre père est aveugle, maintenant.
– Moi, dit la cadette, je n'aurais pas refusé d'épouser le roi des corbeaux.
Le père la prit dans ses bras et l'embrassa. Le jour suivant, l'oiseau revint.
– Ma femme est-elle prête à me suivre ?
– Oui, répondit l'homme, tout triste. Ma plus jeune fille accepte de vous épouser.
Courageusement, la petite suivit l'oiseau dans son royaume.
– Je suis un prince ensorcelé, lui avoua son mari. Grâce à toi, je pourrai reprendre mon apparence humaine.
Il enleva sa peau de corbeau comme on quitte un manteau. Dessous se trouvait un beau prince qui souriait à la jeune fille. Ils vécurent très heureux...

D'après un conte gascon.

les brigands s'éloignent. Puis il prononça la formule magique, et la colline s'ouvrit. Le paysan emporta un peu d'argent, juste ce qu'il lui fallait.
Pendant des mois et des mois, il revint de temps à autre au mont Chauve, où il prenait quelques pièces d'or. Il n'avait confié à personne d'où venait son argent. Mais son frère, qui était cupide, perça son secret. Il fila au mont Chauve, remplit ses sacs à ras bord et voulut s'en aller. Mais il était tellement excité par toutes ces richesses qu'il en oublia la formule magique.
– Mont Sempi, ouvre-toi... Mont Simsem, ouvre-toi...
La colline refusait de s'ouvrir. C'est alors que surgirent les douze brigands.
– Voici enfin celui qui entre chez nous depuis des mois ! Nous te tenons !
L'avare eut beau protester, il fut tué par les brigands.
Quant à son frère, il continua de vivre heureux grâce à l'or du mont Chauve...

D'après Grimm.

14 mars

Le mont Chauve

Il était une fois un paysan sans le sou qui ne savait plus comment nourrir sa famille. Un jour, il aperçut douze brigands au pied d'une petite colline, où pas un brin d'herbe ne poussait. On l'appelait le mont Chauve. L'un d'entre eux dit :
– Mont Semsi, ouvre-toi !
Et la colline s'ouvrit en deux. Le paysan regarda furtivement à l'intérieur et aperçut un fabuleux trésor. Des bijoux, des pièces d'or, des coffres débordant de pierres précieuses...
Les douze hommes vidèrent leurs grands sacs, qui regorgeaient d'argent, et repartirent en disant :
– Mont Semsi, ferme-toi !
Le paysan, caché derrière un buisson, attendit que

15 mars

Le petit sapin

Il était une fois un beau petit sapin qui poussait au milieu d'une forêt. Il voyait bien autour de lui les grands arbres, hauts et pointus, que les bûcherons venaient couper. Mais il était encore trop petit et, chaque année, on abattait des arbres plus vieux que lui. Très impatient, il répétait :
– Vivement que l'on vienne me couper ! Je me demande ce que l'on fera de moi.
– Peut-être un bateau, lui dit la cigogne, qui savait beaucoup de choses.
– Ce serait magnifique ! Naviguer sur la mer, voir le monde...
Mais un jour, il aperçut des bûcherons qui coupaient de petits sapins comme lui.
– Est-ce qu'on construit aussi des bateaux avec des arbres de cette taille ? demanda-t-il à la cigogne.
– Mais non ! Ceux-là deviendront des arbres de Noël. Noël, c'est la plus grande fête de l'année. On coupe des sapins exprès, qui servent à décorer les maisons. Ils sont habillés de guirlandes, de boules de toutes les couleurs et de bougies.

Le petit sapin rêva d'être choisi, lui aussi, pour la fête de Noël. L'année suivante, il vit avec joie les bûcherons qui se dirigeaient vers lui. Ils le coupèrent et l'emportèrent en ville.
Il se retrouva dans un beau salon, décoré et illuminé. C'était le plus bel arbre de Noël que la famille ait jamais vu. Il fut le roi de la fête. Tout le monde l'admirait, le touchait, s'asseyait à son pied. Mais, quand arriva le moment des cadeaux, les enfants l'oublièrent. Il ne regrettait rien, car il avait eu sa belle nuit de fête.
Quand Noël fut passé, le brave petit sapin servit à réchauffer les soirées d'hiver, dans la grande cheminée...

D'après Andersen.

16 mars

Le berger et la fée

Il y a bien longtemps vivait dans un petit village un berger qui se méfiait toujours de tout. Un jour, il emmena ses chèvres dans les pâturages, très haut dans la montagne. Les gens du village l'avaient mis en garde :
– Attention ! Une petite fée habite tout là-haut. Il ne faut pas la déranger. Tant qu'on la laisse tranquille, elle est très gentille. Mais quand on l'ennuie...

Le berger conduisit donc ses chèvres dans la montagne. Pendant qu'elles broutaient l'herbe, il aperçut l'entrée d'une grotte dans le rocher.
S'approchant, il y vit une table magnifique, couverte de plats délicieux. Des viandes, des poissons, des gâteaux, tout y était. Les couverts étaient en argent, les assiettes en porcelaine, et les verres en cristal. Toujours incrédule, il pensa : « Cette table merveilleuse, en pleine montagne, c'est impossible ! C'est mauvais signe. Je suis sûr que c'est la salle à manger du diable ! »
Et voilà notre berger qui se met à tout renverser et à tout casser. Les fines assiettes, les verres ciselés, tout fut réduit en miettes. Puis il s'en alla fièrement.
De retour au village, à force de parler de son aventure, le berger finit par attirer l'attention de la petite fée de la montagne. Cette belle table, qu'il avait dévastée comme un sauvage était la sienne. La fée se présenta chez lui et lui dit :
– Tu es fier d'avoir tout cassé chez moi ! Eh bien ! tu mérites une punition ! Tu seras transformé en chamois.
Comme elle n'était pas si méchante qu'on le prétendait, elle eut pitié de lui. Le berger ne resta sous la forme d'un chamois que le temps de comprendre qu'il avait agi bêtement. À partir de ce jour, il apprit à réfléchir et à ne plus se méfier de tout...

D'après un conte italien.

17 mars

Docteur Je-sais-tout

Il était une fois un paysan très bête qui alla trouver le docteur du village. Pendant que le médecin l'auscultait, le paysan regardait partout en pensant : « Comme c'est beau, chez lui ! Il ne manque de rien. J'aurais dû devenir docteur, au lieu de cultiver la terre et de me fatiguer. » Et il demanda :

– Comment fait-on pour devenir docteur ? Je voudrais changer de métier.

– Rien de plus facile, plaisanta le médecin. Tu n'as qu'à accrocher un panneau devant ta maison. Tu inscriras dessus : Ici, docteur Je-sais-tout.

Le paysan, trop naïf, crut que le docteur disait la vérité. Il découpa donc un écriteau de bois, sur lequel il écrivit : Docteur Je-sais-tout.

Les gens du village, qui connaissaient le paysan, se mirent à rire. Mais un prince, qui ne descendait jamais de sa tour, passa par là et entra chez le paysan.

– Bonjour docteur. Si vous savez vraiment tout, j'ai besoin de vos services !

– Bien sûr que je sais tout, fit le paysan, car, à présent, il se croyait docteur.

– Venez avec moi au palais. Quelqu'un m'a volé un coffre plein d'argent et de bijoux et j'aimerais que vous le retrouviez.

– Quelle chance ! pensa le paysan. Au château, je vais faire un bon repas.

Il emmena sa femme car il la savait gourmande. Dès qu'ils furent à table, un valet entra, portant un énorme rôti.

– Où est donc ton bon repas ? chuchota la femme, qui s'impatientait.

– Le voilà ! dit-il en montrant le valet.

Ce dernier, qui était le voleur, s'enfuit en courant. C'est ainsi que le docteur Je-sais-tout fut accueilli au château, où il devint conseiller du prince...

D'après Grimm.

18 mars

Le souriceau, l'oiselet et la saucisse

Un souriceau, un oiselet et une saucisse décidèrent un jour d'habiter ensemble. Malgré leurs différences, ils vivaient très heureux. L'oiselet était chargé du petit bois pour le feu ; le souriceau tirait de l'eau du puits et mettait la table ; quant à la saucisse, elle faisait la cuisine et se trempait dans la soupe pour la parfumer. Tout allait pour le mieux jusqu'au jour où l'oiselet pensa : « Le souriceau n'a qu'à rapporter un peu d'eau, mettre la table et c'est terminé. Il ne lui reste plus qu'à dormir toute la journée. La saucisse, elle, est tranquillement au coin du feu. Elle épluche un ou deux légumes, et sa journée est finie. Et moi, alors ? Je suis bien obligé de voler au loin pour aller chercher du bois. Sans compter qu'il faut revenir avec ; c'est lourd ! »

Peu de temps après, il refusa d'aller chercher le bois. Ses deux amis eurent beau lui expliquer que tout allait pour le mieux, l'oiselet ne voulut rien entendre.

C'est ainsi que, dès le lendemain, la saucisse partit chercher du bois ; le souriceau resta à la cuisine et l'oiselet fut chargé de tirer de l'eau du puits. Le temps passa, et la saucisse ne revint pas. Inquiet, le petit oiseau s'envola à sa recherche, mais il ne vit qu'un gros chien qui faisait la sieste. Celui-ci avait avalé la pauvre saucisse, la trouvant bien appétissante. Pendant ce temps, le souriceau avait préparé la soupe et, pour faire comme la saucisse, s'était trempé dedans pour la parfumer. L'eau était si chaude qu'il était tombé dans la marmite et avait cuit comme un légume. Quant à l'oiselet, il alla directement au puits. Mais il tomba dedans et se noya... Il avait appris, mais un peu tard, à respecter le travail des autres...

D'après Grimm.

19 mars

La Belle au bois dormant

En l'honneur de la naissance d'une petite princesse, le plus beau des festins fut organisé au château du roi. On invita les plus grandes fées du royaume ; il y en avait sept. Le roi ordonna que l'on prépare un couvert spécial pour chacune d'entre elles : dans de belles boîtes en argent, on plaça des couteaux et des fourchettes d'or fin incrusté de pierres précieuses.
Or, au beau milieu du repas, entra une vieille fée qu'on avait oublié d'inviter. On lui apporta vite un couvert, car le roi ne voulait pas la contrarier. Mais il n'y avait que sept boîtes en argent. Quand elle s'aperçut que son couteau, sa fourchette et sa cuillère étaient tout à fait ordinaires, la vieille fée devint pâle de colère.
« Ah ! Je ne suis pas digne de leurs cadeaux ! » se dit-elle, furieuse.
Après le banquet, les fées se dirigèrent vers le berceau de la petite princesse. Elles lui donnèrent l'intelligence, la beauté et la grâce.
La vieille fée, qui était restée dans son coin, dit alors :
– Moi, je lui offre quelque chose d'incomparable : dans quelques années, elle se piquera avec une aiguille et elle mourra !
Mais la plus jeune des fées, qui n'avait pas encore fait son vœu, dit à son tour :
– Je ne suis pas encore assez puissante pour combattre ce mauvais sort, mais je peux le transformer. La princesse se piquera bien le doigt avec une aiguille, mais au lieu d'en mourir, elle tombera dans un profond sommeil qui durera cent ans.

Les fées étaient à peine parties que le roi interdit à quiconque de coudre dans tout le royaume. Personne, sous peine de prison, ne devrait jamais avoir d'aiguille.
« Ainsi, pensa-t-il, ma fille ne pourra jamais se piquer le doigt. »

À suivre...

20 mars

La Belle au bois dormant (suite)

La jeune princesse grandit donc dans un royaume où personne ne possédait d'aiguille. Mais, un jour, la jeune fille monta dans l'un des greniers du château. Elle y trouva une vieille dame qui reprisait une robe. Cette femme était si âgée qu'elle ne sortait jamais de son grenier et ignorait tout de l'interdiction du roi.
La princesse, voyant quelqu'un coudre pour la première fois, s'exclama :

– C'est amusant ce que vous faites là ! Est-ce que je pourrais essayer ?
– Bien sûr, ma petite, fit la vieille.
Aussitôt, elle se piqua le doigt et tomba dans un profond sommeil.
Le roi et la reine, fous de chagrin, convoquèrent la gentille fée.
– La seule chose que je peux faire, dit-elle, c'est vous endormir tous pendant cent ans. Vous vous réveillerez en même temps que la princesse.
Et, d'un coup de baguette, elle plongea tout le château dans un sommeil magique. Les serviteurs, les soldats, les cuisiniers, les chevaux... Les années passèrent sur le château endormi. La forêt avait poussé tout autour. Les arbres étaient si hauts, les buissons si touffus, que l'on ne distinguait plus les tours du château.
Mais, un jour, un beau prince qui rentrait de la chasse aperçut le palais. Arrivé à la chambre de la princesse, il s'arrêta, sans oser respirer, de peur de la réveiller. Elle lui parut si belle qu'il ne put résister à l'envie de déposer un baiser sur ses lèvres. Aussitôt, elle ouvrit les yeux et lui sourit. En un instant, le château reprit vie. Les serviteurs, les soldats et les cuisiniers s'animèrent, comme s'ils venaient à peine de s'endormir.
Le prince épousa dès le lendemain la Belle au bois dormant...

D'après Perrault.

21 mars

Le roi et le menteur

Il était une fois un roi qui était très fatigué d'entendre les gens dire : « Tu es un menteur ! Menteur ! Tu mens ! » Il interdit alors de prononcer ces mots, et promit même de donner sa fille en mariage à celui qui arriverait à les lui faire dire. Un valet décida alors de tenter sa chance.
Il s'installa sous la fenêtre du roi, de façon à ce que celui-ci entende bien tout ce qu'il allait dire, et raconta une histoire.
– Un jour, je me promenais dans la forêt sur mon âne, et j'ai vu un champignon plus gros qu'un arbre.
Le roi se mit à rire.
– Je me suis donc approché ; ce devait être un champignon magique, car mon âne s'est soudain mis à voler. Il volait si vite que nous dépassions même les aigles ! Puis mon âne s'est arrêté sur un nuage, et j'ai vu arriver tout un tas de lutins qui portaient des pantalons sur la tête et avaient leurs pieds dans des chapeaux. Ils m'ont invité à manger et nous nous sommes assis sur la table, pendant qu'on servait le repas sur des chaises : de la viande crue, des légumes de bois et du vin gris. Une jeune fille vint s'asseoir à côté de moi et me dit qu'elle était la reine des lutins.
À ces mots, le roi éclata de rire.
– Finalement, elle me fit parler de mon pays. Je lui dis le nom de notre roi et elle se moqua de moi en me disant qu'il n'était pas puissant du tout et qu'il était surtout très bête.
– Valet, tu exagères ! cria le roi, qui ne supportait pas d'entendre des choses pareilles.
– Puis elle me dit que le grand-père du roi était le valet de mon grand-père !

Alors le roi explosa et se mit à crier :
– Menteur ! Menteur ! Tu mens !
Le valet se mit alors à rire, car il avait gagné, et il épousa la fille du roi.

D'après un conte français.

22 mars

Le pêcheur et sa femme

Il était une fois un pêcheur fort pauvre qui vivait avec sa femme dans une vieille cabane en ruine. Un jour, il tira de l'eau un beau poisson, qui se mit à parler :
– Ne me tue pas, pêcheur. Je suis un magicien ! Remets-moi dans le lac.
Le brave homme le rejeta à l'eau sans se faire prier. Et il raconta tout à sa femme.
– Un magicien ? s'écria-t-elle. Retourne vite lui réclamer une belle maison !
Le pêcheur revint à l'endroit où il avait relâché le poisson.

– Poisson, s'il te plaît ! Ma femme voudrait tant une grande maison...
– Va, dit le poisson en sortant la tête de l'eau. Elle est à toi.
Le pêcheur retourna chez lui et trouva sa femme dans une superbe maison entourée de jardins. Il lui demanda si elle était heureuse. La vieille grogna :
– Heureuse ? Alors que nous pourrions avoir un château ?
Le pêcheur retourna au lac.
– Poisson, pardonne-moi, mais ma femme préférerait un château...
Aussitôt, la maison se transforma en un magnifique château.
– Si ton poisson peut nous donner cela, dit-elle, pourquoi ne te fait-il pas roi ?
– Ca suffit, dit son mari. Nous avons tout ce qu'il faut.
– Eh bien, moi, je veux être reine !
Et elle insista tant que son mari dut retourner au lac pour exiger qu'elle soit reine.
– Va, dit l'animal. Elle a ce qu'elle mérite.
Le pêcheur rentra chez lui, mais ne trouva plus ni château ni maison. À la place des grandes tours pointues, il n'y avait plus... que son ancienne cabane en ruine.
– Tu vois, dit-il à sa femme, ce qui arrive quand on est trop exigeant…

D'après Grimm.

23 mars

Le fermier et ses deux fils

Un laboureur avait deux fils. L'aîné était très paresseux. Le cadet, lui, travaillait sans cesse, car il ne voulait pas que son vieux père se fatigue à la tâche. Mais l'aîné était très malin et mentait à son père. On le voyait partir, au petit matin, sa bêche sur le dos, comme s'il allait aux champs.
Il marchait assez longtemps pour ne plus être vu, puis courait vers le bois. Là, il posait sa bêche et allait s'installer au bord d'un étang.
Pendant ce temps, le cadet, qui était parti, lui aussi, avec sa houe, labourait tout seul le champ du vieux paysan. Il ne disait pas à son père que son frère ne travaillait pas ; il avait bien trop peur de lui causer de la peine.

24 mars

Le fermier et ses deux fils (suite)

Mais le travail n'avançait pas assez vite. Un soir, le paysan demanda à ses fils :
– Avez-vous fini de labourer le champ ?
L'aîné ne laissa pas le temps à son frère de répondre. Il s'écria :
– Non, mon père ! Mon frère laboure si peu et si lentement que je ne peux suffire à la tâche.
Il savait bien que le cadet ne répondrait pas ; pour rien au monde, il n'aurait voulu se disputer avec son aîné devant le vieux paysan.
– Si c'est ainsi, je te chasse, dit le père au plus jeune de ses fils. Tu ne m'as pas récompensé de mon amour en étant paresseux.
Le cadet s'en alla, le cœur plein de chagrin. Mais au lieu de partir sur les routes, il resta dans la forêt, pour observer son frère. Il se doutait bien de ce qui allait se passer...

À suivre...

Le lendemain, l'aîné s'en alla aux champs en sifflotant, sa bêche sur l'épaule. Dès qu'il fut arrivé près du bois, il courut sous le couvert des arbres, comme tous les jours, et s'étendit sur l'herbe.
Le cadet, qui l'observait depuis la clairière, réfléchit : « Mon pauvre père est si vieux... Quand il verra que le champ n'est pas labouré, il le fera lui-même. Il en mourra de fatigue. »
Et le courageux garçon retourna labourer, comme si de rien n'était.
Plusieurs jours passèrent. Il travaillait toute la journée, ne mangeait que des baies sauvages et des racines, et s'endormait, épuisé, au creux d'un arbre. Quant à l'aîné, il rentrait à la maison, frais et dispos.
Un jour, alors que son aîné était parti dès le matin, le vieux laboureur pensa : « Je n'ai plus qu'un fils, et le pauvre garçon se tue au travail tout seul, sans l'aide de personne. Je m'en vais lui porter un morceau de pain et un bon fromage. »
Il prit son bâton, un panier plein de provisions, et marcha à travers les prés. Quelle ne fut pas sa surprise de trouver, au lieu de l'aîné, son fils cadet en plein travail ! Sans se faire voir, le vieil homme se glissa dans les bois. C'est alors qu'il aperçut, au bord de l'étang, l'aîné qui ronflait tranquillement. Tout lui apparut clairement et, se saisissant de son bâton, il lui donna la plus belle correction qu'il ait jamais reçue. Puis il lui déclara :
– Tu veux dormir, très bien ! Tu pourras maintenant dormir autant que tu le désires. C'est toi que je chasse, paresseux, menteur !
Le cadet put retourner chez lui, où il vécut heureux.

D'après un conte français.

25 mars

La princesse et le porcher

Il était une fois un prince de haute noblesse, mais pauvre, qui voulait épouser la fille de l'empereur. Mais elle refusa de le recevoir.
Le lendemain, il se rendit au château vêtu de haillons. Voyant arriver un jeune paysan, le roi, à qui il manquait un porcher, l'engagea aussitôt. Afin de séduire la princesse, le jeune prince se mit à confectionner une marmite magique. Quand on mettait la tête au-dessus, on pouvait sentir tous les mets qui se préparaient dans le royaume. Le soir même, la princesse qui se promenait par là aperçut la marmite. Curieuse de tout, elle voulut l'acheter. Le porcher lui demanda en échange dix baisers ! Elle accepta après une courte hésitation.
Le jour suivant, le jeune prince réalisa une crécelle qui avait le pouvoir de jouer toutes les danses du monde. En entendant ces joyeuses musiques, la princesse réclama l'instrument. Seulement, cette fois, le porcher en voulait cent baisers. Irritée, la jeune fille s'en alla, mais le désir de posséder la crécelle était bien plus fort que son honneur. Elle se plia donc cette fois encore aux exigences du porcher, quand, au quatre-vingt-unième baiser, l'empereur survint. Imaginez sa stupeur lorsqu'il reconnut sa propre fille embrassant son porcher !
Furieux, il ordonna à la princesse de quitter le château. La jeune fille se lamenta :
– Ah ! si seulement j'avais épousé ce si charmant jeune prince ! Je n'en serais pas là !
Le prince lui apparut alors dans ses plus beaux habits et lui déclara :
– Tu as refusé les cadeaux d'un prince mais tu as accepté d'embrasser un porcher pour assouvir tes caprices. Jamais je ne t'épouserai !

D'après Andersen.

26 mars

Les habits neufs de l'empereur

Il y a fort longtemps de cela vivait un empereur qui aimait les habits neufs par-dessus tout. Il en avait un différent pour chaque heure de la journée.
Un matin, deux coquins qui se faisaient passer pour les meilleurs tisserands de l'empire arrivèrent dans la ville. Ils se vantaient de tisser la plus belle étoffe que l'on puisse imaginer. Seulement, elle était invisible pour les sots et les incapables. L'empereur pensa qu'il serait intéressant de porter une telle étoffe le jour de la grande procession ; il pourrait ainsi distinguer parmi ses sujets les intelligents des imbéciles. Les deux coquins réclamèrent les plus beaux fils de soie, d'or et d'argent. Au lieu de les utiliser, ils les mettaient dans leur sac.
Puis, le jour de la procession arriva. L'empereur se rendit lui-même pour admirer son précieux tissu. Et que vit-il ? Rien, absolument rien.
« Serais-je un imbécile ? » pensa-t-il. Mais il n'osa rien dire et félicita les tisserands. Les deux escrocs lui demandèrent de se dévêtir afin de lui passer son habit neuf. Le monarque levait les bras et faisait mine d'admirer son manteau. Ses courtisans s'extasiaient devant la beauté du travail, car

ils avaient peur eux aussi d'être pris pour des sots. L'empereur prit alors la tête de la procession. De leur fenêtre, les habitants, hypocrites, s'exclamaient :
– Comme c'est beau ! Et quelle splendeur !
Quand, tout à coup, une petite fille qui était dans la foule s'écria :
– Mais il n'a pas d'habit du tout !
Le souverain, honteux, dut poursuivre sa marche tout nu sous les moqueries de ses sujets.

D'après Andersen.

27 mars

La petite sirène

Le roi de la mer avait six filles, qui étaient de superbes sirènes. La plus jeune, également la plus belle, rêvait de connaître le monde des humains.
Or, les habitants de la mer n'avaient le droit d'aller sur terre que le jour de leurs quinze ans. Son anniversaire arriva enfin.
Pleine de curiosité, la petite sirène nagea jusqu'à la surface. À l'horizon, elle aperçut un voilier. On entendait les chants et les rires des matelots qui fêtaient les seize ans de leur jeune prince. Elle s'approcha du navire et aperçut le séduisant jeune homme sur le pont. Mais, tout à coup, la tempête se leva. La petite sirène, qui ne quittait pas le prince des yeux, le vit tomber à la mer et arriva à temps pour le sauver de la noyade. Elle l'enlaça, et ils dérivèrent ainsi toute la nuit. Au matin, ils arrivèrent en vue de la côte. S'approchant de la plage, elle déposa le prince inanimé sur le sable. Une jeune fille, qui passait par là, aperçut le prince et appela à l'aide. La petite sirène n'avait plus qu'à retourner, solitaire, dans l'eau profonde.
Tous les jours, elle remontait à la surface pour voir le prince. Elle aurait voulu lui parler, lui dire que c'était elle qui l'avait sauvé et se désespérait de ne pas être humaine, de ne pas avoir de jambes. Or il n'y avait qu'un moyen pour cela : avaler un philtre préparé par la sorcière marine. Une fois le breuvage avalé, elle ne pourrait plus jamais revenir parmi les siens ; elle devrait se faire aimer du prince, sinon elle mourrait. Malgré ces dangers, la petite sirène accepta. En guise de paiement, la méchante sorcière lui demanda ce qu'elle avait de plus beau : sa voix.
Le lendemain, la petite sirène quitta le royaume de la mer. Une fois sur la plage, elle avala le philtre et, soudain, tomba sans connaissance...

À suivre...

28 mars

La petite sirène *(suite)*

À son réveil, le prince était debout devant elle et la regardait. Il lui demanda qui elle était, mais elle ne put répondre. Puis, il l'emmena au château, où on la para des plus somptueux vêtements. À partir de ce jour, elle devint sa meilleure amie. Pourtant, il aimait la jeune fille inconnue à qui il croyait devoir la vie. Muette, la petite sirène ne pouvait lui avouer qu'elle était cette personne.
Un jour, le prince, en âge de se marier, alla rendre visite à la princesse qu'on lui destinait depuis sa naissance. La petite sirène, connaissant son amour pour la jeune fille de la plage, savait qu'il n'en épouserait aucune autre. Quelle ne fut pas sa surprise et sa terreur quand elle vit que la jeune fille de la plage et la princesse ne faisaient qu'une ! Ce fut comme un coup de poignard dans le cœur de la petite sirène.

Le jour des noces, tandis qu'elle errait, malheureuse au bord de la mer, ses sœurs apparurent à la surface des vagues.

Elles avaient fait couper leurs longs cheveux en échange d'un poignard magique qui, seul, pouvait encore la sauver de la mort.

– Si tu veux revenir avec nous dans le royaume de la mer, tu dois plonger ce poignard dans le cœur du prince, car l'un de vous deux doit mourir !

La petite sirène prit le poignard qu'on lui tendait et se rendit auprès du prince en tremblant. Celui-ci dormait, tendrement enlacé avec sa jeune épousée. La petite sirène posa un dernier baiser sur son front. Elle leva le bras, mais ne put achever son geste. Son amour était plus fort que sa vie. Elle lança alors le poignard au loin et, après un dernier regard pour son amour, courut se jeter dans la mer, où elle sentit aussitôt son corps disparaître dans l'écume...

D'après Andersen.

29 mars

La petite fille aux allumettes

À la veille du jour de l'an, une petite fille très pauvre marchait au hasard des rues. Elle allait nu-pieds dans la neige et avait pour seule fortune les quelques allumettes qu'elle essayait de vendre aux passants. Or, ce jour-là, personne ne lui avait rien acheté.

Elle tremblait de froid et de faim. Il se faisait tard, les fenêtres des maisons étaient éclairées, et les rues commençaient à embaumer l'oie rôtie. Partout, la fête se préparait. La petite fille serait bien rentrée chez elle, mais son père l'aurait battue pour ne pas avoir rapporté d'argent à la maison. Alors, tombant de faim, de froid et de fatigue, elle s'adossa à un mur et s'assit à même la neige.

Que faire pour se réchauffer ? Elle pensa aux allumettes qu'elle n'avait pas vendues. Elle en craqua une. Soudain, elle se sentit transportée devant la chaleur d'un énorme poêle. Mais, sitôt l'allumette consumée, la vision disparut. Elle en frotta vite une deuxième. Les murs des maisons devinrent aussi transparents que du verre ! À son tour, le miracle se dissipa en un éclair. Elle craqua alors une troisième allumette. Un merveilleux sapin de Noël, décoré de boules multicolores et de bougies scintillantes se dressait devant elle. Bien vite, lui aussi partit en fumée. Elle en brûla une quatrième. Le doux visage de sa vieille grand-mère lui apparut comme dans un songe.

– Oh ! Bonne-maman ! s'écria-t-elle, emmène-moi avec toi. Il fait si froid ici et je me sens si seule !

La bonne grand-mère prit sa petite-fille dans ses bras, et elles s'envolèrent toutes deux jusqu'au paradis, où n'existent ni la faim ni le froid...

D'après Andersen.

30 mars

La bergère et le ramoneur

Dans une maison où les bibelots étaient vivants se trouvait un étrange personnage sculpté qui grimaçait. Il avait des pattes de bouc, une longue barbe et des cornes. Les enfants de cette demeure l'avaient surnommé Jambes-de-bouc. Ce vilain personnage avait les yeux fixés sur une table où minaudait une jolie bergère de porcelaine. Il voulait l'épouser. Le grand-père de la jeune fille – un vieux Chinois, en porcelaine lui aussi – avait donné son accord. Mais la jolie bergère aimait son voisin, le petit ramoneur. Ils s'étaient fiancés en cachette.

– Je ne tiens pas à vivre enfermée dans le noir d'un tiroir toute ma vie, dit la bergère au vieux Chinois. J'ai entendu dire que Jambes-de-bouc y a déjà enfermé là onze épouses de porcelaine.

– Eh bien, tu seras la douzième ! répondit le grand-père.

La petite bergère, en larmes, supplia son gentil amoureux de l'enlever. Le seul moyen de fuir était de sortir par le conduit de la cheminée. Mais, une fois arrivée sur le toit, la jeune fille prit peur. Elle ne se sentait pas capable d'affronter le monde et demanda au petit ramoneur de la ramener dans le salon.

Quelle ne fut pas leur surprise à leur retour de voir le vieux Chinois gisant sur le sol en mille morceaux ! Il s'était cassé en essayant de les poursuivre. Lorsqu'il fut recollé, Jambes-de-bouc lui demanda de nouveau la main de la petite bergère. Mais le grand-père ne pouvait plus bouger la tête pour acquiescer. On lui avait mis une broche dans le cou !

C'est ainsi que nos deux amoureux purent vivre ensemble jusqu'au jour où eux aussi se retrouvèrent en mille morceaux…

D'après Andersen.

31 mars

La méchante femme

Il était une fois une méchante femme qui vivait mal avec son mari. Elle ne lui obéissait jamais et était toujours de mauvaise humeur.

Un jour, son mari qui se promenait dans le bois vit un trou profond au pied d'un chêne. Il fit venir sa femme dans la forêt et la poussa dans le trou. Elle ne reparut pas. Le mari retourna chez lui et attendit quelques jours. Le quatrième jour, il prit une corde et la laissa tomber dans le trou. Que vit-il ? Un diablotin attaché à la corde. Il supplia l'homme :

– Je t'en prie, ne me rejette pas. Une méchante femme est arrivée qui nous fait bien des misères. Je te serai utile. Écoute. Je rendrai les gens malades et toi tu les guériras. Ainsi, nous serons riches.

L'homme accepta cet étrange marché. Ainsi, le diablotin se mit à tourmenter les femmes et les filles de marchands. Elles tombaient malades et l'homme les guérissait. Il gagna rapidement beaucoup d'argent et devint célèbre. Un jour, le diablotin lui dit :

– J'en ai assez de toi. Je vais aller chez la fille d'un homme très riche. Si tu cherches à la guérir, je t'avalerai tout cru.

La fille du riche marchand tomba bien malade. On fit alors venir de force celui qui devait la guérir. L'homme décida d'avoir recours à la ruse. Il ordonna à tous les gens de la maison d'aller dans la rue et de crier :

– La méchante femme est arrivée ! La méchante femme est arrivée !

Le diablotin, entendant ces cris, fut pris de panique. Il demanda à son ancien compagnon ce qu'il devait faire.

– Retourne dans ton trou, répondit l'homme. Tu y seras tranquille.

On n'entendit plus jamais parler de lui. La jeune fille guérit. Et la méchante femme ? Elle est toujours dans le trou.

D'après un conte grec.

1er avril

Le petit singe trop gourmand

Il était une fois un petit singe qui désobéissait toujours à sa mère, car il était très gourmand. Tous les jours, il descendait de son arbre et partait à la recherche d'un beau fruit ou d'une friandise. Elle avait beau lui dire :
« Ne t'éloigne pas de la maison, tu es bien trop petit, tu pourrais te perdre... », le petit singe n'écoutait que sa gourmandise. Un matin, il se réveilla avant sa mère :
« Quelle aubaine ! maman dort. Je vais aller jusqu'au village des hommes, où je volerai un petit bout de gâteau ou un morceau de sucre. »
Au bout de quelques minutes, il regarda autour de lui, essoufflé. Aucune trace du village... Il était bel et bien perdu. Il revint alors sur ses pas, mais il ne retrouva pas son chemin. C'est alors qu'apparut un chasseur, avec son gros fusil.
Le singe se mit à pleurer. Sa mère lui avait bien dit ce que les hommes faisaient des animaux comme lui : ils les tuaient, tout simplement...
« Voici un beau petit singe, pensa le chasseur. Trop petit pour que je le tue. À quoi me servirait sa peau ? Et il est trop maigre pour être mangé. »
Le petit singe ferma les yeux et attendit que l'homme le tue d'un coup de fusil. Mais, au lieu de cela, le chasseur le prit dans ses bras et lui dit :
– Je vais te ramener chez toi. Quand tu seras grand, nous verrons bien, mais aujourd'hui, tu es trop jeune pour que je te chasse.
Et, pour consoler l'animal, il lui donna un morceau de gâteau qu'il avait emporté dans son sac. Le petit singe gourmand dévora la friandise, puis s'enfuit dans les bois.
Quand il retrouva enfin son arbre, sa mère dormait encore. Croyez-vous qu'il la réveilla ?

D'après un conte africain.

2 avril

La reine des neiges

Il y a fort longtemps de cela, le diable avait fabriqué un miroir maléfique : tout ce qui s'y réfléchissait de beau et de bien devenait laid et mauvais.
Mais le miroir lui échappa des mains et alla se briser sur la terre en mille morceaux. Les hommes qui avaient reçu une poussière de miroir dans l'œil ne virent plus que ce qu'il y avait de mauvais en chaque chose ; et ceux qui avaient reçu un éclat de verre sentirent leur cœur se métamorphoser en bloc de glace.
Un petit garçon prénommé Kay et une petite fille du nom de Gerda s'amusaient dans leur jardin, où poussaient de magnifiques roses. Alors qu'ils jouaient, Kay s'écria soudain :
– Aïe ! quelque chose m'a piqué au cœur, une poussière m'est entrée dans l'œil !
Et aussitôt, il se mit à changer et à parler étrangement :
– Ne pleure pas, dit-il à Gerda, tu es laide quand tu pleures ! Que ces roses sont affreuses ! Regarde, il y a des vers dedans !
Et il se mit à arracher les roses qu'auparavant il aimait tant... La petite Gerda ne le reconnaissait plus.

L'été et l'automne se passèrent ainsi. Le petit Kay inventait chaque jour de nouveaux jeux plus endiablés les uns que les autres. Puis l'hiver arriva. Un jour, Kay prit son traîneau et alla sur la place pour jouer avec les autres garçons. Les enfants les plus hardis attachaient souvent leur luge à la voiture d'un paysan pour être tirés à vive allure. Or, justement, un grand traîneau dans lequel était assise une femme en blanc arriva sur la place. Kay y accrocha sa luge et fut soudain emporté à toute vitesse hors de la ville...

À suivre...

3 avril

La reine des neiges (suite)

La neige se mit à tomber très fort, le petit garçon ne voyait plus où il allait quand, brusquement, le traîneau s'arrêta. La femme en blanc, qui n'était autre que la reine des neiges, embrassa l'enfant et le prit dans ses bras pour le réchauffer, mais son baiser était plus froid que la glace. Bientôt, pourtant, il se sentit mieux et s'endormit.

Au matin, il se réveilla dans le château de la reine des neiges.

De son côté, la petite Gerda s'inquiétait pour son ami. Elle marcha longtemps dans la forêt jusqu'au moment où elle rencontra une corneille qui lui dit avoir vu le petit garçon. L'oiseau accompagna Gerda jusqu'à un château... mais Kay ne s'y trouvait pas. On y offrit à la petite fille un carrosse d'or pour continuer sa route.
Gerda repartit, mais, au carrefour d'un chemin, des brigands, attirés par le carrosse d'or, l'attaquèrent. Emmenée dans leur repaire, Gerda crut qu'elle allait être assassinée. Heureusement, la fille d'un des voleurs s'intéressa à elle. Quand Gerda lui eut raconté son histoire, sa nouvelle amie lui offrit un renne pour rejoindre le pays où résidait la reine des neiges.
Arrivée en vue du château, Gerda s'aperçut que des flocons de neige géants barraient la route. Épuisée, elle se mit à réciter sa prière, et de son haleine sortirent des milliers d'anges qui combattirent les flocons. Le chemin était libre. Elle pénétra alors dans le château et vit enfin son ami Kay, qui ne la reconnut pas. Elle se mit à pleurer de chaudes larmes qui, en tombant sur le cœur de Kay, firent fondre le bloc de glace. Il pleura à son tour et la poussière de miroir s'échappa de son œil. Les deux enfants se prirent par la main et purent rentrer chez eux. Le charme du diable était rompu.

D'après Andersen.

4 avril

Poucette

Une femme, désireuse d'avoir un enfant, alla consulter une sorcière. La vieille lui donna un grain d'orge à planter dans un pot. Il poussa une fleur, qui ressemblait à une étrange tulipe, et, lorsqu'elle s'ouvrit, une petite fille pas plus haute qu'un pouce s'y trouvait assise. On l'appela Poucette. Elle avait pour berceau une coquille de noix ; des pétales de violettes formaient son matelas.

Un jour, une grenouille entra dans la maison et enleva Poucette, car elle voulait la marier à son fils. Pour l'empêcher de

s'enfuir, elle la déposa sur une large feuille de nénuphar, au beau milieu d'un ruisseau. Les poissons, en voyant la petite fille pleurer, décidèrent de l'aider à s'échapper. Ils mordillèrent la tige jusqu'à ce que la feuille se libère et puisse descendre le cours du ruisseau.
Poucette arriva ainsi jusqu'à la maison d'une souris, qui la prit sous sa protection. Mais celle-ci voulut bientôt lui faire épouser son voisin la taupe. La pauvre enfant ne voulait pas vivre sous terre.
Une hirondelle lui proposa alors de l'emmener avec elle vers les pays chauds. Poucette accepta et se retrouva devant le château où l'hirondelle passait l'hiver. Dans le jardin poussaient de magnifiques fleurs blanches. L'oiseau y déposa Poucette. Elle se trouva face à face avec un beau prince pas plus haut qu'un pouce. Quand il vit la jeune fille, il tomba immédiatement amoureux d'elle. Et ce fut réciproque ! Il demanda à Poucette de l'épouser et déposa une couronne de reine sur sa belle chevelure blonde.
C'est ainsi que, après un long voyage, la petite Poucette rencontra l'amour.

D'après Andersen.

5 avril

Le long voyage du pêcheur

Un matin d'automne, un pêcheur s'en alla en mer. Il faisait si mauvais que tous les autres étaient restés au port. Mais lui était tellement pauvre qu'il n'avait guère le choix. C'est pourquoi il prit la mer, malgré le vent terrible qui soufflait et déchaînait les vagues.
Son petit bateau fut vite pris dans la tempête. On aurait cru une minuscule coque de noix, tant il sautait et retombait, au gré des vagues. Enfin, la mer se calma. Mais le pêcheur, regardant autour de lui, ne vit plus la terre. Il était perdu !
Quelques heures plus tard, il aperçut une île. Il tira son petit bateau sur le sable.
C'est alors qu'apparut une vieille femme très laide.
– Donne-moi un peu de poisson, fit la vieille. Je suis la sorcière des mers et je suis seule sur cette île. Cela fait des années que je ne mange que des racines.
Le pêcheur pensa : « Je n'ai pris qu'un gros poisson ; si je m'en sépare, je n'aurai rien à vendre. »
Mais, comme il était généreux, il eut pitié de cette sorcière difforme et décharnée. Il lui tendit son seul poisson. Alors, la vieille femme se transforma en une belle fée, vêtue des plus beaux habits.
– Tu es gentil, pêcheur, fit-elle. Tu n'as pas eu peur de mon déguisement, et tu m'as offert ton seul bien. Va, remonte dans ton bateau et rentre chez toi. Une récompense t'y attend.
Il pêcha de nombreux poissons sur le chemin du retour. Quand il rentra au port, ils s'étaient transformés en or ! Plus jamais le pêcheur ne connut la faim...

D'après un conte français.

6 avril

Les cygnes sauvages

Un roi veuf vivait heureux entouré de ses onze fils et de sa fille unique, Élisa. Un jour, cependant, il se remaria. Mais sa nouvelle femme n'aimait pas ses enfants et décida de les éloigner du château. Comme elle était un peu magicienne, elle jeta un sort aux princes et les transforma en cygnes blancs. La nuit, seulement, ils redevenaient des hommes. Quant à Élisa, elle la chassa.

7 avril

Les cygnes sauvages (suite)

La jeune fille n'avait plus qu'une idée en tête, retrouver ses frères. Elle erra longtemps, avant de rencontrer une très vieille femme. Élisa lui demanda si elle n'avait pas croisé onze jeunes chevaliers. La vieille femme n'avait aperçu que onze cygnes blancs nageant sur la rivière.

À l'heure où le soleil disparut sur l'horizon, les onze cygnes s'approchèrent d'Élisa et reprirent leur forme humaine.

Ses frères habitaient désormais de l'autre côté de la mer et ne revenaient dans le royaume qu'onze jours par an. Ce temps étant écoulé, ils devaient repartir. Ils proposèrent à Élisa de l'emmener avec eux. Elle accepta. Ils confectionnèrent un solide filet pour porter leur sœur et lui faire traverser l'océan. Quand ils atteignirent la terre ferme et la grotte qui leur servait d'abri, la nuit tombait déjà.

Élisa se demandait comment aider ses frères à briser le sort qui s'était abattu sur eux. Durant la nuit, elle fit un rêve : une fée lui révélait que, si elle avait beaucoup de courage et de patience, elle pourrait sauver les princes. Il lui fallait tresser onze cottes de mailles à l'aide de feuilles d'orties. Mais il lui serait interdit de prononcer une parole durant ce long travail. Élisa suivit les ordres de la magicienne. De ses mains délicates, et malgré les cloques qui brûlaient sa peau, elle arrachait les orties et les foulait aux pieds pour en faire du lin vert.

À suivre...

Élisa tressa sa première cotte de mailles. Mais soudain, des chiens s'approchèrent de la grotte, suivis d'une troupe de cavaliers. La jeune fille essaya de se cacher lorsqu'un beau jeune homme, le seigneur du pays, mit pied à terre. Jamais il n'avait vu de jeune fille d'une telle beauté. Il emmena Élisa au palais, où les serviteurs la parèrent des plus beaux vêtements. Mais Élisa devait achever sa tâche en secret. La nuit, elle se glissait hors de son lit et allait travailler.

Mais à la septième cotte, elle n'eut plus de lin. Elle se rappela les paroles de la fée et, à la nuit tombée, se dirigea vers le cimetière proche du palais pour cueillir des orties. L'archevêque, qui la prenait pour une sorcière, confia ses doutes au seigneur. Celui-ci devint méfiant. À la dixième cotte de mailles, Élisa n'eut à nouveau plus de lin et retourna au cimetière. Le roi la suivit et, la voyant ramasser des orties, la prit lui aussi pour une sorcière. Il dut accepter qu'elle soit brûlée vive.

On la jeta dans un cachot, avec, en guise d'oreiller, un tas d'orties. Quand le jour fut arrivé de l'emmener au bûcher, Élisa avait fini les onze cottes de mailles. Au moment où elle fut conduite sur la place, onze cygnes blancs apparurent dans le ciel. Élisa jeta les onze cottes sur eux, et les oiseaux reprirent forme humaine.

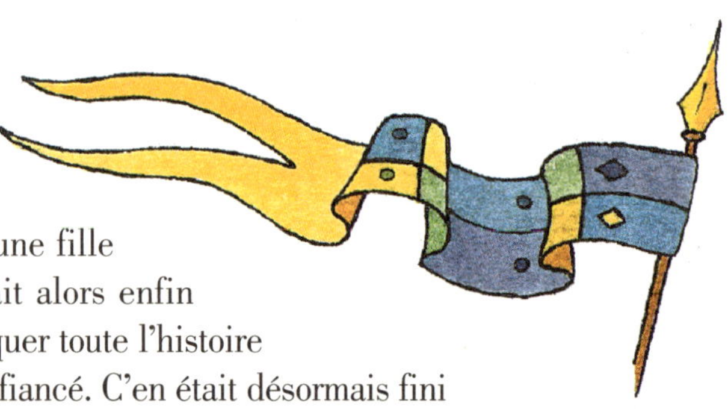

La jeune fille pouvait alors enfin expliquer toute l'histoire à son fiancé. C'en était désormais fini du mauvais charme de la reine, et le mariage des deux jeunes gens pouvait avoir lieu.

D'après Andersen.

8 avril

Hans le Balourd

Un roi avait trois fils, dont deux étaient très intelligents. Ils voulurent épouser une princesse qui disait qu'elle ne se marierait qu'avec l'homme le plus spirituel du monde.
Sur le chemin, ils croisèrent leur jeune frère, dont personne ne tenait compte. Il faut dire qu'il n'était pas instruit, et on l'appelait Hans le Balourd.
– Où allez-vous ainsi, en si grande tenue ? leur demanda ce dernier.
Ils lui répondirent et Hans les suivit, malgré leurs moqueries.
Sur le chemin, Hans vit une corneille morte et la ramassa.
Il trouvait que c'était un joli cadeau à apporter à la princesse !
Plus loin, il trouva un vieux sabot, qu'il mit dans sa poche. Quelques mètres plus loin, il ramassa de la boue bien liquide. Les deux autres le regardaient faire en riant. Ils se dirent qu'à côté d'un individu si balourd, ils paraîtraient vraiment plein d'esprit à la princesse.
Au château, les deux frères ne plurent pas à la princesse, qui les chassa.
Puis vint le tour d'Hans le Balourd.
– Quelle fournaise ! s'écria-t-il en entrant. On avait en effet allumé le poêle.
– Oui, nous faisons cuire des poulets, inventa la princesse, malicieuse.
– Quelle chance ! fit Hans. Alors, je vais pouvoir faire rôtir ma corneille.
– Mais bien sûr, répondit la princesse. As-tu un plat pour la faire cuire ?
Hans sortit alors le vieux sabot de son sac. La princesse semblait heureuse de cette trouvaille. Puis elle lui demanda s'il avait de la sauce pour manger avec la corneille. C'est alors qu'Hans sortit la boue de sa poche.
La fille du roi, ravie par ses réponses qu'elle prenait pour des plaisanteries, crut que Hans le Balourd avait beaucoup d'esprit et l'épousa.

D'après Andersen.

9 avril

La fileuse d'or

Un meunier avait une fille si belle qu'elle faisait son orgueil. Un jour, le roi passa devant le moulin et aperçut la jeune fille. Le meunier lui vanta son intelligence et sa beauté, et affirma que, de plus, elle possédait le don de filer la paille en or ! Le souverain, qui n'était pas très riche, lui demanda de la lui envoyer le jour même au château. Or, le meunier avait menti.
On installa la jeune fille dans une petite pièce, où se trouvait un gros tas de paille séchée. Elle se mit

à pleurer. Soudain, un lutin fit irruption dans la pièce. Lui savait comment filer la paille en or. En échange, il réclama le collier de la jeune fille. Elle le lui donna et, le soir même, la pièce était remplie d'or filé.
Le roi, insatiable, la conduisit dans une salle encore plus grande devant un énorme tas de paille, et lui dit que si elle arrivait à tout filer en une nuit il la prendrait pour femme. Le lutin revint, mais elle n'avait plus rien à lui offrir. Il lui demanda alors de lui faire don de son premier enfant. La jeune fille dut accepter.
Un an plus tard, la jeune reine accouchait d'une petite fille. Elle avait oublié la promesse faite au lutin quand celui-ci apparut pour réclamer l'enfant. Cependant, il lui dit que si elle découvrait son nom, elle garderait l'enfant. Elle envoya donc des messagers à travers tout le royaume afin de découvrir des noms nouveaux. En traversant la forêt, l'un des messagers croisa le lutin, qui chantait un air dans lequel revenait plusieurs fois le nom de « Rumpelstiltskin ».
Il avertit la reine et, quand son étrange visiteur revint au château, de rage d'avoir perdu, il frappa si fort du pied qu'il passa à travers le plancher ! Personne ne le revit jamais plus.

D'après Grimm.

10 avril
L'époux-serpent

Un paysan partit couper des bambous de l'autre côté du fleuve afin de fabriquer un nouveau métier à tisser pour ses deux filles. Soudain, une pluie torrentielle se mit à tomber. Le fleuve grossissait à vue d'œil, et le pont, sous l'effet du courant, se rompit. Le brave paysan était pris au piège, il ne pouvait plus rentrer chez lui.
Dans son malheur, il émit un souhait : si quelqu'un l'aidait à regagner son logis, il lui donnerait l'une de ses filles pour femme. Aussitôt, un énorme serpent émergea de l'eau et étendit son dos d'une rive à l'autre. Le paysan traversa le fleuve tout en promettant avec tristesse et regret l'une de ses filles au monstre.
Une fois chez lui, il demanda à sa fille aînée si elle accepterait un serpent pour époux. Celle-ci lui répondit qu'elle préférerait mourir plutôt que de se donner à un tel animal. Alors le père ne dit plus rien et alla se coucher. Les jours suivants, il se mit à dépérir ; il ne mangeait plus et ne parlait plus. Alors sa cadette lui demanda ce qu'il avait. Il lui raconta son aventure, et elle qui aimait son père plus que tout au monde décida de lui sauver la vie en épousant le serpent.
Le jour des noces arriva et, avant d'aller se coucher, le serpent proposa à sa femme d'aller se baigner dans le fleuve. Comme elle ne pouvait qu'obéir, elle l'accompagna. Quand le serpent entra dans l'eau, il se transforma en un magnifique jeune homme.

La joie de la jeune fille fut sans limites, et ils repartirent main dans la main jusqu'au logis.
En voyant cela, la fille aînée en devint verte de jalousie. Elle eut alors une idée machiavélique : celle de prendre la place de sa sœur...

À suivre...

11 avril

L'époux-serpent (suite)

Un jour, le jeune époux dut partir pour un long voyage. L'aînée en profita pour amener sa sœur au bord de la rivière pour la noyer. Brusquement, elle la poussa dans l'eau. Un gros poisson l'avala toute crue mais elle ne mourut pas.
Le temps passa, et la cadette donna naissance à un fils. L'enfant n'était pas ordinaire : à sa naissance, il savait déjà parler et il grandissait autant en un jour que les autres en une année. Aussi ne tarda-t-il pas à demander à sa mère où ils se trouvaient et pourquoi. Quand il sut toute l'histoire, il réussit à faire un énorme trou dans le ventre du poisson, qui alla s'échouer sur la rive. Ils sortirent rapidement de son ventre et rentrèrent chez eux.
Entre-temps, le jeune homme, rentré de voyage, dut épouser la sœur aînée. Après les noces, elle s'endormit confiante auprès de son époux. Mais ce dernier était un monstre déguisé en mari et, au matin, il la dévora toute crue. En ne voyant plus sa fille aînée, le père comprit ce qui c'était passé. Il demanda à son gendre de faire son possible pour la retrouver. Le jeune homme se rendit à la rivière avec un énorme couteau et engagea le combat avec le monstre. Il réussit à lui trancher la tête et délivra la sœur aînée qui était, par chance, encore vivante. Il la ramena au logis.
C'est alors que la sœur cadette arriva avec son fils. L'aînée dut raconter ce qu'elle avait fait. Elle se sentait si honteuse qu'elle aurait tout donné pour mourir. Mais elle avait déjà payé très cher sa méchanceté et sa jalousie. Alors, sa jeune sœur lui pardonna et ils vécurent tous heureux...

D'après un conte vietnamien.

12 avril

L'hippopotame et le léopard

Un hippopotame broutait paisiblement des algues au fond du fleuve. Arriva un léopard qui s'arrêta sur la berge, ne sachant pas comment traverser le fleuve.
– Hé, l'ami ! pourrais-tu me faire traverser sur ton dos ?
– Pourquoi ? lui dit l'hippopotame, je ne te connais pas.
– Mais si. Je suis ton cousin.
– Mon cousin, un léopard ?
– Quel léopard ? Je suis un hippopotame, moi aussi. Mais je viens d'un pays inconnu, où nous sommes tachetés comme des fauves. Et je suis un peu maigre.

– Alors, tu es vraiment mon cousin, dit l'hippopotame.
Le léopard, fier de son tour, monta sur son dos. Et ils se mirent à traverser le fleuve. Mais, au beau milieu, l'hippopotame s'arrêta. Le léopard, qui avait horreur de l'eau, n'en menait pas large.
– Que fais-tu, avance ! cria-t-il.
– Écoute, fit l'hippopotame, si tu es mon cousin, tu es donc fait comme moi.
– Oui, oui, et alors ? Vas-tu enfin traverser ce fleuve !
– Et puisque tu es un hippopotame, reprit l'autre, tu nages aussi bien que moi.
Le léopard, terrorisé, ne parvint pas à imaginer un autre mensonge. Alors, l'hippopotame plongea. Le fauve se débattait, hurlait, pleurait. Dix fois, il manqua se noyer.

Enfin, il se retrouva sur la berge, trempé jusqu'aux os.
– À bientôt, cousin ! s'écria l'hippopotame.
Depuis ce jour, le léopard ne ment plus. Quand il veut traverser un fleuve... il cherche un pont !

D'après un conte africain.

13 avril

Pourquoi le chat ne fait sa toilette qu'après avoir mangé...

Comme vous le savez, les chats sont des animaux très propres. Ils aiment faire reluire leur fourrure et passent beaucoup de temps à se nettoyer. Mais ils ne font leur toilette qu'après avoir mangé. Et savez-vous pourquoi ? Voici l'explication.
Un jour, un gros matou eut une indigestion de souris. À l'époque, les chats mangeaient exclusivement des souris. Ce chat en eut assez de se nourrir tous les jours de la même façon et il décida de trouver autre chose à se mettre sous la dent. Il eut alors une idée lumineuse : des oiseaux, voilà ce qu'il lui fallait ! C'était une nourriture bien plus digne d'un chat, si tendre et si délicate !
Il se rendit donc au jardin. Justement, dans l'arbre le plus proche se trouvait une mésange. Il rampa jusqu'à elle, sans faire de bruit, et attendit calmement le moment propice pour l'attaquer. La mésange, qui ne l'avait pas vu, descendit sur le sol pour chercher des insectes. Notre matou, sans perdre de temps, se rua sur elle. Il se préparait à la déguster quand la mésange lui fit cette remarque :
– Tu ne te laves donc jamais les pattes avant de manger ? C'est dégoûtant. Ne sais-tu pas ce que font les gens bien ? Tu es un véritable cochon !
Sur ce, le matou, atteint dans sa fierté, relâcha l'oiseau et nettoya sa patte de devant. Pas bête, l'oiseau s'envola prestement, et le gros chat n'eut plus rien à croquer !
C'est pourquoi les chats, nourris de cette expérience, décidèrent de manger quand ils avaient faim et de ne se laver qu'une fois leur repas terminé.

D'après un conte lituanien.

14 avril

Pourquoi les chouettes hululent

Il y a très longtemps, les oiseaux chantaient à tue-tête tout au long de la journée. Ils faisaient un tel bruit qu'il était impossible de se reposer.
Un jour, n'y tenant plus, le roi de la forêt, l'ours brun, décida d'attribuer à chacun une unique mélodie. Vous savez à quel point les ours aiment faire la sieste ! Il réunit donc tous les oiseaux dans la clairière, et il leur montra un fût de chêne dans lequel étaient enfermés tous les chants d'oiseaux. Chacun devait choisir celui qui lui convenait le mieux. Enfin, vers midi, chacun avait choisi son chant, exceptées les chouettes. Celles-ci ont pour habitude de dormir le jour et de ne se réveiller qu'à la nuit tombée. Le soir, quand elles apprirent la nouvelle, elles coururent à la clairière, mais le fût de chêne était complètement vide ! Il ne restait pas la moindre chanson pour les pauvres chouettes.
Alors, la plus vieille eut une idée : elles iraient à la ville

La corneille n'avait plus qu'une chose à faire si elle voulait sauver la vie de ses petits : traverser la mer avec eux et les emmener sur la terre ferme. Mais ils ne savaient pas encore voler et elle ne pouvait en emporter qu'un à la fois. Il lui fallait donc choisir. Elle prit le premier oisillon et s'envola avec lui hors du nid. Quand ils furent loin de l'île, elle lui demanda ce qu'il ferait pour la remercier de l'avoir sauvé. Le petit répondit :
– Je te porterai moi aussi, mais ne me lâche pas !
– Tu mens ! répondit la mère. Et elle le laissa tomber dans la mer.
Elle revint vers le nid, que la tempête avait déjà presque détruit, et emmena le deuxième oisillon. Une fois dans les airs, elle posa de nouveau sa question. Le petit lui répondit que, quand il serait grand, il la porterait où elle voudrait. Furieuse de cette réponse, car elle savait qu'il mentait, la corneille l'abandonna. Puis elle vola du plus vite qu'elle put vers le troisième oisillon, déjà à moitié noyé par les vagues.

et trouveraient bien un air à prendre aux humains. Aussitôt dit, aussitôt fait, les chouettes s'envolèrent. Mais il était très tard et la ville dormait. Seule une maison restait allumée. Elles s'y rendirent et, justement, une fête y avait lieu. Comme l'aube approchait, les convives commençaient à s'endormir. Certains sur les tables, les autres dessous, d'autres encore à même le sol. Seul un musicien, qui était encore debout, essayait de sortir un son de son instrument. Avec son archet, il caressait une corde de sa contrebasse qui faisait : « hou-hou-hou ». La chouette dit à ses sœurs qu'il ne leur restait plus qu'à prendre ce son en guise de chant. Et c'est pourquoi, depuis ce jour-là, les chouettes hululent.

D'après un conte estonien.

15 avril

Sage corneille

Une corneille s'installa sur une île, où elle pondit trois beaux œufs mouchetés. Quelque temps plus tard, trois petits poussins affamés virent le jour. Tout se passait pour le mieux, la vie était belle, les oiseaux grandissaient à vue d'œil, quand, un jour, une tempête s'abattit sur l'île.

Ils volèrent nuit et jour jusqu'à ce qu'ils aperçoivent la rive. C'est alors qu'elle demanda au poussin ce qu'il allait faire pour la remercier. Il répondit :
– Quand je serai grand, je porterai moi aussi mes petits si cela est nécessaire.
À ces mots, la corneille estima qu'elle avait agi avec sagesse...

D'après un conte russe.

16 avril

Des taches sur la lune

Comme vous le savez, le bon Dieu mit six jours pour faire le monde, et le septième il se reposa et admira son œuvre. Mais, quand le soleil disparut, la nuit tomba ; une nuit sombre, d'un noir profond. Il se dit alors qu'il manquait quelque chose à sa création afin que tout fût parfait. Et cette chose, c'était de la lumière ! En effet, il fallait qu'un astre prenne le relais quand le soleil partait se coucher.
Il prit ses tenailles et se rendit sur le sommet de la montagne d'argent, dont il trancha un morceau. Puis il forgea un énorme disque, aussi grand qu'une roue de moulin. Avec les morceaux qui restaient, il fit des étoiles qui indiqueraient leur route aux promeneurs nocturnes. Il lâcha alors le tout dans le ciel.
Le diable, lui, n'était pas content. Comment pourrait-il désormais attraper les âmes coupables ? On le verrait approcher. Il fallait absolument cacher la lune. Comme il y avait beaucoup de goudron en enfer, il se dit qu'à l'aide d'une échelle sept fois plus haute que les arbres de la forêt et avec une brosse, il arriverait bien, une fois la lune descendue, à la noircir de goudron. Ainsi, elle ne pourrait plus briller. Et c'est ce qu'il fit. Le résultat était à la hauteur de ses souhaits.
Quand le bon Dieu se réveilla, il vit qu'il y avait beaucoup moins de lumière qu'auparavant. Il jeta un regard vers la forêt et aperçut l'échelle du diable. Il comprit aussitôt ce qui s'était passé et s'écria :
– Malgré ce que tu viens de faire ici, il y aura toujours de la lumière, jour et nuit ! Et, puisque tu aimes les ténèbres, retourne en enfer et restes-y à jamais.
Ainsi fut fait. C'est pourquoi le diable ne revint plus jamais sur la terre, et la lune garde encore de nos jours quelques taches noires sur son visage lumineux.

D'après un conte estonien.

17 avril

L'apprenti voleur

Deux frères différaient en tous points. L'un, qui était paysan, menait une existence paisible avec sa femme et ses trois garçons ; l'autre vivait dans une grotte en compagnie de brigands. Le second décida un jour de pousser l'un des fils de son frère à devenir un bandit comme lui.
Il emmena d'abord le fils aîné dans la forêt. Le jeune homme regarda un moment autour de lui et affirma que, si l'on arrachait quelques arbres, on pourrait labourer un beau champ. Le voleur se dit que ce garçon n'était vraiment pas fait pour être malhonnête, et il le ramena à la chaumière. Il conduisit ensuite le frère cadet dans une clairière. Celui-ci aperçut un gros chêne mort et dit qu'avec son bois, on pourrait fabriquer un bon traîneau. Il n'avait pas non plus l'âme d'un brigand.

Puis, ce fut au tour du plus jeune. Celui-ci était assez paresseux et, quand son oncle l'emmena dans la clairière, il vit soudain un renard à l'orée du bois. Il chuchota alors au brigand que s'ils prenaient la bête et la tuaient, ils pourraient en tirer de l'argent. L'oncle, heureux de cette réponse, lui dit qu'il le prenait avec lui et lui apprendrait le métier de voleur.
Il lui montra tout d'abord comment voler un cheval.
Le lendemain, ce fut au tour de l'apprenti de montrer ses talents. Il réussit à voler la vache d'une très vieille femme. L'oncle se montrait satisfait. Mais, le soir, quand il envoya le garçon à la traite, la vache lui envoya des ruades. Croyant que c'était un signe du ciel, il la rendit aussitôt à la fermière. C'est ainsi que notre apprenti voleur retourna chez lui et devint un sage paysan, comme ses frères.

D'après un conte estonien.

18 avril

Comment le maçon se joua du diable

Un maçon qui rentrait du travail s'arrêta dans une auberge pour étancher sa soif. En sortant, il ne marchait plus très droit et se trompa de chemin. Il entra dans le cimetière, trébucha sur la terre d'une tombe fraîchement creusée et tomba dedans.
Sa chute le conduisit directement en enfer. Le maçon, guère étonné, regarda autour de lui avec curiosité. Les démons étaient affairés à entretenir le feu, pendant que d'autres remuaient le bouillon des chaudrons. L'ouvrier s'amusait beaucoup à ce spectacle, mais il lui fallait trouver un moyen pour retourner sur terre. Comme il avait emporté ses outils, il lui vint une idée.
Il se mit à prendre des mesures. Lucifer et les démons le remarquèrent au bout d'un moment. Quand on lui demanda ce qu'il manigançait là, le maçon répondit qu'il établissait les plans pour construire une église. C'était l'archevêque lui-même qui l'avait envoyé. Le diable prit la chose au sérieux et, de colère, lui botta si fort les fesses qu'il le renvoya directement sur terre, par le trou qu'il avait emprunté pour venir. Le maçon s'en retourna gaiement à l'auberge, heureux d'avoir échappé aux enfers. Mais, au passage, il s'était cogné et avait sur le front deux énormes bosses qui ressemblaient aux cornes du diable. Ses amis se moquèrent de lui. Vexé et voulant prendre sa revanche des coups qu'il avait reçus, il organisa un grand repas auquel il invita Lucifer, mais aussi son ennemi de toujours, le tonnerre.

Quand le tonnerre vit le diable, il se mit dans une telle colère que des éclairs tombèrent sur la maison. Lucifer prit peur, et se cacha dans le tas de foin qui était au milieu de la cour. Le Tonnerre lança alors une foudre qui mit le feu à cet abri précaire. Lorsque la fumée se dissipa, le tas de foin avait disparu et Lucifer avec !

D'après un conte letton.

19 avril

Le foulard bleu

Linda était orpheline et, pour vivre, travaillait là où on réclamait ses services. La nuit, elle dormait dans la grange d'une vieille fermière méchante et avare pour laquelle, en échange, elle moulait son blé.
La jeune fille ne disposait pour cela que d'un moulin à main. Lorsque la petite avait réussi à broyer un grand sac de grains avant le soir, la paysanne était satisfaite et lui donnait une assiette de pommes de terre et de chou pour dîner; sinon, elle l'envoyait se coucher sans manger.
Un jour, un mendiant arriva à la ferme. Il demanda l'aumône à la vieille, qui lui claqua la porte au nez. Il allait repartir quand il aperçut la jeune fille.
– Bonjour fillette, lui dit-il, puis-je m'asseoir un instant avec toi ? Je suis épuisé par mon long voyage.
Linda accepta et le mendiant lui demanda de moudre le grain qu'il avait dans ses poches, ramassé au hasard des chemins. Quand elle eut fini, le mendiant souhaita qu'elle lui prépare une galette avec la farine, car il n'avait rien mangé depuis deux jours. Aussitôt après, il lui réclama un verre d'eau. La jeune fille courut jusqu'au puits et revint avec une cruche pleine.
Le mendiant lui dit alors :
– Tu es une bonne fille, Linda. Tu avais les doigts engourdis par le travail et pourtant tu as moulu du grain pour un pauvre mendiant. Tu étais fatiguée et tu as couru chercher de l'eau au puits. Je ne possède pas grand-chose, mais je vais t'offrir ce petit foulard bleu afin de te remercier. Lorsque tu iras dormir, noue-le sur ta tête et fait un souhait ; il se réalisera sûrement.
Le soir, en allant se coucher, Linda fit comme le vieux mendiant lui avait dit et noua le foulard bleu sur sa tête...

À suivre...

20 avril

Le foulard bleu

(suite)

Linda s'endormit en rêvant d'un coffre de chêne qui broyait du grain tout seul.
Le lendemain, quand elle se réveilla, quelle ne fut pas sa surprise de voir le coffre de bois à ses côtés ! Elle se mit aussitôt à l'ouvrage et, le soir, elle avait quatre fois plus de farine que d'habitude, sans s'être fatiguée le moins du monde ! La fermière étonnée vit dans cette prouesse la main du diable. Le lendemain, elle vint espionner la jeune fille et comprit

que c'était le coffre qui faisait tout le travail ! La vieille décida de voler ce coffre magique et de s'en servir elle-même.
La vieille invita donc Linda à l'accompagner pour se promener dans la forêt pour cueillir des champignons. Une fois dans le bois, elle abandonna la jeune fille et retourna chez elle. Mais, quand elle voulut moudre du grain, le coffre ne broya rien. À l'aide de tenailles, la vieille paysanne le força. Quand elle regarda à l'intérieur, des flammes lui sautèrent au visage, et elle périt brûlée.
Linda, de son côté, comprit que la paysanne avait cherché à l'égarer et, comme la nuit tombait, elle se coucha

sous un arbre pour dormir. Or, Linda rêva qu'elle était de retour à la ferme et que la méchante fermière avait disparu. Elle était devenue une magnifique jeune fille et se mariait. À son réveil, Linda retourna à la ferme. Au moment de se coucher elle découvrit de magnifiques robes étendues sur son lit ; et dans la glace, elle vit qu'elle était devenue une superbe jeune fille. Au matin, un jeune homme qui passait dans le village l'aperçut auprès du puits. Il en tomba immédiatement amoureux.Il s'approcha et voulut savoir si elle était mariée. Linda répondit que non et le jeune homme, qui était un prince du voisinage, lui demanda sa main. Ce furent les plus belles noces que l'on vit dans la région.
Ils vécurent heureux dans la ferme de la vieille femme et moulurent le grain pour tout le village.

D'après un conte estonien.

21 avril

Le conseiller du roi

Un roi bon et juste allait souvent visiter les sujets de son royaume. Il se déguisait en voyageur et, ainsi, personne ne pouvait le reconnaître.
Un jour, il arriva dans un village et rencontra un homme qui creusait un fossé. Le bon roi lui demanda s'il était heureux et s'il gagnait bien sa vie. Le cantonnier répondit que c'était une tâche difficile et qu'il lui restait juste de quoi se nourrir.
– Je jette à l'eau la première part de mon salaire. Avec la deuxième, je règle mes dettes. Je prête la troisième part et je me nourris avec la quatrième.
Le souverain ne comprenait pas le sens exact de ces paroles. Il se fit alors reconnaître et promit trois pièces d'or si l'homme s'expliquait, tant il était impatient et curieux de connaître enfin la solution de ce mystère.
– Eh bien, avec la première part de mon salaire, j'achète du sel pour l'eau de ma soupe. Avec la deuxième part, je règle mes dettes envers mes parents pour m'avoir nourri et élevé et, avec la troisième part, j'élève mes fils. Il ne me reste que la plus petite part pour vivre. Le roi était impressionné. Il se dit qu'une telle énigme n'avait pu naître que dans l'esprit d'un homme très malin et que c'était là une qualité bien rare.
Le roi rentra au palais, tout en faisant jurer au cantonnier de ne rien dire de leur conversation jusqu'à ce qu'ils se revoient. Le cantonnier jura volontiers, car on ne refusait rien à son roi, surtout quand il vous faisait l'honneur de se déplacer jusqu'à vous.
Puis il convoqua tous les seigneurs et leur posa la devinette du cantonnier.
– Celui qui la résoudra, leur dit-il, deviendra mon premier conseiller. Personne ne trouva sur-le-champ la solution. Le roi partit d'un grand éclat de rire et nomma le cantonnier, cet homme malin et sage, pour conseiller.

D'après un conte lituanien.

22 avril

Le roi des vents

Un roi avait deux enfants, un fils et une fille, qui s'entendaient à merveille.
Un jour, une énorme rafale de vent emporta la jeune fille.

Son frère, inconsolable, décida de partir à sa recherche.
Il errait depuis plusieurs jours dans la forêt quand il arriva près d'une mare où se baignaient des canards. Il s'apprêtait à en tuer un lorsque l'oiseau lui dit qu'en échange de la vie sauve, il lui rendrait service. Le jeune homme abandonna sa chasse et poursuivit son chemin. Il faillit marcher sur une fourmilière géante qui lui barrait la route, lorsqu'une fourmi ailée le supplia de contourner sa demeure. Il fit donc un détour et se remit en route.
Il trouva le château du roi des vents en haut d'un immense rocher. Lors de l'escalade, le vent se mit à souffler si fort que le prince dut se courber en deux pour réussir à atteindre le sommet. Le maître des lieux l'accueillit et lui révéla que, s'il voulait revoir sa sœur, il devrait découvrir une bague qui avait été jetée dans la rivière. Le jeune homme, perplexe, se rendit au bord de l'eau. Le canard qu'il avait épargné apparut alors et plongea pour la lui chercher.
Quand le prince rapporta la bague au roi des vents, celui-ci lança une poignée de grains de blé du haut de la tour et jura que, s'il les retrouvait avant le lendemain matin, sa sœur et lui seraient libres. Les fourmis ailées arrivèrent sur ces entrefaites et ramassa toutes les graines éparpillées.
Lorsque le roi vit les graines rassemblées devant lui, il n'en crut pas ses yeux. Les deux jeunes gens purent ainsi rentrer chez eux ; la bonté du jeune homme les avait sauvés.

D'après un conte slovaque.

23 avril

Les trois roses

Un commerçant, qui partait pour des contrées lointaines, demanda à ses filles ce qu'il devait leur rapporter de son voyage. L'aînée voulait des vêtements, la cadette des bijoux mais la plus jeune ne souhaitait rien. Son plus grand bonheur serait de le voir revenir en bonne santé. Mais le bon père ne voulut pas partir tant qu'elle n'avait pas émis un souhait. S'il trouvait trois roses sur une même tige, il pourrait les lui rapporter ; elle en serait heureuse.
Sur le chemin du retour, son bateau, pris dans une tempête, chavira. Par chance, il put nager vers la côte. Il erra longtemps dans la lande quand il arriva en vue d'un château. À sa grande surprise, une table dressée et un bon repas l'attendaient. Une voix lui dit de manger et de se coucher ensuite. Repu et fatigué, il obéit. Au matin, il partit à la recherche de son hôte. Mais le château était désert.
Dans le jardin, il aperçut trois roses sur une tige. Il pourrait au moins contenter l'une de ses filles... Il s'apprêtait à cueillir les roses lorsqu'un ours monstrueux

se dressa devant lui. C'était en fait le propriétaire du château. Il voulait tuer son hôte qui avait dérobé ce qui ne lui appartenait pas, quand celui-ci lui raconta le souhait de son enfant. L'ours accepta de lui laisser la vie sauve si le marchand lui donnait cette si douce demoiselle pour épouse. Le commerçant ne pouvait qu'accepter et il s'en retourna chez lui.
En le voyant rentrer sans un sou, ses filles se détournèrent de lui. Seule la plus jeune l'accueillit avec joie. Mais le vieil homme était triste et n'osait pas confier à sa fille préférée ce qu'il avait promis à l'ours. Les jours passaient et il dépérissait...

À suivre...

24 avril

Les trois roses

(suite)

Un jour, n'y tenant plus, il se décida à parler à sa fille. Quand elle sut l'aventure de son père, la jeune fille accepta d'épouser l'ours puisque c'était un peu par sa faute que son père avait cueilli les roses. Ils se rendirent donc au château. Ils attendirent trois jours que l'ours apparaisse, mais personne ne se montrait. Alors, le père dut laisser sa fille toute seule au château. Elle en parcourut les différentes pièces mais ne rencontra toujours pas le maître des lieux.
C'est seulement quand elle entra dans le jardin aux roses qu'il se présenta à elle. Tout d'abord elle eu peur, puis s'habitua très vite à sa présence. L'ours se montrait si gentil et si aimant qu'elle s'attacha peu à peu à lui.
Un beau jour, il disparut. Une fois de plus la jeune fille se retrouva seule dans le château. Elle s'aperçut alors qu'elle l'aimait. Trois jours passèrent ainsi sans qu'il donne signe de vie. Elle partit à sa recherche. Quelle ne fut pas sa terreur lorsqu'elle le vit allongé, sans vie, parmi les roses du jardin. Elle s'approcha de lui, quelques larmes tombèrent sur ses joues et elle le recouvrit des fleurs qu'il aimait tant. Elle allait partir, quand elle se ravisa et alla déposer un baiser sur son front.
Il se passa alors une chose étonnante : l'ours se réveilla et se transforma aussitôt en un magnifique jeune homme. Il avait été ensorcelé, et seule une belle jeune fille aimante pouvait le délivrer. C'en était également fini de la malédiction qui s'était abattue sur le château du prince ; les deux jeunes gens pouvaient se marier.

Ils se rendirent chez le père de la jeune fille qui pleura de joie en les voyant. Mais les deux aînées faillirent mourir de jalousie car, en ayant demandé trois malheureuses roses, leur sœur avait trouvé un très bel époux.

D'après un conte slovaque.

25 avril

Le petit garçon ensorcelé

Un homme riche avait tout ce qu'il désirait, sauf un enfant. Un jour, enfin, sa femme fut enceinte. Au moment de mettre au monde son fils, elle rêva qu'il fallait à tout prix que l'enfant ne pose pas le pied sur le sol jusqu'à sa douzième année, sinon il mourrait ou disparaîtrait.

On engagea aussitôt neuf nourrices pour s'occuper du petit garçon. Jusqu'à ses douze ans, il ne mit pas un pied à terre. Mais le jour de son anniversaire, une des nourrices qui le portait dans ses bras le lâcha malencontreusement et il disparut.

Quand le père apprit ce grand malheur, il fut inconsolable. Souvent, le soir, il se rendait dans la chambre de l'enfant. Une nuit, à minuit, il entendit des lamentations qui semblaient sortir des murs. Et, tous les soirs, à la même heure, le phénomène se reproduisit. Il offrit trois cents pièces d'or à qui découvrirait la raison de ces sons étranges. De nombreuses personnes tentèrent leur chance, mais fuyaient toujours au moment où ils entendaient les soupirs.

La fille aînée d'un meunier décida alors de percer ce mystère. Une fois dans la chambre du jeune garçon, elle demanda qu'on lui apporte de quoi se préparer à dîner. Elle dressa la table, alluma le feu dans l'âtre, mit les marmites dessus et prépara son lit pour la nuit. Quand minuit sonna, elle vit apparaître un jeune homme qui lui demanda pour qui elle préparait ce repas.

– Pour moi, répondit-elle.

Il sembla très attristé par cette réponse et partit comme il était venu.

Le lendemain matin, elle raconta à l'homme riche ce qui s'était passé, sans toutefois lui parler de la tristesse de son fils.

À suivre...

26 avril

Le petit garçon ensorcelé (suite)

Le meunier avait trois filles et la cadette décida d'y aller aussi. Elle agit comme sa sœur, et quand le jeune homme apparut et s'enquit de la raison pour laquelle elle préparait le repas, elle répondit qu'il était pour elle. Encore plus peiné que la première fois, il partit en courbant le dos. Alors, la plus jeune sœur y alla à son tour. Alors qu'elle préparait le repas, les douze coups de minuit retentirent, et le jeune homme fit son apparition. Lorsqu'il lui posa la même question qu'à ses sœurs, elle dit :

– Pour moi, mai si tu veux, ce sera pour toi aussi.

Alors, le jeune garçon, fou de joie, lui conseilla de l'attendre bien sagement. Une brise tiède souffla dans la pièce et une gorge profonde s'ouvrit dans le sol. Il s'y laissa glisser doucement et disparut. Mais la jeune fille voulut voir où allait son nouvel ami et elle s'engagea à son tour dans le boyau sans faire de bruit. Elle arriva dans une forêt d'or et d'argent ; des oiseaux magnifiques volaient dans les airs. Le jeune homme prit congé d'eux et rebroussa chemin. La jeune fille le suivit sans se faire voir, et cueillit deux branches d'arbre, d'or et d'argent.

Une fois revenus dans la pièce, les deux jeunes gens se mirent à table, puis ils allèrent se coucher. Quand

son ami fut endormi, la jeune fille déposa les deux rameaux entre eux et s'endormit à son tour.
Le lendemain matin, l'homme riche ouvrit la porte. Quels ne furent pas sa surprise et son bonheur quand il aperçut son fils allongé aux côtés de la jeune meunière. Les deux branches d'arbres devinrent deux magnifiques châteaux d'or et d'argent dans lesquels ils vécurent jusqu'à la fin de leurs jours.

D'après un conte slovaque.

27 avril

Le vœu

Il était une fois un pêcheur très pauvre qui ne possédait qu'une petite barque. Tous les jours il allait en mer et se répétait : « Ah ! si j'étais riche, je ne travaillerais plus ! » Un jour où il était en pleine mer, il fut pris dans une terrible tempête. Il crut sa dernière heure arrivée, mais sa barque s'échoua sur un rocher. Ce n'était pas même une île, juste un petit morceau de caillou qui dépassait de l'eau. Et, sur ce rocher, un gros poisson faisait des bonds désespérés.
– Pêcheur ! cria le poisson, je t'en prie, remets-moi à l'eau. La tempête m'a jeté ici.
– Désolé, dit l'homme. Tu seras mon repas de ce soir.
– Pêcheur, je suis magicien. Si tu me rejettes à la mer, je t'accorderai un vœu.
L'homme réfléchit. L'offre semblait intéressante. Il prit donc l'animal par la queue et le jeta à la mer. Pendant un instant le pêcheur crût que le poisson n'allait pas reparaître, et qu'il avait été trompé; Mais le poisson sortit la tête de l'eau et lui dit :
– Merci, pêcheur, que veux-tu en échange de ton geste ?
L'autre se mit à réfléchir. S'il demandait la richesse, il n'aurait plus de soucis d'argent, mais il pouvait tomber malade. Il valait mieux faire le vœu d'être toujours en bonne santé. Ou celui de ne pas mourir. Ou encore de devenir roi. Ou peut-être d'être fort, beau, intelligent... Il hésita pendant des heures. Soudain, il eut une idée : il connaissait le vœu qui lui permettrait de tout avoir !
– Je désire pouvoir faire autant de vœux que je le souhaiterai, dit-il fièrement.
En entendant ces mots, le poisson répondit :
– Tu es trop gourmand. À force de tout vouloir, tu n'auras rien.
Et il disparut au fond de l'eau.
C'est ainsi que le pêcheur resta pauvre...

D'après un conte scandinave.

28 avril

La peau du renard

Il y a bien longtemps, la fourrure du renard était toute blanche. Un jour d'été, tandis qu'il se promenait en forêt, il décida de se baigner dans un bel étang.
Mais, au moment de se jeter à l'eau, il pensa à sa belle fourrure. Elle allait être toute mouillée, quel dommage ! Il réfléchit un moment, puis décida : « Il n'y a personne, je vais enlever ma fourrure. »

Aussitôt dit, aussitôt fait. Le renard se jeta à l'eau, tout content.
Mais, quand il sortit de l'étang, il se rendit compte que sa fourrure avait disparu. On lui avait volé son beau pelage. Et voilà le renard, tout nu, qui se demande quoi faire... Il lui fallait trouver un habit avant l'hiver, sinon, il mourrait de froid.
Le pauvre renard s'en alla penaud à travers la forêt. Heureusement, il avait de nombreux amis ! L'ours lui donna un peu de sa belle fourrure rousse. Le chat lui offrit quelques moustaches blanches. Même le mouton lui fit cadeau de laine blanche très douce pour son ventre. Enfin, comme il restait un tout petit morceau de queue pas encore recouvert, le loup lui donna une poignée de poils noirs. Grâce aux habitants de la forêt, le renard était sauvé. Il était même assez beau, avec son nouvel habit roux et blanc. Mais il ne décolérait pas contre celui qui avait osé lui voler sa belle peau.

Peu de temps après, un groupe de lapins blancs détala non loin de son terrier. À la belle couleur de leur pelage, il reconnut son ancienne fourrure.
– Ah ! c'est comme ça ! s'écria-t-il. Nous allons voir ce que nous allons voir !
Personne n'a jamais su si le pelage blanc des lapins était bien le sien. Mais une chose est sûre : depuis ce jour, les renards poursuivent les lapins…

D'après un conte français.

29 avril

Le nain qui voulait grandir

Il était une fois un petit garçon semblable à tous les autres. Du moins le croyait-il jusqu'à ce que ses amis grandissent. Lui restait petit, le plus petit garçon du village. On se mit à se moquer de lui, à le montrer du doigt.
Personne ne voulut de lui pour travailler aux champs. Il était bien trop petit pour labourer, pour porter des sacs, pour bêcher ou piocher.
Mais un jour, il rencontra une fille du village, qui tomba amoureuse de lui, car il était plus gentil et plus drôle que les autres. Malgré tout, le nain rêvait de grandir.
Un matin, une bonne fée passa par là et lui dit :
– Tu désires être grand et beau ? Ton souhait sera réalisé, tu es un gentil garçon.
Et voilà le nain qui rentre chez lui, fou de joie. Il était devenu un beau garçon, grand et fort. Le village tout entier n'en revenait pas.
Les jours passèrent, et le nain devenu grand se mit à changer de caractère. Moins gentil, moins gai qu'avant, il passait des heures à s'admirer dans la glace. Quand on lui parlait, il écoutait à peine. Il ne regardait plus les autres : lui seul comptait. Et il se croyait très heureux, répétant à longueur de journée :
– Je suis le plus grand !
Un beau jour, sa fiancée quitta le village, lui déclarant vivement :
– Je m'en vais. Tu es devenu si égoïste que je ne serai jamais ta femme.
À ces mots, le garçon comprit qu'il allait perdre ce qu'il avait de plus précieux au monde.

Il appela la fée et la supplia de le changer à nouveau en nain.
Puis il rattrapa la jeune fille, en lui promettant qu'il serait de nouveau comme avant. Car le plus important était au fond de son cœur.

D'après un conte français.

30 avril

Le jaguar et le soleil

En des temps reculés, quand les hommes ne peuplaient pas encore la terre, le jaguar parcourait tranquillement la plaine. Il aimait cette vie : sauter de rocher en rocher, boire l'eau des sources... Rien ne venait gâcher son bonheur.

Le soleil, qui était capricieux et s'ennuyait ferme, vit un jour le jaguar en train de gambader. Lui qui ne pouvait pas bouger, obligé de regarder les choses de très haut, fut jaloux de cet animal. Il se mit alors à briller si fort que la chaleur se répandit sur la terre. Les arbres et les plantes tombèrent en poussière.
Le jaguar, surpris par cette chaleur soudaine, regarda le ciel :
– Qu'est-ce qui arrive au soleil ? Il n'a jamais fait aussi chaud.
Petit à petit, le pauvre jaguar ne parvint plus à chasser. Il était trop assoiffé, sa langue avait gonflé, la chaleur était si forte qu'il ne pensait qu'à rester dans son terrier.
Le soleil, ravi, ricanait :
– Il est moins heureux, maintenant ! Qu'il reste chez lui, comme moi.
Soudain, le jaguar aperçut, sous un rocher, un serpent qui se cachait également. « Je vais le ramener au terrier pour mon dîner, se dit-il !
Il souleva le rocher, mais le serpent se glissa sous un autre, puis encore sous un autre. Au fur et à mesure, le jaguar soulevait les rochers et les empilait.
Il abandonna, essoufflé. Mais il s'aperçut que la chaleur avait baissé. Il faisait bon, tout à coup. La pile de rochers, d'une belle hauteur, faisait... de l'ombre !
Le jaguar avait inventé l'ombre. Désormais, il pourrait se reposer quand il le voudrait, puis chasser quand la température serait plus clémente. Furieux, le Soleil fut bien obligé de le laisser tranquille...

D'après un conte amérindien.

1er mai

Le petit âne qui ne voulait pas avancer

Un petit âne avait pour maître un meunier très avare qui le faisait tellement travailler que la pauvre bête rentrait épuisée tous les soirs. Jamais on ne lui donnait un peu d'eau ou une friandise.
Le petit âne vécut longtemps ainsi, sans jamais se plaindre, car il était courageux.
Mais un jour, un petit garçon passa près du moulin, et aperçut la pauvre bête.
Il courut chez lui, rapporta une poignée de carottes, un seau d'eau fraîche, et les donna au petit âne. Puis il le détacha et l'accompagna à l'ombre d'un arbre, où il le laissa. Le pauvre animal en était tout étonné.
Quand le meunier revint, il se mit en colère. Il tira sur la bride pour ramener l'animal au moulin. La bête ne bougea pas d'un pouce.
Le meunier eut beau faire, l'animal était plus têtu que lui. Ni les cris ni les coups ne le firent changer d'avis. L'homme fut obligé de rentrer chez lui, portant sur son dos deux énormes sacs de farine. Il arriva épuisé et mourant de soif.
Le lendemain, il retourna au moulin. Pas question de prendre sa charrette ! Comment aurait-il pu la tirer ? Il travailla tout le jour, puis tenta de nouveau de faire lever le petit âne. Mais l'animal ne bougea pas. Le meunier supplia :
– Je t'en prie, lève-toi ! Je ne peux pas porter les sacs tout seul ! Je te donnerai ce que tu voudras.
Et, pour décider l'animal, il alla lui chercher de beaux légumes et de l'eau fraîche.
– Tu pourras te reposer, promit le meunier, tu mangeras de bonnes choses.
C'est alors que le petit âne se leva et, sans se plaindre, se remit à travailler dur. Mais il n'accepta jamais plus d'être maltraité.

D'après un conte français.

2 mai

Le don de parole

À la naissance du monde, chaque habitant de la terre reçut une qualité particulière. Le tigre avait la force, le renard la ruse, le serpent la rapidité, les oiseaux pouvaient voler, les poissons nager... Tout le monde était content, sauf le singe, qui ressemblait tellement à l'homme qu'il était déçu de ne pas avoir le don de parole. Il ne manqua pas de se plaindre, dans son langage de singe, et de réclamer pour lui aussi la parole. Non, il ne voulait plus bondir de branche en branche. Non, il ne voulait plus grimper aux lianes. Il voulait parler.
À force d'insister, le singe eut ce qu'il exigeait. Fou de joie, il parla et parla, des heures entières, jour après jour. Un matin, il rencontra un homme. Le singe était très fier de lui faire la conversation. Mais soudain, un tigre sortit des bois.
– Attention ! cria le singe. Homme, que fais-tu en pareil cas ? La parole est un don si puissant qu'il doit bien exister un mot pour faire fuir ce tigre.
– Non, fit l'autre. Il faut grimper au sommet d'un arbre.
Et il se précipita sur le premier tronc de palmier qu'il vit. Mais il était trop lent et grimpait très mal. Le tigre bondit

et l'avala tout cru. Le singe tenta, lui aussi, de monter dans l'arbre, mais glissa trois fois et retomba sur le sol. Heureusement, le tigre, rassasié, s'éloigna.
– Je ne veux plus de la parole, gémit le singe. Cela ne sert à rien ! J'ai bien failli finir mes jours dans l'estomac du tigre...
Depuis ce jour, les singes surent comme avant sauter, bondir et grimper aux arbres. Plus jamais ils ne s'en plaignirent. Parfois même, quand les hommes passent au pied des arbres, leurs cris aigus ressemblent à des rires moqueurs...

D'après un conte cambodgien.

3 mai

La route qui n'allait nulle part

Il était une fois un petit garçon très pauvre, que les paysans chassaient à coups de pierres. Un jour, alors qu'il rôdait dans l'espoir de trouver une pomme ou un vieux croûton de pain, il aperçut une route qu'il ne connaissait pas.
Un laboureur, en plein travail, lui cria :
– Ne prends pas cette route, elle est ensorcelée ! Ce chemin ne va nulle part.
– Nulle part ? demanda le garçon, surpris.
– Quand on emprunte cette route, on ne revient jamais, reprit le paysan.
Le petit garçon était très curieux. Il se dit tout bas : « Que peut-il bien m'arriver, après tout ? Je n'ai rien à perdre. »
Et il s'engagea sur le chemin maléfique. Il marcha longtemps, si longtemps que la nuit tomba. Soudain, il aperçut un magnifique château. La porte s'ouvrit, et un dragon en sortit, crachant d'immenses flammes.
– Donne-moi ce que tu as de plus précieux, rugit la bête. Sinon, je te dévorerai.
– Je n'ai rien de bien précieux, répondit le garçon.
– Cherche bien. Tu peux me donner ta vie, si tu n'as rien.
– Ma vie ne vaut pas grand-chose, dit le petit garçon.
Soudain, il eut une idée. Il s'écria :
– Je te donne ma misère, elle est très grande !
– Bien, je l'accepte, fit le dragon, qui ne savait pas ce qu'était la misère.
C'est ainsi que le terrible dragon devint pauvre et dut chercher tous les soirs où dormir. Pendant ce temps, le malin petit garçon s'installait dans son beau château.

D'après un conte français.

4 mai

La sorcière de la forêt

Une sorcière vivait au beau milieu d'une sombre forêt. C'était une femme terrible, qui transformait en corbeau les voyageurs qui ne lui plaisaient pas. Si l'envie lui en prenait, la neige tombait en plein été. Même les animaux des bois restaient loin de sa cabane. Elle faisait si peur que bientôt plus personne n'osa traverser la forêt. Le roi, qui avait usé sa patience, réunit ses meilleurs chevaliers.

– Celui d'entre vous qui me débarrassera de la sorcière épousera ma fille.
Comme la princesse était la plus jolie fille du pays, tous les gentilshommes se précipitèrent.
Le premier arriva, tout essoufflé, à la porte de la cabane.
– Madame, dit-il, excusez-moi de vous déranger, mais le roi vous demande de partir, s'il vous plaît.
Il avait si peur qu'il claquait des dents.
– Ne sais-tu pas que je suis la sorcière la plus puissante du pays, misérable ?
– Je le sais, madame, répondit-il, mais...
Avant même de finir sa phrase, il était transformé en crapaud.
Le deuxième voulut tenter autre chose. Il frappa avec force à la porte :
– Madame ! Je suis envoyé par le roi. Et je vous prie de croire que si vous ne sortez pas immédiatement, je vous chasserai à grands coups d'épée !
Il était fier de son courage, pensant que la vieille se mourrait de peur. Mais, furieuse, elle ouvrit la porte et transforma le malheureux en crapaud.
Le troisième, mort de terreur en la voyant, s'enfuit si loin qu'on ne le revit jamais. Le quatrième, le cinquième, puis tous les autres, échouèrent à leur tour...

À suivre...

5 mai

La sorcière de la forêt (suite)

Bientôt, il ne resta plus un seul chevalier pour accepter d'aller dans la forêt.
Un serviteur du château proposa alors de tenter sa chance.
Arrivé à la cabane de la vieille, il appela :
– Sorcière, sors de ton trou !
– Qui ose me parler sur ce ton ? cria la vieille femme.
C'était la première fois qu'on ne tremblait pas devant elle.
– J'ai appris que tu étais très puissante. Cela me fait bien rire. Pourrais-tu voler sur mon balai, comme une vraie sorcière ?

– Bien sûr, petit imbécile !
Et elle enfourcha le balai. Elle s'envola au-dessus des arbres, puis revint.
– Pas mal, fit le serviteur. Mais je suis sûr que tu es incapable de faire voler et revenir ce balai tout seul.
Elle fit voler le balai et prononça une formule magique :
– Balai, reviens à moi, je te l'ordonne ! Le balai revint tout seul.
– Bien, bien. Si, en plus, tu étais capable de voler jusqu'à la lune, reprit-il, je serais convaincu que tu es la plus forte. Mais c'est impossible !
La sorcière, vexée, monta sur le balai et s'envola jusqu'à la lune en un clin d'œil.
Dès qu'il vit le minuscule point qui se posait sur la lune, le serviteur s'écria :
– Balai, reviens à moi, je te l'ordonne !
Le balai revint seul, et la sorcière, folle de rage, resta sur l'astre. Parfois, quand le temps est très clair, on l'aperçoit : un tout petit point noir sur la lune... Quant au serviteur, il épousa la fille du roi le soir même.

D'après un conte français.

6 mai

L'oiseau voyageur

Deux oiseaux étaient perchés sur la même branche. Pour se distraire, ils se mirent à bavarder.
– Je suis sûr que tu n'as pas voyagé autant que moi, dit le premier. J'ai parcouru le monde. J'ai vu la mer, tous les océans. Tu peux en dire autant ?
– Non, fit le second. Je ne suis allé à la mer qu'une fois.
– Et les montagnes... J'ai volé au-dessus de toutes

– Quel chêne ? demanda le premier.
Son ami n'en croyait pas ses oreilles.
– Mais le gros chêne que l'on voit d'ici ! Décidément, c'est bien la peine de voyager à travers le monde : tu en oublies de regarder ce qui est près de toi.
C'est ainsi qu'ils firent un excellent repas, à deux pas de leur branche. À force d'aller chercher ailleurs, l'oiseau voyageur ne connaissait plus sa propre forêt !

D'après un conte japonais.

7 mai

Les œufs rouges

Un brave fermier avait trois fils. Un jour il acheta une poule, qui pondait les plus beaux œufs que l'on ait jamais vu.
– Mon père, donnez-la moi, demanda l'aîné.
– Et moi, je la veux aussi, fit le deuxième.
– Gardez-la, mon père, s'écria le cadet. Nous vendrons ses œufs au marché.
– C'est votre plus jeune frère qui a raison, dit le fermier. D'ailleurs, comment voulez-vous que je partage une poule en trois ?
Ils se rangèrent à l'avis de leur père. Mais, chaque jour, des œufs disparaissaient du poulailler.
– Ce doit être un renard, dit l'aîné.
– Ou notre plus jeune frère, dit le deuxième, c'est lui qui a refusé que vous nous donniez la poule.
– Il ne dit rien pour se défendre ! renchérit l'aîné.
C'était vrai, le cadet restait silencieux. Dès la nuit, il se glissa dans le poulailler et recouvrit la paille de peinture rouge. Quand, à l'aube, la poule se mit à pondre, les œufs tombèrent dans la peinture.
Le lendemain, quand les œufs eurent disparu, le cadet s'écria :
– Tendez vos mains, nous verrons bien qui est le voleur.
Les deux autres furent bien obligés de montrer leurs mains, couvertes de peinture !
– Puisque c'est comme ça, dit le fermier, j'offre la poule à votre plus jeune frère. Et gare à celui qui lui volera un œuf !
C'est ainsi que la poule revint au plus jeune des trois fils...

D'après un conte français.

les montagnes. Les plus hautes, couvertes de neige, les collines, en haut desquelles les hommes construisent leurs châteaux...
– Tu as bien de la chance. Moi, je n'ai jamais vu la montagne.
– Si tu avais voyagé, au lieu de rester là, reprit le premier, tu aurais tout contemplé. Tu connaîtrais tout, comme moi.
L'autre hocha la tête avec tristesse. Il pensa que son ami avait sans doute raison.
Quelques minutes passèrent, et les deux oiseaux eurent faim.
– Où allons-nous trouver à manger ? demanda celui qui avait beaucoup voyagé.
– Quelle question, fit l'autre. Toi qui connaît tout, tu me demandes où manger ? Il suffit d'aller au pied du gros chêne, nous y trouverons de délicieux petits vers.

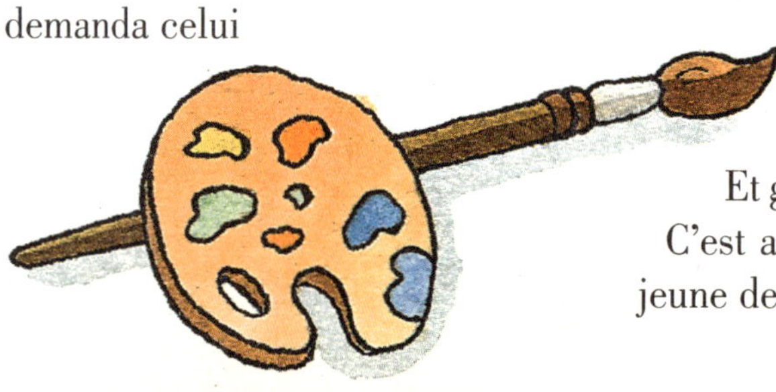

8 mai

Le château de glace

Dans un petit village vivait un berger, qui ne parvenait pas à trouver une femme à son goût. Toutes les filles du village se seraient volontiers mariées avec lui, mais il rêvait d'une belle princesse aux longs cheveux blonds.
Une nuit, il fit un rêve étrange. La belle princesse de ses rêves l'appelait, prisonnière, quelque part dans la montagne. Le berger se réveilla, prit son bâton et partit. On eut beau lui dire que la jeune fille n'existait pas, il n'écoutait personne.
Il grimpa, très haut dans la montagne. Soudain, au détour du chemin, il vit un drôle de château, fait de glace et de neige. Il allait y entrer quand apparut un homme tout vêtu de blanc.
– Tu es ici chez moi, je suis le génie des neiges. Et je ne t'ai pas invité dans mon château. Rentre chez toi, tu ne trouveras aucune princesse sur mon domaine.
Le berger fit semblant de s'en aller, mais il se cacha dans les rochers. Et que vit-il, au sommet de la tour ? La jeune fille de ses rêves...
Dès que la nuit fut tombée, il l'appela. Pourtant, la princesse se pencha et lui cria :
– Va-t-en ! Tu ne pourras pas entrer, la porte est fermée. Et si le génie des neiges te trouve ici, il te dévorera !
Le berger ne se laissa pas impressionner. Il courut à la forêt, coupa deux gros arbres et retourna les poser au pied du château. Puis il sortit une boîte d'allumettes de sa poche. Il enflamma les bûches, et le château se mit à fondre. La tour, qui était très haute, devint de plus en plus petite. Enfin, elle toucha le sol, et il n'eut plus qu'à prendre la princesse dans ses bras et à courir au village.
Dès le lendemain, ils se marièrent.

D'après un conte suédois.

9 mai

Le génie des neiges

Un jeune berger avait épousé une princesse. Mais le jeune homme avait connu sa fiancée de façon bien étrange : il l'avait sauvée du génie des neiges, qui habitait la montagne. Ils vécurent des années sans jamais entendre parler de lui.
– Il a dû nous oublier, disait le berger rassuré.
– Ou brûler dans son château, répondait sa femme.
Mais un matin, alors que le berger était allé garder ses chèvres, on frappa à la porte de la maison. C'était le génie des neiges, déguisé en vieux mendiant. La princesse ouvrit la porte, mais elle fit semblant de ne pas le reconnaître.

– Il fait bien froid. Désirez-vous un peu de soupe ?
Elle savait que le génie des neiges était fait de glace, comme son château. Il ne pouvait rien boire de chaud, sans fondre comme un glaçon.
– Je préférerais de l'eau, répondit-il.
La jeune femme alla donc puiser de l'eau. Une fois dehors, elle prit un bâton et dessina dans la terre, devant la porte, une montagne avec, au sommet, un château. « Quand mon mari rentrera, il saura que le génie des neiges est revenu. »
Puis elle rentra et offrit à boire au faux mendiant. Quand le berger revint, à la nuit tombée, il vit le dessin sur le sol. Tout de suite, il comprit la situation. Il alluma une torche et entra dans la maison. Le génie des neiges se leva pour les dévorer, mais le berger le menaça

de sa torche. De peur de se brûler, l'autre recula et trébucha. Il tomba au beau milieu de la cheminée... où il fondit en un instant.
Il ne resta plus du terrible génie des neiges qu'une petite flaque d'eau. Quant au berger et sa femme, ils purent désormais vivre tranquilles...

D'après un conte finlandais.

10 mai

Le lézard

Un beau lézard vert vivait entre deux grosses pierres, sous le toit d'une petite maison. Il adorait passer des heures au soleil, sans rien faire, à profiter de la chaleur. De temps à autre, une mouche se posait sur le mur. Le lézard l'avalait d'un coup de langue, et se rendormait tranquillement.
Mais un jour, les mouches ne se posèrent plus près de sa maison. Le lézard, qui avait horreur de marcher, se mit à se lamenter.

– J'ai faim, gémit-il. Je vais être obligé de descendre chasser dans le jardin. C'est dangereux ; tout peut arriver. Je pourrais être dévoré par le chien, écrasé par le jardinier, ou noyé quand on arrose le jardin !
Il descendit le long du mur, tristement. Tout à coup, il aperçut par la fenêtre de la cuisine un bocal de confiture. Tout autour bourdonnaient de grosses mouches bien appétissantes. Voilà donc où étaient passées les mouches !
– Au lieu de risquer ma vie en chassant, je vais me servir de mon intelligence.
Il se glissa dans la cuisine, faisant attention à ne pas être vu. Puis il enfouit la tête dans le bocal de confiture. Les mouches s'étaient envolées à son approche. Mais il ne leur jeta pas même un coup d'œil. Il prit une énorme bouchée de confiture et, prenant soin de ne rien avaler, remonta chez lui. Une fois en haut, il déposa la confiture devant l'entrée de sa maison, puis se faufila entre les deux pierres.
En une minute, les mouches, qui ne voyaient plus le lézard, se précipitèrent sur la confiture. D'un grand coup de langue, il en attrapa une, puis une autre, et fit le meilleur repas de sa vie.
– Une bonne idée peut parfois éviter bien des efforts, conclut le lézard.

D'après un conte saoudien.

11 mai

Le loup qui ne craignait pas les chasseurs

Il était une fois un loup, si féroce, si énorme qu'il n'avait peur de rien. En plein jour, il attaquait les troupeaux, dévorant les moutons, sans même se cacher. Dès qu'il voyait arriver un chasseur, il détalait, rapide comme l'éclair. De jour en jour, il devenait si sûr de lui qu'il se croyait le plus fort de tous les animaux.
Une belette passa un matin devant sa tanière.
– Passe ton chemin ! lui cria le loup. Tu es petite et faible.
– Vraiment ? fit la belette, pourtant, je parie que votre appétit n'est pas aussi gros que le mien.
– Mon appétit ? rugit le loup. C'est le plus gros, le plus énorme appétit du monde ! Viens avec moi au pré, tu me verras avaler un mouton entier.

Et les voilà partis. Arrivé au pré où des moutons broutaient l'herbe grasse, le loup retroussa ses babines. D'une bouchée, il avala un bel agneau.
– Pas mal, fit la belette. Mais j'en ai mangé bien plus, la dernière fois.
– Ah oui ! cria le loup. Et il avala deux moutons bien dodus.
– C'est mieux, dit la belette. Presque autant que moi !
À ces mots, le loup se jeta sur le troupeau et engloutit trois brebis.
Attirés par les bêlements des moutons, les chasseurs arrivèrent en courant. La belette détala en direction du bois. Le loup voulut l'imiter, mais il avait mangé tant de moutons qu'il pouvait à peine marcher. Son estomac était lourd comme une pierre ! Les chasseurs se précipitèrent sur lui et le capturèrent.
C'est ainsi que le loup, victime de sa vantardise, se retrouva au zoo. Quant à la belette, elle en rit encore.

D'après un conte français.

12 mai

Les trois serpents

Un chef indien arriva un jour en âge de choisir une épouse. On lui en proposa trois, qui avait toutes un défaut. La première était trop jeune, la deuxième, trop petite et la troisième, trop jolie. Le jeune homme hésita. Mais le sorcier de la tribu lui dit :
– Ne prends pas de décision trop rapide. Va dans le désert, où tu trouveras trois serpents. Observe-les bien, et alors tu pourras choisir ta femme.
Le jeune homme obéit. Il marcha longtemps et parvint à un gros rocher sur lequel il s'assit. C'est alors qu'il aperçut trois serpents, cachés dans le sable.
Le premier était très jeune. Il avait encore sa première peau. Le chef approcha la main pour le saisir, mais le serpent faillit le mordre.
« Celui-ci, pensa-t-il, représente la plus jeune des trois filles. Elle est méchante, je ne l'épouserai pas. »
Le deuxième serpent était magnifique. Ses longs anneaux dorés brillaient au soleil. Mais, quand le chef voulut l'attraper, l'animal se glissa sous le rocher.
« Celui-là est à l'image de la plus jolie des trois filles. Il ne m'aime pas et essaie de me fuir. Je ne l'épouserai pas. »
Le dernier des serpents était tout petit. Quand le jeune homme tendit la main, il se laissa saisir et se blottit entre ses doigts.
« Ce dernier serpent, comprit-il, représente la plus petite des trois filles. Elle est douce et gentille. Je me marierai avec elle. »
Il rentra au village et épousa la plus jeune des trois filles. Ils furent heureux pendant de longues années.

D'après un conte amérindien.

13 mai

Une bonne femme

Un fermier était marié à une femme qui avait un excellent caractère. Allant un jour vendre l'une de ses deux vaches au marché, il ne trouva pas à vendre sa bête. Sur le chemin du retour, il rencontra un homme à cheval. Il l'arrêta :
– Ne veux-tu pas une vache à la place de ton cheval ? lui demanda le fermier.
Le cavalier accepta et le paysan monta sur le cheval. Mais celui-ci était un peu vif et trop fougueux, et le vendeur regretta son échange.
Il aperçut sur le chemin un bouvier qui traînait un porc si gras que son ventre touchait terre. Le fermier changea son cheval contre le cochon, mais l'animal était fatigué et ne voulait plus avancer. Il fut obligé de le tirer, de le pousser jusqu'à ce qu'il aperçoive au loin un berger et sa chèvre.
Le paysan prit la chèvre à la place du porc, mais la faim le mordit bientôt et il décida de se débarrasser de la biquette en la troquant contre un bon repas dans une auberge où il dormit.
Le lendemain, il reprit la route et rentra sans animal chez lui. Son voisin, sur le pas de la porte, l'apostropha :
– Vous rentrez les mains vides, votre femme ne va pas être très contente !
– Je vous parie vingt écus qu'elle ne dira rien, répliqua le fermier.
Lorsqu'il ouvrit la porte de sa maison, la fermière l'accueillit à bras ouverts.
– Un nouvel animal nous aurait donné plus de travail, fit-elle.
Alors le fermier ouvrit la porte et dit à son voisin :
– Allez chercher vos vingt écus.
Et il embrassa sa femme sur les deux joues.

D'après un conte norvégien.

14 mai

L'enfant devenu roi

Dans un pays lointain, au milieu du désert, vivait un roi immensément riche. Une année, il arriva qu'une famille pauvre ne put payer ses impôts. Les soldats proposèrent aussitôt que l'on prenne le fils aîné pour esclave du roi.
Une année s'écoula et les magiciens du palais vinrent trouver leur monarque.
– Seigneur, lui déclarèrent-ils, nous avons lu dans les étoiles qu'il y a, en ville, un jeune garçon qui prendra ta place lorsqu'il aura atteint l'âge d'homme.
– Comment le reconnaître ? questionna le roi, inquiet.
On décida que tous les enfants mâles de la ville seraient enfermés au palais.
– Nous cacherons un anneau d'or dans leur nourriture, dit le roi. L'enfant qui trouvera l'anneau sera celui que nous cherchons.
Le fils aîné des pauvres villageois trouva le bijou.
– Prends bien garde de ne pas perdre ce bijou, fit le monarque.
Mais le roi voulait en fait se débarrasser du petit garçon. Il demanda aux autres enfants de l'aider. Le petit esclave avait cousu l'anneau d'or dans une poche de son pantalon. Lorsqu'il alla se baigner dans la rivière, son habit fut jeté à l'eau, et un gros poisson l'avala.
Le fils des villageois cherchait en vain son vêtement lorsqu'il aperçut les gardes du roi qui venaient l'arrêter. Pour leur échapper, il rejoignit un groupe de pêcheurs et les aida à nettoyer leurs poissons.

En ouvrant le ventre d'une énorme carpe, il poussa un cri : son vêtement était là et l'anneau d'or dans la poche ! Il se rhabilla et put rentrer sans risque au palais.
Bien plus tard, il devint roi de ce pays...

D'après un conte africain.

15 mai

La jeune fille malicieuse

Un roi partit un jour chasser en forêt, lorsqu'il entendit chanter. Une jeune fille fredonnait doucement. Immédiatement, le roi tomba amoureux d'elle et lui demanda de l'épouser.
– J'accepte, répondit-elle, mais à une seule condition. Vous ne devez jamais me laisser approcher de l'eau.
Le roi promit et ramena sa fiancée dans son château. Là, il interdit à quiconque d'apporter de l'eau dans les appartements royaux. Mais le Premier ministre, qui n'aimait pas la jeune fille, fit construire un bassin en prenant bien soin de le remplir de perles d'argent et de plantes.
La fiancée s'approcha un jour de la pièce d'eau et disparut. Le bassin fut aussitôt vidé : on n'y retrouva qu'une grenouille.
Le roi, très en colère, proclama que, désormais, quiconque voudrait lui parler devrait d'abord lui offrir une grenouille morte.
Ce fut un véritable massacre. Bientôt, il ne resta plus aucun batracien dans le pays. Le roi des grenouilles demanda audience.
– Sire, dit-il, les grenouilles ne sont pas responsables de votre peine.
– Jamais je ne pourrais leur pardonner d'avoir fait disparaître mon épouse.
– Sire, répliqua le roi des grenouilles, votre épouse est ma fille. Et comme elle aime faire des farces, elle s'est volatilisée. Je promets de vous la ramener et elle se tiendra tranquille.
Il revint avec sa fille. Et le roi et la reine vécurent heureux sans plus jamais avoir peur de l'eau.

D'après un conte indien.

16 mai

La petite fille du bambou

Un vieil homme tressait des paniers pour gagner sa vie. Un matin, à l'aube, il se rendit dans la forêt. Il allait se mettre au travail lorsqu'une vive lumière l'attira dans un bosquet de bambous. Il s'approcha et découvrit une minuscule petite fille, pas plus haute que la main. Il la ramena chez lui, et sa femme, ravie, prépara un lit à la fillette.
Trois mois s'étaient à peine écoulés, et déjà l'enfant avait atteint une taille normale, et devenait plus belle de jour en jour.
Un jour, en fendant une tige de bambou, le vieil homme fut bien étonné de trouver de l'or à l'intérieur. Il devint très riche, et se fit construire un palais.
La jeune fille recevait de nombreuses demandes en mariage. Elle n'en acceptait aucune et exigeait à chaque fois une nouvelle épreuve de ses amoureux :
– Ramenez-moi le tonnerre, ordonna-t-elle au premier.
– On affirme qu'il existe un tambour qui bat sans qu'on le frappe. Je vous épouserai si vous me le rapportez, confia-t-elle au deuxième.

Les jeunes hommes partirent en quête de ses désirs mais aucun ne revint tant ce qu'elle demandait était difficile à obtenir. La réputation de cette jeune fille grandit et arriva jusqu'aux oreilles du roi. Lorsqu'il la rencontra, il fut fasciné par sa grâce et la demanda en mariage.

– Votre requête m'honore, lui répondit la jeune femme, mais je ne suis pas de la race des humains. On va bientôt me reconduire dans le monde auquel j'appartiens.

Le roi la crut folle. Pourtant, des lueurs étranges descendirent du ciel, soulevèrent cette fée des bambous et l'emportèrent dans le ciel. Le roi se rendit à l'évidence : la jeune fille avait dit la vérité. Il ne put jamais tout à fait oublier sa beauté.

D'après un conte japonais.

17 mai

La princesse Tortue

Il était une fois un beau jeune homme pauvre, qui était amoureux d'une princesse si belle que même le soleil était ébloui par sa beauté. On l'appelait la princesse Tortue.

Elle vivait enfermée dans le palais de son père car son futur époux devait être l'homme le plus intelligent de la terre.

Le jeune homme, dont la curiosité était à son comble, écrivit à la jeune fille qu'il désirait l'épouser. Pour toute réponse, il reçut un colis dont le contenu le laissa perplexe : un os, une feuille d'arbre et un collier de perles. Il se dirigea aussitôt vers le palais de la princesse Tortue.

Comme il pénétrait dans la cour du château, un chien féroce se précipita sur lui. Le jeune homme lui lança l'os que l'animal dévora. Le cœur du jeune homme battait fort car il approchait du but. Mais une jeune fille se campa fermement devant lui et ouvrit la bouche, prête à crier.

– Voilà un collier de perles pour toi, lui chuchota-t-il.

– Mille mercis, répondit-elle en se retirant sans un bruit.

Devant la porte d'un pavillon, les feuilles d'un arbre se découpaient, semblables à celle du colis. Le jeune homme y découvrit la princesse.

– Ainsi, tu es parvenu jusqu'à moi sans donner l'alerte. Tu es donc malin puisque tu as suivi les instructions que je t'avais envoyées.

– Oui, répondit-il, et la feuille d'arbre indiquait l'endroit où tu te trouvais.

– Tu es l'homme le plus intelligent qui soit. Je t'épouserai aujourd'hui même.

Et c'est ainsi que, grâce à son intelligence, ce jeune homme eut pour femme la plus belle princesse de la terre.

D'après un conte africain.

18 mai

La rose bleue

Un empereur désirait marier sa fille. Celle-ci accepta, mais à une condition : son futur mari devrait lui offrir une rose bleue. Ainsi, tous les prétendants se mirent à la recherche de la fleur.

Le premier était un des grands marchands du pays. Il alla voir un jardinier et lui ordonna de tremper une rose blanche dans un liquide bleu préparé par un magicien. Lorsqu'il présenta la fleur à la jeune fille, celle-ci

s'aperçut immédiatement de la tromperie et le renvoya. Le deuxième prétendant était un capitaine fort célèbre pour avoir gagné de nombreuses batailles. Il fit réaliser par le plus grand bijoutier de la ville une bague en forme de rose dans le plus beau saphir existant. Il la porta à la princesse.
– Mais ce n'est pas une vraie rose ! s'exclama-t-elle.
Un soir, elle entendit de son balcon un doux chant d'amour. Un jeune homme fredonnait des poèmes. Lorsqu'il vit la princesse, il en tomba amoureux.
– Je trouverai une rose bleue, promit-il. Il y en a partout.

Le lendemain, le jeune homme revint avec une belle rose blanche, cueillie sur le chemin du palais. La princesse, ravie, affirma qu'elle n'avait jamais vu une aussi belle rose bleue ! Et elle accepta d'épouser le jeune poète. À la cour, tous s'étonnaient :
– Cette rose n'est pas bleue !
Mais la jeune fille affirmait le contraire, car elle était amoureuse, et personne n'osait la contredire. Ils vécurent tous deux très heureux.

D'après un conte chinois.

19 mai

La rose qui guérit

Un paysan avait un fils, Corentin, qui était intelligent et courageux. Le père tomba un jour gravement malade et appela le jeune homme à son chevet :
– Mon fils, dans un grand château, fleurit une rose qui guérit. Ramène-la moi.
Corentin partit sur-le-champ. Le soir venu, il rencontra une vieille femme et lui proposa de partager son dîner. Tout en mangeant, il lui raconta où il devait aller. La femme lui offrit un sifflet.
– Si tu siffles une fois dedans, tes ennemis resteront cloués sur place. Mais prends garde à toi ! Le château de la rose est gardé par des géants qui se cachent dans la forêt. Si tu réussis à déjouer les obstacles, tu trouveras une princesse endormie. C'est elle qui détient le secret de la rose. Siffle trois fois pour la réveiller.
Le jeune homme partit dès l'aube. Soudain, apparut devant lui un géant menaçant. Corentin siffla une fois, et le monstre, pétrifié, resta les bras en l'air.
Bientôt, il arriva devant la tour de guet du château. Le jeune homme courut jusque dans la chambre de la princesse endormie. Là, il siffla trois fois. La jeune fille se réveilla et dit :

– Vous m'avez sauvée ; la rose qui guérit vous appartient. Corentin conduisit la jeune fille chez son père, qui se sentit mieux dès qu'il vit la fleur. Le jeune héros épousa la princesse et tout le village assista au mariage.

D'après un conte breton.

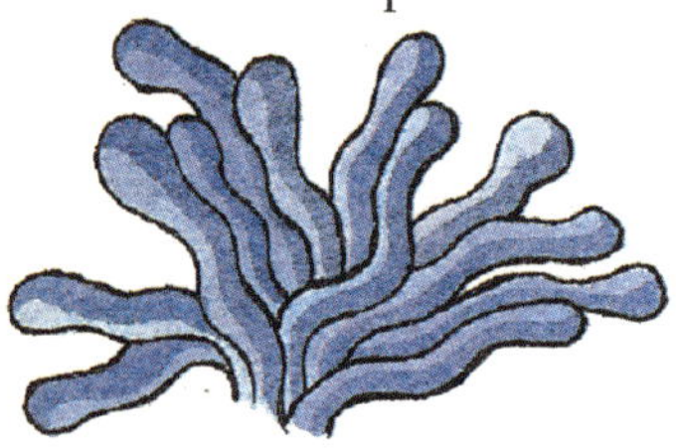

20 mai

L'ours et la tortue

Après qu'un terrible incendie ait ravagé la forêt, l'ours partit au bord de la mer, et se retrouva tout seul, et décida de chercher une compagne. Après avoir cherché longtemps, il rencontra une tortue et lui proposa de l'épouser. La tortue accepta, et ils reprirent tous deux le chemin de la caverne de l'ours. Ils arrivèrent à la nuit, et le serpent s'installa pour dormir sur une pierre devant la grotte. L'ours grogna un peu, mais n'osa abandonner sa compagne, et dormit auprès d'elle. Il se réveilla le matin tout enrhumé, plein de courbatures et plutôt mécontent. Il partit alors en quête de nourriture, et revint bientôt les pattes pleines de fruits, de miel et de baies sauvages qu'il offrit à la tortue. Mais la tortue se mit à crier :
– Comment oses tu me proposer cela ? Ce n'est pas une nourriture de tortue !
Et elle partit ellei-même chercher son repas, pendant que l'ours le regardait, penaud. Plus tard, il proposa à sa compagne de jouer avec lui, et il se mit à faire roulades et galipettes dans l'herbe. La tortue, qui le regardait faire, partit d'un grand éclat de rire et lui dit qu'il était ridicule. L'ours s'arrêta aussitôt, vexé. Il fit une dernière tentative, et invita sa compagne à aller se reposer à l'ombre d'un buisson. Mais la tortue se fâcha alors pour de bon :
- Tu veux donc ma mort, pour me faire dormir dans une ombre glaciale ? Mettons-nous plutôt sur ce rocher au soleil, inconscient que tu es !
L'ours se résigna, mais bien vite, il eut trop chaud, avec son épaisse fourrure. La tortue se moqua de lui et lui dit qu'il n'arrivait même pas à se protéger, alors qu'elle rentrait dans sa carapace aussi souvent qu'elle le voulait. Alors l'ours, absolument furieux, partit sans rien dire à la recherche d'une autre compagne, en se jurant de faire payer à la tortue ses moqueries et son mauvais caractère. C'est depuis ce jour qu'ils sont fâchés à mort.

D'après un conte indien

21 mai

Le bossu et ses deux frères

Les deux fils d'un roi étaient célèbres dans tout le royaume pour leur beauté. Leur frère cadet, Guillaume, était bossu et détesté par leur père. Un jour, le vieux roi fit venir ses fils et dit :
– Me voilà âgé et je veux désormais laisser ma couronne à l'un d'entre vous. Pour cela, il faudra vous soumettre à une épreuve : me ramener le plus beau cheval du royaume, dans un an et un jour.
Les trois frères partirent chacun de leur côté. Les deux premiers avaient de l'or et de l'argent plein les poches, le bossu possédait seulement une petite pièce. En chemin, il rencontra une belle jeune fille.
– Bonjour, Guillaume, fils du roi. Je sais ce que vous recherchez. Suivez-moi.
Le bossu obéit et ils vécurent quelque temps ensemble. L'année s'était écoulée et le prince devait retourner chez lui. La jeune fille lui confia une boîte qu'il ne devait ouvrir qu'en présence de son père.

Ses deux frères étaient déjà arrivés sur de magnifiques montures. Le bossu ouvrit sa boîte et il se retrouva en selle sur un superbe cheval fougueux.
– C'est Guillaume qui l'emporte, dit le roi, étonné.
Ainsi, Guillaume, bien que bossu, devint roi grâce à son amie, et l'épousa aussitôt. Ses deux frères, furieux, quittèrent le pays.

D'après un conte irlandais.

22 mai

Le cygne rouge

Un jeune homme partait chasser l'ours, quand il aperçut sur le lac un beau cygne rouge. Il tira toutes ses flèches dans la direction de l'oiseau, sans l'atteindre. Celui-ci s'envola majestueusement. Le jeune homme décida de le suivre.
Comme le soir tombait, il arriva devant une cabane où, à côté d'un feu, était assis un vieil homme qui lui proposa de partager son repas.
Une fois restauré, le jeune homme lui demanda :
– Je suis à la recherche d'un cygne rouge. L'auriez-vous vu ?
– Oui, mon garçon. Bien des gens ont essayé de le poursuivre, mais jamais aucun n'en est jamais revenu.
Dès l'aube, le jeune chasseur repartit. Au soir du troisième jour, il parvint près d'une caverne où le même vieil homme l'accueillit tout aussi chaleureusement.
– Mon garçon, lui révéla-t-il, ce que tu veux réussir est très difficile. Le cygne rouge est, en fait, la fille d'un sorcier qui a été dépouillé de ses biens il y a très longtemps. Elle cherche à venger son père. Le sorcier a promis la main de sa fille à quiconque retrouverait les voleurs.

Le jeune homme reprit la route et arriva dans un village où se déroulait la fête du printemps. Là, des hommes qui avaient trop bu lui avouèrent qu'ils possédaient le trésor du sorcier. Dans la nuit, le chasseur déroba l'argent. Puis il retourna chez son hôte, qui, bien sûr, était le sorcier, et déposa son bien à ses pieds.
– Chose promise, chose due, le félicita le vieil homme.
Une très belle jeune femme apparut dans une robe de plumes rouges et sourit au jeune héros. Il l'épousa et, depuis ce jour, il ne va plus jamais chasser le cygne.

D'après un conte canadien.

23 mai

Le fagot magique

Lorsqu'un vent magique souffla cette nuit-là et arracha tous les toits d'un petit village, les gens s'enfermèrent chez eux. Le matin, lorsqu'ils sortirent de leur maison, ils étaient tous devenus aveugles. Tous, sauf le fils aîné

d'un fermier, qui était resté dans la maison de son oncle, située dans la ville voisine.
À son retour, son père lui demanda :
– Mon fils, nous ne pourrons plus travailler. Prends mon plus bel âne et emmène-le au marché. Tu le vendras, avec de la chance.
Le fils partit donc. Lorsqu'il atteignit le fleuve, il aperçut des paysans.
– Quelle belle bête ! dit l'un d'entre eux. Je t'en donne une vache et un sac de blé.
Mais l'homme n'avait pas ajouté : « Avec de la chance » ; le fils refusa donc.
Enfin, il remarqua un vieil homme pliant sous le poids d'un gros fagot de bois.
– Je ne possède que ce fagot de bois que j'ai obtenu avec de la chance. Si tu veux, je te le cède contre ton âne, fit le vieillard.
« Avec de la chance » ! Le jeune homme accepta et

rentra chez lui. Il raconta comment il avait échangé l'âne contre un fagot de bois.
– Allume-le, car il fait bien froid ; ce bois nous évitera peut-être de geler cette nuit, lui demanda son père sans le gronder.
Lorsque les premières flammes s'élevèrent, le fermier poussa un cri.
– Je vois ! je vois aussi bien qu'auparavant ! Va chercher les gens du village et dis-leur de venir ici. Ce bois mort guérira tout le monde.
Et tout au long de la nuit, les villageois se pressèrent autour du feu et, les uns après les autres, recouvrèrent la vue.

D'après un conte africain.

24 mai

Le langage des oiseaux

Un jeune homme avait un don unique au monde : il comprenait le langage des oiseaux. Son père, un riche marchand, l'emmena avec lui en mer, vers de lointains pays, vendre ses étoffes précieuses. Mais leur bateau sombra et le jeune homme seul survécut.
Il fut recueilli par des marchands d'un pays voisin. Ceux-ci, n'ayant pas d'enfant, l'adoptèrent et l'aimèrent comme leur propre fils.
Dans cette contrée, régnait un roi, exaspéré depuis longtemps par trois corbeaux qui tournoyaient au-dessus de sa tête en croassant. À bout de nerfs, le souverain décida :
– Celui qui me débarrassera de ces oiseaux épousera ma fille et recevra en cadeau la moitié de mon royaume.
La jeune fille était belle et le jeune homme en tomba immédiatement amoureux. Il alla voir les corbeaux et, comme il comprenait leur langage, il put expliquer au roi que les deux oiseaux mâles se disputaient la femelle.
– Le plus âgé a chassé la femelle quand l'hiver est arrivé et le plus jeune l'a recueillie. Le vieux corbeau veut maintenant la reprendre avec lui. Ils jurent qu'ils s'en iront dès que vous donnerez votre jugement.
– Que la femelle reste avec le plus jeune car il l'a aidée lorsqu'elle était seule, dit le roi.

Comme ils l'avaient promis, les corbeaux s'en allèrent. Le jeune homme épousa la princesse et reçut la moitié du royaume.

D'après un conte italien.

25 mai

Le petit garçon et le loup

Une femme donna le jour à un petit garçon très malicieux qu'elle prénomma Pierre. Le petit garçon avait cinq ans lorsque sa mère décida :

– Je ne veux plus que l'on boive l'eau de la mare aux grenouilles. Va me chercher de l'eau pure et claire, ordonna-t-elle à son mari.

L'homme partit et mit longtemps avant de trouver enfin une eau limpide et délicieuse. Mais cette source appartenait au loup : quiconque y buvait risquait sa vie. Sa femme retourna elle-même remplir sa cruche d'eau. Le loup l'arrêta.

– Tu as volé mon eau ! Donne-moi ton enfant en échange de ta vie.

La mère, terrorisée, accepta.

Le garçon, l'apercevant de loin, dit à ses camarades :

– Lorsque le loup demandera Pierre, répondez-lui tous : " C'est moi. "

Le loup, furieux de ne pouvoir reconnaître l'enfant, retourna voir la mère pour lui réclamer son dû. Celle-ci lui promit de lui livrer son fils au plus tôt.

Le petit garçon avait tout entendu et alla demander conseil à sa grand-mère. Celle-ci, qui était un peu sorcière, lui confia une baguette magique qui permettait de prendre la forme que l'on désirait. Et qui était caché dans un coffre, au grenier.

– Cette nuit, promit la mère au loup, je couperai les cheveux de mon fils, qui dort près de son père. Vous emporterez celui qui aura le crâne rasé.

Pierre n'avait pas envie de servir de repas au loup et, lorsque son père fut endormi, il lui coupa les cheveux. Le loup se méprit et mangea l'homme.

De rage, la mère voulut frapper son garçon. D'un coup de baguette magique, Pierre se transforma en un petit caillou, roula dans l'eau et fut entraîné par le courant. On n'entendit plus jamais parler de lui.

D'après un conte mauricien.

26 mai

Le message

Dans une grande ville, les plus grands savants enseignaient aux étudiants leur savoir. L'un de leurs élèves entendit un jour parler un voyageur :

– Dans un pays fort éloigné vit un homme qui possède toute la sagesse, la science du monde. Malgré sa renommée, il continue à pratiquer son métier de forgeron.

Le jeune homme voulut partir sur-le-champ rencontrer cet homme merveilleux.

Celui-ci l'accueillit avec une certaine froideur, et lui demanda :

– Que veux-tu, jeune homme ?

– Apprendre la sagesse et ce que tu souhaites m'enseigner.

Pour toute réponse, le forgeron lui présenta la corde qui servait à actionner le soufflet de la forge.

– Tire la corde, lui dit-il.

Des mois et des mois s'écoulèrent sans qu'une seule parole ne fut échangée. Au bout de deux ans, le jeune homme demanda au forgeron :

– Maître, je désire apprendre.

– Alors, tire la corde, répondit le sage.

Des années passèrent, durant lesquelles le maître ne dit pas un mot. L'élève attendait toujours son enseignement. Un soir, le forgeron vint le trouver :

– Jeune homme, il est temps pour toi de rentrer dans ton pays et de retrouver les tiens. Toute la sagesse du monde tient maintenant dans ton cœur.

Le jeune homme regarda intensément son maître mais ne dit mot.

– Mon fils, je t'ai enseigné tout ce que je savais : je t'ai appris la patience.

Le jeune homme retourna dans son pays, heureux.

D'après un conte irakien.

27 mai

Les saisons et les mois

Une méchante paysanne vivait seule avec ses deux filles. L'aînée était belle, la cadette fort laide. Pourtant, elle était la préférée de sa mère et ne faisait rien dans la maison tandis que sa sœur travaillait durement toute la journée.

Un jour, en plein hiver, la mère ordonna à l'aînée de lui rapporter des violettes.

La pauvre fille dut partir, dans les rafales de vent. Apercevant une faible lueur au sommet d'une colline, elle reprit espoir. Il y avait là un grand feu, et assis sur douze pierres, douze hommes immobiles enveloppés de manteaux : trois étaient blancs comme la neige, trois verts comme l'herbe, trois, blonds comme les blés et trois violets comme des grappes de raisin. C'était les douze mois de l'année.

– Que cherches-tu, fillette ? lui demanda Janvier à la longue barbe blanche.

– Ma mère m'a obligée à lui cueillir un bouquet de violettes.

– Mon frère Mars, dit Janvier à un petit homme vert, cela te regarde.

Mars se leva, remua le feu avec un bâton et fit apparaître un champ de violettes.

La jeune fille en fit un gros bouquet, les remercia et rentra chez elle.

Lorsqu'elle raconta son aventure, sa sœur, jalouse, voulut vérifier ses propos.

Elle mit son manteau et courut vers la montagne.

– Que veux-tu, fillette ? demanda Janvier.

– Est-ce que cela te regarde ? répondit sèchement la cadette.

Alors Janvier leva son bâton au-dessus de sa tête et provoqua une terrible tempête. La jeune fille fut ensevelie sous les flocons. Sa mère, ne la voyant pas revenir, partit à sa recherche et connut le même sort. L'aînée resta seule maîtresse de la maison et vécut enfin heureuse.

D'après un conte hongrois.

28 mai

Les hommes de pierre

Il était une fois un village dont les habitants étaient très riches. Au lieu de vivre simplement, ils cherchaient toujours à avoir plus de bétail, plus de champs ou de céréales. Leur cœur s'était endurci jour après jour. Ils mangeaient tant et tant que leurs gros ventres les empêchaient de bouger. Les étrangers qui étaient passés par là avaient été si mal reçus qu'ils évitaient, désormais, de s'arrêter.

Un vieil homme, le sage du village, était le seul à être inquiet.

– Attention, disait-il, votre cœur se transformera un jour en pierre.

Mais les villageois se moquaient bien de cet avertissement.

Le jour où un mendiant traversa le village, toutes les portes se fermèrent.

– Braves gens, donnez-moi un peu de pain, gémissait-il.

Seul le sage sortit de sa maison et lui offrit un repas.

– Tu es bon, remercia le mendiant, et pour te récompenser, je vais te confier un secret. Quitte cet endroit avec les tiens avant le lever du soleil car un grand malheur va s'abattre sur les habitants de ce village.

Le sage alla prévenir ses voisins, mais aucun ne voulut le croire.

– Tu veux que l'on s'en aille d'ici pour mieux voler nos biens, l'accusèrent-ils. Le vieil homme s'en alla avant que le coq ne chante et, le lendemain, lorsque le soleil se leva, le silence régnait partout.

Les habitants, transformés en statues de pierre, étaient figés dans leur sommeil. Rien ni personne n'a pu les réveiller depuis cette nuit-là, et le bourg est devenu un village fantôme.

D'après un conte africain.

29 mai

Les jumeaux aux cheveux d'or

Un jeune roi entendit un jour une jeune fille à la jolie voix claire qui chantait :
– Si j'épousais un roi, je lui donnerais des jumeaux aux cheveux d'or.
Le prince résolut de la prendre pour femme. Quelques mois plus tard, il partit à la guerre, laissant sa tendre épouse enceinte aux bons soins de la reine mère. La jeune femme mit au monde des jumeaux aux cheveux d'or, mais sa belle-mère, jalouse, les remplaça par deux chiens et enterra vivants les jumeaux dans la forêt.
– Votre femme est une sorcière, dit-elle à son fils en guise d'explication.
Le roi, très en colère, ordonna que l'on jette son épouse aux oubliettes.
Sept ans plus tard, deux arbres aux feuilles d'or avaient poussé à l'endroit même où les jumeaux avaient été enterrés. La reine mère, craignant que le roi n'apprenne la vérité, le supplia de brûler ces deux arbres.
Le roi se plia au désir de sa mère, mais, lorsque les deux troncs brûlèrent, deux flammes s'en échappèrent, qui se transformèrent en poissons aux écailles d'or. Les créatures merveilleuses sautèrent dans la rivière et s'enfuirent.
Un pêcheur attrapa les deux poissons. Une fois sortis de l'eau, ils se changèrent en petits garçons aux boucles d'or. Le pêcheur les éleva et, devenus grands, ils partirent courir le monde. Déguisés en musiciens, ils allèrent jusqu'au château du roi et lui chantèrent la complainte des jumeaux abandonnés. Le souverain, ému par l'histoire, questionna les deux troubadours :
– Nous sommes vos fils, répondirent-ils, victimes de la jalousie de votre mère.
La reine mère fut punie et enfermée à vie dans un cachot, tandis que le roi rendit la liberté à sa femme et vécut heureux, entouré de ses deux fils.

D'après un conte yougoslave.

30 mai

Les trois oranges

La fille d'un roi tomba un jour gravement malade. Le médecin diagnostiqua :
– Votre fille guérira mais à une seule condition : il faut aller lui chercher, dans un pays lointain, trois oranges qui poussent sur un arbre aux fleurs blanches. Quand votre fille aura mangé la première orange, elle se lèvera, à la deuxième, elle sera plus belle que jamais, et une fois avalée la troisième orange, elle déclarera : " Je n'aurai pas de paix avant d'avoir épousé le garçon qui m'a apporté ces fruits. "
Le roi envoya des messagers par tout le pays, promettant sa fille en mariage à celui qui ramènerait les trois oranges.

Un premier garçon alla cueillir les oranges dans le pays lointain puis courut au château du roi. En chemin, il rencontra une vieille femme qui lui demanda :
– Qu'as-tu dans ton sac ?
– Des crapauds ! vieille folle, répondit le garçon.
Quand il arriva au palais, le roi fit ouvrir le sac et découvrit trois crapauds. Il fit sur-le-champ arrêter l'imposteur.
Un second garçon décida alors de partir à la recherche des oranges. En revenant au pays, il trouva la sorcière sur son chemin.
– Qu'as-tu dans ta besace ? lui demanda-t-elle.
– Trois oranges, vieille femme, mais, si tu as faim, je peux te cueillir une pomme.
La vieille femme le remercia, et le jeune homme reprit la route du palais. Le roi, un peu méfiant, fit ouvrir la besace par ses soldats. Lorsqu'il découvrit les trois oranges, il fut transporté de joie. La prophétie se réalisa, et les noces furent célébrées dès le lendemain.

D'après un conte français.

31 mai

Pas seulement méchant

La vieille Lise avait un fils qui était son seul soutien. Celui-ci alla un jour se promener en montagne et, en chemin, fut dévoré par un tigre. La vieille femme, désespérée, alla voir le juge du village et lui demanda de la venger.
– Il faut que cet animal soit condamné à mort, réclama-t-elle au juge.
Le juge finit par céder et désigna l'un de ses adjoints pour s'occuper de cette affaire. Celui-ci trouva cette histoire complètement insensée mais partit tout de même en montagne à la recherche de l'animal. S'arrêtant dans un temple, il se mit à prier pour qu'on lui vienne en aide. À cet instant, il entendit dans son dos un remue-ménage étrange. Il se retourna : le tigre s'agenouillait à ses côtés. Prenant son courage à deux mains, l'homme lui asséna :
– Sais-tu que tu es responsable d'un grand crime ? Tu as privé une vieille dame de son seul soutien. Je dois donc t'arrêter.
L'animal se laissa docilement emmener devant le juge.
– Acceptes-tu de réparer ta faute en remplaçant le fils de cette vieille femme ? Si tu le fais, tu seras pardonné.
Le tigre consentit et fut relâché. Pendant des années, Lise trouva chaque jour devant sa porte un beau morceau de viande. Le tigre ne chassait plus que pour elle...
Quelques années après, la pauvre femme mourut. L'animal alla pleurer sur sa tombe puis disparut à tout jamais dans les montagnes. Les gens du pays construisirent une belle statue de bois en son honneur et vinrent souvent s'y recueillir.

D'après un conte chinois

1er juin

Les deux lapins en promenade

Par une douce matinée de printemps, deux petits lapins étaient occupés à des jeux enfantins.
– Que l'air est bon !
– Comme le soleil brille !
– Quelle merveilleuse saison !
– Comme les fleurs sont belles !
C'était une surenchère perpétuelle sur les beautés de dame Nature.
Ils gambadèrent ainsi toute la journée, occupant leurs heures, soit au jeu, soit au spectacle de cette saison enchanteresse.
L'après-midi s'achevait presque, lorsque l'un des lapins dit à son ami :
– Nous pourrions ramener un présent à nos compagnons lapins qui ont du rester au terrier.
– Moi, je préfère continuer, lui répondit égoïstement son compagnon de jeu.
– J'ai une idée, lui dit alors l'autre lapin, nous allons jouer au jeu de la plus belle fleur !
– Mais je ne connais pas ce jeu… Qu'est-ce que c'est ?
– C'est très simple, nous allons partir chacun de notre côté à la recherche de la plus belle fleur de la forêt. Quand nous l'aurons trouvée, nous pourrons l'offrir à ceux restés au terrier !
– D'accord, conclut le lapin joueur, et ils partirent chacun de son côté.
Quelques minutes passèrent, au bout desquelles tous deux revinrent, croyant bien entendu détenir une fleur plus belle que celle de son ami. Ils ne surent jamais quel était le vainqueur, car à la fin de leur discussion longue et tumultueuse, les fleurs étaient fanées !
Depuis cette aventure, les deux lapins, conscients de leur bêtise, ne ratent jamais une occasion de s'offrir des fleurs !

D'après un conte français.

2 juin

Sortilèges

Chaque jour, après son travail, un jeune homme rendait visite à sa fiancée. Un jour, celle-ci lui trouvant un air bizarre, l'interrogea :
– Qu'as-tu fait hier soir, en rentrant chez toi ?
– J'avais si chaud, répondit-il, que je suis parti me baigner dans un des étangs de la forêt. Un chant plus doux que celui du rossignol s'est alors élevé dans la nuit.
– Promets-moi de ne plus jamais y retourner, dit sa fiancée inquiète. Ce que tu as entendu est le chant d'une méchante fée qui envoûte les jeunes hommes.
Le jeune homme jura, et la jeune fille lui confia un coquillage magique qu'il devait porter à son oreille en cas de danger.
Pendant quatre nuits, il tint sa promesse. Chaque soir, il percevait au loin le doux et merveilleux chant, mais résistait et ne sortait pas de sa maison. Mais la cinquième nuit, il sortit malgré tout et aperçut une jeune femme aux longs cheveux blonds. Elle l'appelait en tendant ses bras vers lui.
– Qui es-tu ? cria-t-il.
Mais elle ne lui répondit pas. Le chant de la fée l'enveloppait. Le jeune homme sentait ses forces l'abandonner quand il se souvint des prières de sa fiancée. Vite, il prit dans sa poche le coquillage et le porta à son oreille.
La voix de la jeune fille se fit entendre, très faible au début puis de plus en plus forte, dissipant les sortilèges qui le retenaient prisonnier.
Levant les yeux, il s'aperçut que tout était redevenu calme et tranquille. Le jeune homme revint chez lui et s'endormit. Le lendemain, il était guéri et n'eut plus jamais envie de retourner dans la forêt.

D'après un conte brésilien.

3 juin

Tom le poète

À la lisière d'une forêt, s'élevait une belle maison. Là, vivait un jeune homme qu'on appelait Tom. Il aimait à se promener le long de la rivière.
Un jour qu'il s'était assis sur un tronc d'arbre, il vit arriver sur un cheval gris la plus belle dame qu'il lui fut jamais donné de voir. Tom alla à sa rencontre. Lorsque la jeune femme sauta au bas de sa monture, il ne put s'empêcher de la prendre dans ses bras et de l'embrasser. Elle partit d'un grand éclat de rire.
– Je suis la reine des fées, dit-elle, tu es condamné à vivre sept ans à mon service.
Tom demanda grâce, mais la fée ne céda pas. Elle déclara soudain :
– Je vais te montrer trois routes qu'aucun homme n'a encore pu voir : la première, large et droite, est celle que les humains aiment prendre, car c'est la plus facile. Ils ont tort : elle ne mène nulle part. La deuxième est étroite et épineuse, et peu de personnes la suivent. Pourtant, c'est celle qui conduit au bonheur.
La troisième, bordée de fleurs, est celle des fées. Nous allons nous y engager, mais si tu prononces un seul mot, tu ne pourras plus jamais retourner dans ton pays.
Au terme du voyage, ils arrivèrent dans le château des fées. Trois jours plus tard, la reine vint voir Tom :
– Ton temps est accompli : trois jours ici correspondent à sept années de ton monde. Je vais te raccompagner chez toi mais auparavant, laisse-moi te donner en cadeau cette harpe magique. Tu auras désormais le don de la poésie.
Des années passèrent. Tom devint un troubadour célèbre et joua même de l'instrument magique lors d'une grande fête organisée en l'honneur du roi.
On raconte pourtant qu'il est reparti pour le royaume des fées...

D'après un conte écossais.

4 juin

Un ami véritable

Un père demanda un jour à son fils s'il connaissait le nombre de ses amis.
– Oh ! j'en ai une bonne centaine, répondit le jeune homme, sûr de lui.
– Mon fils, les gens sages estiment qu'il ne faut jamais appeler un homme un ami avant de l'avoir mis à l'épreuve. Abats un mouton, mets-le dans un sac, dis à tes amis que tu as tué un homme et que tu as besoin d'aide, tu verras.
Le fils suivit ce conseil, mais aucun de ses amis n'accepta de l'aider.
Le vieil homme le rassura et lui raconta l'histoire suivante.
Deux marchands habitaient des villes très éloignées l'une de l'autre, et l'un des deux décida d'aller rendre visite à l'autre. Il fut reçu chaleureusement et l'on donna une grande fête en son honneur. Quelques jours plus tard, son invité tomba malade d'amour. Son ami lui demanda ce qu'il pouvait faire pour lui.
– Si tu me montres toutes les femmes qui étaient là lors de la soirée, je pourrais reconnaître celle que j'aime.
Ainsi fut fait. Mais son ami était tombé amoureux de sa propre fiancée !
– Puisque c'est elle que tu aimes, j'accepte qu'elle devienne ta femme.
Quelques années plus tard, cet hôte resté célibataire perdit toute sa fortune. Il alla trouver son ami qu'il n'avait pas vu depuis fort longtemps pour lui demander de l'aide. Dès son arrivée, l'autre le couvrit de richesses et lui permit de reprendre ses affaires.
– Voilà, dit le père, l'histoire d'un ami véritable.

D'après un conte israélien.

5 juin

Va-nu-pieds

Un homme très vieux et très riche avait une fille unique qui mourut en donnant le jour à un bébé. Le vieil homme avait tant de chagrin qu'il ne voulut jamais voir sa petite-fille, la confiant à une nourrice. Celle-ci ne s'occupait guère d'elle, la laissant en haillons. On surnommait l'enfant Va-nu-pieds.

Seul, un petit gardien d'oies lui parlait ; ils devinrent amis. Pour la consoler, il jouait un air de flûte très gai sur lequel Va-nu-pieds dansait.

Le roi du pays décida un jour de marier son fils à la plus belle fille du royaume et, pour cela, organisa un grand bal. Le vieux monsieur y fut invité mais refusa d'emmener sa petite-fille. Va-nu-pieds se réfugia chez le gardien d'oies qui lui proposa d'aller en ville admirer le cortège du roi.

En chemin, ils rencontrèrent le prince qui regagnait le défilé sur un magnifique cheval. En un instant, il fut fasciné par la beauté de Va-nu-pieds. Il demanda :

– Voulez-vous devenir mon épouse ?

– Impossible, dit-elle, ce soir, vous devez choisir une jeune fille digne de vous.

Mais, comme le jeune homme insistait, elle lui promit de venir à minuit avec le gardien d'oies. Lui, en retour, jura de la présenter comme sa fiancée à la cour.

Aux douze coups de l'horloge, la jeune fille et le gardien d'oies firent leur entrée dans la salle de bal. Tout le monde fut très étonné...

Mais lorsque le gardien d'oies joua son air de flûte, les haillons de la jeune fille se transformèrent en une magnifique robe et les oies en petits pages portant la longue traîne. Alors le roi se leva et déclara :

– Notre prince a fait son choix. Vivent les futurs mariés !

D'après un conte anglais.

6 juin

Basile le malin

Un dragon terrifiant vint un jour s'installer près d'un village. Tous les jours, il réclamait à manger. Les gens avaient si peur de lui qu'ils lui donnèrent toutes leurs réserves. La misère s'installa vite dans le village. Un garçon malin, dénommé Basile, décida d'aller voir le dragon avant qu'il ne commence à manger les femmes et les enfants. Quand le monstre le vit arriver, il cria :

– Qui es-tu, misérable petit bonhomme ?

– Je suis Basile et je suis venu te tuer.

– Ha, ha ! ricana le dragon. Tu ne saurais même pas tuer une vache !

– Même cinq vaches si tu le désires, car c'est ce que j'avale tous les soirs chez moi, avec ma famille, répondit Basile.

– Une seule me suffira, répondit le dragon, soudain méfiant.

– Suis-moi, lui répliqua Basile.

Le petit homme entraîna le dragon au sommet d'une colline où paissaient des vaches. Il tua l'une d'entre elles et l'offrit au monstre. L'animal engloutit la vache puis en réclama une seconde. Son énorme ventre traînait par terre.

Le roi lui fit donc construire un navire, qu'il remplit de nourriture et de denrées rares à échanger et, quelques mois plus tard, son fils embarqua.
Après plusieurs jours de navigation, une tempête fit couler le bateau. Tout le monde se noya, sauf le fils du roi. Il échoua sur une plage puis marcha longtemps avant d'arriver près d'une ville. Là, des habitants vinrent à sa rencontre, lui mirent des chaînes aux pieds et lui déclarèrent :
– Nous allons te vendre comme esclave demain matin sur le marché.
Un riche marchand l'acheta mais ne lui demanda de travailler que quatre heures par jour. Le garçon accomplit sa tâche sans dire un mot. Le matin, seulement, il soupirait et disait :
– Tout lasse, tout passe, et mon chagrin aussi.
Le marchand entendit ses paroles. Il pressa le jeune homme de lui raconter son histoire. À la fin du récit, le maître servit un magnifique repas au jeune prince. Quelque temps après, il lui acheta un beau navire et le libéra.
À cette même époque, le roi mourut. Ses ministres se disputaient sa succession lorsque le bruit courut en ville qu'un bateau venait d'arriver au port. Le jeune prince, en débarquant, apprit la triste nouvelle. Il se fit reconnaître et régna sans histoire pendant quinze ans.

D'après un conte tunisien.

– Maintenant, viens chez moi, lui dit Basile. Pour aller plus vite, ne pourrais-tu pas m'emmener sur ton dos pour aller derrière ces montagnes ? Mais avant de grimper sur toi, je veux vérifier si tu sais vraiment voler.
Vexé, le dragon prit son élan et s'élança dans les airs. Il était si lourd avec le poids de la vache qu'il tomba dans le grand lac de la montagne, où il coula à pic. On prétend que l'on peut encore y voir son squelette.

D'après un conte africain.

7 juin

Deux vrais amis

Le fils d'un roi vint un jour trouver son père et lui dit :
– Je veux quitter ce pays et découvrir le monde.
– Pourquoi ne te contentes-tu pas de parcourir notre pays ? demanda le père.
– Je veux explorer les contrées lointaines, répondit le fils.

8 juin

Dieu de la lune et dieu du soleil

Sur une île, vivaient une grand-mère et sa petite-fille. Cette dernière était merveilleusement belle, et sa grand-mère la pensait digne d'épouser un dieu. Un soir, elle l'appela :

– Prépare-toi pour un long voyage. N'aie pas peur car les paroles magiques que je vais prononcer te protégeront. De plus, tes mains auront le pouvoir de guérir.

La jeune fille se mit en route et parvint à une petite cabane. Devant la maisonnette, une vieille femme aveugle remplissait des noix de coco de sirop. La jeune fille s'empara d'une coquille car elle avait soif. L'aveugle lui attrapa le bras :
– Pourquoi fais-tu cela ? Je prépare ce sirop pour mes fils, les dieux de la lune et du soleil. S'ils apprennent cela, ils se mettront en colère et te tueront.
La jeune fille la supplia de ne rien dire. En échange de son silence, elle promit de guérir ses yeux.
La vieille femme accepta. D'un geste du doigt, la jeune fille caressa ses paupières.
– Oh, je vois ! je vois ! cria la vieille. Mais cache-toi vite, voilà mes fils.
Le dieu du soleil apparut. Il était tellement resplendissant qu'on ne pouvait pas le regarder sans être ébloui. Le dieu de la lune semblait plus doux.
– Mes fils, une jeune fille m'a guérie. Je voudrais que l'un de vous l'épouse.
– Qu'elle se montre ! dirent les deux fils, et qu'elle choisisse entre nous deux.
La jeune fille se détourna quand le soleil se présenta, tant il brûlait. Le dieu de la lune lui parut gentil et calme. Elle s'inclina devant lui.
Ils se marièrent et partirent, chez eux, dans le ciel. On peut les voir à présent chaque nuit sourire de bonheur.

D'après un conte tahitien.

9 juin

Une histoire de dragons

Au temps où de nombreux dragons vivaient sur terre et dans le ciel naquit un petit garçon que ses parents prénommèrent Tchang. Très vite, il regretta de ne pas être un dragon. Il aurait rêvé avoir un corps de dragon et un esprit d'homme. Devenu adulte, il fit venir l'un des plus grands peintres du pays et lui fit représenter ces bêtes légendaires sur chaque espace libre de ses murs.

Encore insatisfait, Tchang appela le plus fameux sculpteur de son pays, et lui passa la commande suivante :
– Regarde les colonnes qui soutiennent ma maison. Je voudrais qu'elles soient changées en dragons. Je te paierai le prix qu'il faudra.
Avec peine, le sculpteur transforma chaque pilier en une bête effrayante.
Alors, le grand dragon du ciel et des eaux entendit sa plainte et décida de lui rendre visite. Il frappa à sa porte et lorsque Tchang ouvrit, le jeune homme poussa un cri de frayeur et s'enfuit à toutes jambes.
« Ainsi, se dit le monstre, cet homme rêve de devenir l'un des nôtres et se sauve dès mon arrivée. »
Et, dans sa colère, il détruisit tous les dragons, qu'ils soient peints, de pierre, de soie ou de laine.
Lorsque Tchang revint chez lui, il était guéri pour toujours de son amour pour les dragons et, tout compte fait, très heureux d'être un homme.

D'après un conte chinois.

10 juin

L'ambitieux tailleur de pierre

Un tailleur de pierre allait chaque jour dans la montagne. Il vivait heureux et se contentait de ce qu'il avait. Dans cette montagne, un génie apparaissait de temps en temps aux hommes afin de les faire profiter de sa puissance.
Un jour, le tailleur de pierre alla travailler chez un riche seigneur et admira tant et tant les merveilles de son palais qu'il en perdit le sommeil. Il rêvait tout haut :
– Ah ! si j'étais riche, je dormirais dans un palais en or comme celui-ci !
Le génie lui apparut :
– Ton vœu a été entendu, tu seras exaucé.
Ainsi, le modeste tailleur de pierre fut logé dans un superbe château.

De plus en plus exigeant, le tailleur de pierre se mit en colère lorsqu'il s'aperçut que la pelouse de son jardin séchait malgré son fréquent arrosage.
– Le soleil est plus fort que moi. Ah ! si seulement j'étais le soleil !
Le génie le transforma en astre du jour. L'ancien artisan se sentit le plus fort du monde et assécha la terre. Mais les rochers restaient secs.
« Tiens, se dit-il, les rochers me résistent. Si seulement j'étais un rocher... »
Le génie exécuta son désir une fois de plus. Le tailleur de pierre fut transformé en roche.
Un jour, un drôle de bruit le réveilla. Un tailleur de pierre l'attaquait avec un pic.
– Ah ! pourquoi ne suis-je pas un homme ! s'exclama-t-il.
– Ton vœu a été entendu, tu redeviendras un homme, répliqua le génie.
Et il reprit sa forme première et son ancien métier. Désormais, il se contenta de ce qu'il possédait et ne songea plus à être autre chose que lui-même.

D'après un conte japonais.

11 juin

La meule magique

Deux frères se détestaient cordialement. L'un était riche et avare, l'autre pauvre mais heureux. Jamais l'aîné ne consentit à aider son frère, même lorsque celui-ci, affamé, vint frapper à sa porte.
– Je n'ai rien à te donner, que ce sabot de vache. Et va au diable.
Le pauvre garçon se résigna : « S'il me conseille d'aller au diable, c'est que je dois porter ce sabot à Satan. »
Un bûcheron lui indiqua le chemin et lui conseilla de ne rien accepter du diable, sauf sa meule magique, qui permet d'obtenir tout ce qu'on lui demande.
Le cadet se mit en marche, arriva le soir devant la maison de Satan et lui offrit le sabot de vache. En échange, celui-ci lui proposa de l'or et de l'argent.
– Donne-moi plutôt ta meule, dit l'autre.
Le pauvre homme rentra chez lui et actionna la meule magique. Des victuailles apparurent, et sa famille et lui-même n'eurent plus jamais faim.
Son frère entendit parler de ce miracle et vint le voir.
– C'est grâce à mon sabot que tu possèdes cette meule. Prête-la moi.
Dès qu'il eut la machine entre les mains, le frère s'embarqua sur un navire. « Les poissons doivent être salés pour être conservés. Je vais demander du sel à la meule, je le vendrai cher. Ainsi, ma fortune est faite. »
Il ordonna à l'engin de lui procurer du sel. La meule se mit alors à tourner.
Mais le bateau fut envahi par le sel et sombra au fond de la mer. Tout l'équipage périt noyé. Depuis cette histoire, la meule ne s'est jamais arrêtée de tourner, c'est pourquoi l'eau de mer est salée.

D'après un conte africain.

12 juin

La branche morte

Au sud d'une grande île, à une lointaine époque où les hommes ne mouraient pas, s'élevait une haute montagne. Des diables vivaient là, et s'amusaient parfois à voler la barque d'un pêcheur. Ils recommençait chaque soir jusqu'à ce que le pêcheur se pose des questions. Qui lui empruntait sa barque ?
Une nuit, il se cacha au fond du bateau. Il avait emporté avec lui quelques noix de coco pour apaiser sa faim. Lorsqu'il vit arriver les diables, il trembla de peur et, se montrant, leur offrit les fruits pour qu'ils laissent sa barque au rivage.
Ils se régalèrent et, pour le remercier, voulurent l'emmener avec eux dans la forêt.
– Tu vas rencontrer notre mère. Surtout, n'accepte rien d'elle sauf une branche morte, celle qui guérit.
Le pêcheur suivit leur conseil. De retour au village, il apprit que le fils du roi était gravement malade.
– J'ai le pouvoir de le guérir, révéla-t-il.
Une fois dans le palais, il posa la branche morte sur l'enfant.
Aussitôt, celui-ci ouvrit les yeux et sourit.
Jaloux, les autres habitants de l'île voulurent s'emparer de la branche. Le pêcheur se décida à parler à ses agresseurs :
– Vous n'êtes que des sots ! Pourquoi chercher à me voler cette branche qui apporte la santé ? Je vais la jeter dans la forêt et elle sera perdue à jamais.
Les habitants n'écoutèrent pas ses menaces. Alors, le pêcheur la lança très loin dans les broussailles.
Depuis ce jour, les hommes doivent mourir et les arbres sont immortels.

D'après un conte malgache.

13 juin

La femme abeille

Un homme trouva un jour, en haut d'un arbre, un nid d'abeilles blanches comme il n'en avait encore jamais vu. Il décida de couper la branche, de chasser les abeilles et de prendre le miel.

Mais au moment où il sortait sa scie, il entendit une petite voix sortir de l'essaim :
– Si tu veux notre miel, emmène-nous chez toi et tu en seras récompensé.

Étonné, l'homme obéit, emmena l'essaim chez lui et le posa dans un coin de sa chambre.
À partir de ce jour, il trouva son repas préparé et sa maison propre à son retour des champs. Il se demanda qui pouvait l'aider ainsi et, un matin, se cacha pour surprendre son hôte mystérieux.
Soudain, une très belle jeune femme apparut. Comme elle allait chercher de l'eau au fleuve, l'homme pensa au nid d'abeilles blanches. Il décida de le cacher car il avait peur que sa belle ne redevienne une abeille.
– Qui a pris ma maison ? s'étonna la jeune femme en revenant.

L'homme se montra alors et lui dit que, qui qu'elle soit, il voulait qu'elle devienne sa femme. La belle apparition lui expliqua qu'elle était une jeune fille transformée en abeille blanche par une sorcière, et qu'elle voulait bien l'épouser. Quelques mois après les noces, un petit garçon naquit.
Ils vécurent tous trois auprès de leur ruche, qui leur donna le meilleur miel.

D'après un conte indonésien.

14 juin

La fille du soleil et de la lune

Le fils d'un roi, lorsqu'il atteignit l'âge de se marier, déclara à son père :
– Je n'épouserai que la fille du soleil et de la lune.
Personne ne savait comment atteindre le ciel pour faire sa demande en mariage. Seule une grenouille avait son idée. Toutes les nuits, elle voyait les servantes du soleil et de la lune aller puiser de l'eau dans la source et la rapporter au ciel.
Elle dit au fils du roi :
– Confie-moi un message, je te promets de le transmettre au soleil et à la lune.
Il eut du mal à la croire, mais comme il n'avait pas d'autre solution, il écrivit sa demande et la confia à la grenouille. Le soir même, elle se cacha dans une des cruches des servantes.
Une fois au ciel, elle déposa le message sur la table de la lune et attendit le lendemain soir. Elle alla ensuite trouver le fils du roi.
La réponse se fit attendre, car la lune et le soleil aimaient tendrement leur fille et n'avaient pas envie qu'elle les quitte. Le prince, impatient, menaça la grenouille.
Terrorisée, elle se fit transporter chez la lune et le soleil dans une cruche des servantes. Elle trouva la jeune princesse et lui goba les yeux. Le lendemain, au spectacle de leur enfant aveugle, le soleil et la lune étaient désespérés.

15 juin

La jeune fille silencieuse

Un paysan adorait sa fille, Isabelle, qui était muette. Il lui offrit un œillet rouge. Il était si beau que la jeune fille ne se lassait pas de le regarder. Elle eut un jour un geste maladroit et fit tomber l'œillet dans le feu. Aussitôt, il se métamorphosa en un magnifique jeune homme habillé de rouge qui lui demanda :

– Que désirez-vous ?

Mais la jeune fille ne pouvait pas lui répondre.

– Pourquoi ne répondez-vous pas ? Je dois m'en aller ; si vous désirez me voir, rejoignez-moi près des pierres, au-delà des trois collines.

Elle tomba amoureuse du jeune homme et décida d'aller à sa rencontre.

Une fois au pied de la colline, près des pierres, elle se mit à pleurer. Son bien-aimé lui apparut :

– Allez dans cette maison, tout là-haut, et faites-vous engager comme servante. Et il disparut.

La jeune fille fit ce qu'il lui avait demandé. Elle fut engagée et adorée par la maîtresse de maison car elle était douce et belle. Mais les autres servantes, jalouses d'elle, allèrent trouver la dame et lui dirent :

– Cette fille est une sorcière. C'est peut-être elle qui a enlevé votre fils.

Le fils de cette femme avait en effet disparu quelques années plus tôt.

Alors qu'elle allait être chassée, le jeune homme en rouge apparut et dit :

– Une méchante sorcière m'avait ensorcelé. Grâce à cette jeune fille qui m'a prouvé son amour, je suis libéré de son sortilège.

Les autres servantes furent punies, et le jeune homme en rouge épousa Isabelle.

D'après un conte espagnol.

– Comment donc notre fille peut-elle recouvrer la vue ? se lamentaient-ils.

La grenouille, sortant de sa cachette, leur expliqua que, pour cela, il fallait la marier au fils du roi. Une araignée tissa alors une immense toile allant du ciel à la terre. La jeune fille, à qui la grenouille avait rendu ses yeux, fit ses adieux à ses parents et partit épouser le prince. Ils vécurent très heureux...

D'après un conte africain.

– Où se trouve cet animal ? cria le lion.

– Si vous le désirez, je vous y conduis, il vous attend.

Le petit lapin blanc emmena le roi lion à la rencontre de son ennemi. Il lui fit faire mille et un détours pour le fatiguer. Le soir venu, il lui montra de loin un puits :

– Celui qui prétend être plus puissant que vous habite au fond de ce puits. Oserez-vous l'affronter ? demanda le rongeur.

Le lion, furieux, courut jusqu'au puits et s'y pencha. Il y vit... un autre lion. Il montra ses crocs et son ennemi fit de même. Le petit lapin, tapi derrière un buisson, ne put s'empêcher d'éclater de rire et détala à toute vitesse.

À cet instant, l'orgueilleux animal comprit que son voisin s'était moqué de lui, et lui avait simplement montré son image qui se reflétait dans l'eau du puits.

Le lion fut si vexé qu'il n'osa retourner dans sa tanière de peur des moqueries. L'astucieux petit lapin vécut bien tranquille !

D'après un conte chinois.

16 juin

La revanche du petit lapin

Un petit lapin blanc habitait près de la tanière d'un lion redoutable. Celui-ci, très orgueilleux, ne manquait jamais une occasion de se moquer de son voisin.

Le petit animal décida de se venger, et s'en vint voir le lion :

– Ô grand lion ! j'ai découvert, de l'autre côté de la montagne, un personnage incroyable qui vous ressemble comme deux gouttes d'eau et qui dit être le plus fort du monde.

– Lui as-tu au moins parlé de moi ? rugit le lion.

– Oui ! J'aurais mieux fait de me taire, car lorsque je lui ai parlé de vous, il a éclaté de rire et a prétendu que personne ne pouvait le battre.

17 juin

La tortue prétentieuse

Deux hérons et une tortue vivaient en toute amitié au bord d'un petit lac.

Vint une année de terrible sécheresse où, pendant huit mois, la pluie ne tomba pas. Le niveau du lac baissa dangereusement. Qu'allaient-ils devenir ? Les deux hérons pouvaient voler, mais il faudrait des jours et des jours à la tortue avant d'atteindre le moindre point d'eau.

Un matin, les deux oiseaux vinrent annoncer à la tortue qu'il était temps pour eux de partir. Tous les animaux de la région avaient fui, et s'ils restaient plus longtemps, ils risquaient de mourir de soif et de faim.

– Vous savez bien que je ne pourrai jamais vous suivre avec ma carapace, pleura la tortue. Vous allez m'abandonner ? Dire que j'ai cru que vous étiez mes amis !

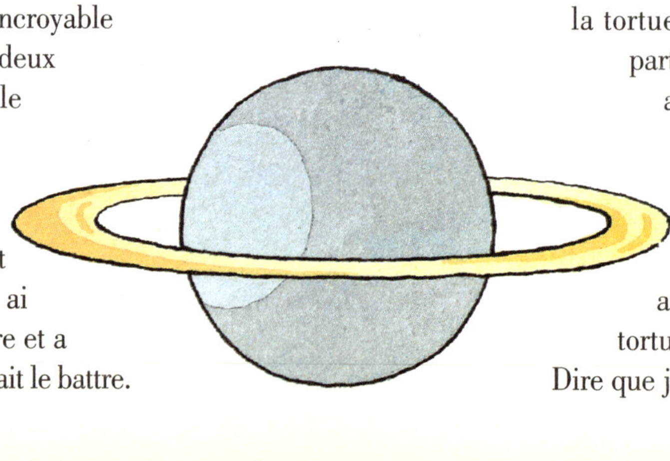

Les deux hérons, bien ennuyés, cherchèrent une solution.
– Pourquoi ne pas m'emmener avec vous dans les airs ? plaisanta la tortue.
– J'ai une idée, dit l'un des hérons. Nous allons voler en t'emportant. Il te suffira de mordre dans un grand bâton que nous tiendrons chacun dans notre bec. À toi de ne pas le lâcher.
– Formidable ! s'écria la tortue. Et elle serra de toutes ses dents le bâton pendant le décollage.
En survolant des villages, la tortue entendit des paysans se moquer de cet étrange cortège. Oubliant toute prudence, elle ouvrit la bouche pour les traiter d'ignorants. Elle fit un immense plongeon dans un petit étang d'eau glacée, et termina son voyage parmi les grenouilles, qui ne crurent jamais à son histoire.

D'après un conte chinois.

18 juin

Le bûcheron et l'arbre

Un matin, au premier coup de hache, un pauvre bûcheron entendit :
– Je suis l'esprit de l'arbre. Laisse-moi en paix, s'il te plaît. N'as-tu rien à me demander en échange ?
– Si ! Donne-moi quelque chose à manger, répondit le bûcheron.
– Voilà un petit moulin, dit l'esprit de l'arbre.

Si tu lui dis : “Fais ce que font les moulins”, il moudra de la farine.
Le bûcheron rentra chez lui et raconta l'histoire à sa femme. Immédiatement, ils eurent de quoi cuisiner des galettes et du pain, et vécurent à leur aise. Un soir, une vieille femme vint leur demander l'aumône, et le bûcheron lui montra le moulin magique. La vieille, envieuse, s'en empara et disparut avec. Le pauvre homme, désespéré, repartit abattre des arbres dans la forêt.
Alors qu'il levait sa hache, il entendit l'esprit de l'arbre lui parler de nouveau :
– Je suis l'esprit de l'arbre. Laisse-moi en paix, s'il te plaît.
– Je n'ai plus rien à manger, répondit le bûcheron. Peux-tu m'aider ?
L'esprit de l'arbre lui proposa trois bâtons magiques. Lorsqu'on leur disait : “Faites ce que font les bâtons”, ils frappaient le dos de ceux qu'on voulait punir. Pour les arrêter, il suffisait de dire : “Je te demande pardon, esprit de la forêt.”
Lorsque la vieille femme revint et voulut s'emparer des bâtons, sur une parole du bûcheron, ils la rouèrent de coups.
– Avoue et je ferai en sorte que les coups s'arrêtent, dit le bonhomme.
La vieille femme rendit très vite le moulin volé : elle avait si mal au dos ! Et le bûcheron put ainsi vivre heureux jusqu'à la fin de ses jours.

D'après un conte marocain.

19 juin

Le chasseur et le cheval merveilleux

Dans un grand royaume vivait un vieux roi orgueilleux. Il avait à son service un chasseur courageux qui possédait un merveilleux cheval aux pouvoirs multiples.
Un jour, le jeune homme trouva une plume de l'oiseau de feu sur le bord de la route et voulut l'apporter immédiatement au roi pour obtenir une récompense. Son cheval lui dit :
– Ne fais pas cela, car de grands malheurs vont s'abattre sur toi.
Mais le jeune homme ne voulut rien entendre. Le roi le récompensa, tout en ajoutant :
– Puisque tu as trouvé la plume de l'oiseau de feu, tu peux partir à la recherche d'une princesse qui vit dans un pays lointain et torride. J'aimerais tant l'épouser. Sache, cependant, que si tu échoues, je te couperai la tête.
Le chasseur pleura amèrement mais son cheval le rassura :
– Ne t'inquiète pas, je vais t'aider. Que le roi te donne une tente en or et les mets les plus délicieux, et le tour est joué.
L'animal emmena le jeune homme dans une contrée chaude où il rencontra la jeune princesse. Il installa la tente devant le palais et l'invita à manger chez lui. Attirée par le chasseur et sa somptueuse tente, elle mangea des mets délicieux et but le meilleur vin.
Grâce à la ruse du cheval, elle prit le chasseur pour un prince et consentit à le suivre jusqu'au palais du roi, où le vieux monarque dut se rendre à l'évidence. Le chasseur avait accompli sa tâche. Le jeune homme put ainsi épouser la princesse et jouir d'une belle récompense.

D'après un conte russe.

20 juin

Le mari maladroit

Une jeune femme avait épousé un homme très maladroit. Dès qu'elle le laissait seul à la maison, il mettait tout sens dessus dessous.
Elle l'envoya un jour acheter des aiguilles au marché. Lorsqu'il rentra, elle lui demanda de les lui donner.
– Chère femme, je n'ai plus rien. Figure-toi que j'ai rencontré un ami qui m'a prié de l'aider à rentrer de la paille. Pour avoir les mains libres, j'ai déposé les aiguilles dans l'une des bottes de foin et je les ai perdues.
– Mon Dieu, que tu es maladroit ! dit sa femme en colère. Les aiguilles se rangent dans une poche !
– Je ferai attention la prochaine fois, promit son mari.
Le lendemain, sa femme l'envoya acheter un porcelet. Il le mit dans un sac et quand il arriva chez lui, l'animal était mort, étouffé.
– Pourquoi ne l'as-tu pas tenu au bout d'une corde ? lui reprocha sa femme.
Le pauvre homme n'y avait pas pensé !
Quand il dut rapporter une cruche, il l'attacha au bout d'une ficelle. Une fois devant sa maison, l'homme

s'aperçut que l'anse cassée traînait par terre. Sa femme entra dans une grande colère, le traitant d'incapable. Elle décida, à partir de ce jour-là, de faire elle-même ses commissions.

D'après un conte portugais.

21 juin

Le monstre de la forêt

Un jour arriva dans la forêt un animal étrange. Le singe fut le premier à l'entendre crier. Il s'enfuit, épouvanté, prévenir le renard.

– Un monstre terrible est arrivé dans la clairière. Il a une tête de cheval, de grandes oreilles et crie plus fort que tous nos amis réunis.

Le renard se dépêcha d'aller voir et se tapit derrière un arbre pour observer le monstre en question. Quand la bête se mit à braire, le renard s'enfuit et courut prévenir le tigre.

– Attention, lui annonça-t-il, un animal vient d'arriver dans notre forêt et il pousse des cris épouvantables.

– Allons voir de quoi il s'agit, déclara le tigre.

Le tigre observa l'âne et le vit brouter calmement de l'herbe.

– Je me demande de quoi il est capable, s'interrogea le tigre.

À ce moment, l'animal leva la tête et se mit à braire. Jamais le tigre n'avait entendu pareil cri ; il crut un instant qu'il allait être dévoré. Mais comme il était le plus puissant de la forêt, il décida de se cacher et de continuer à observer.

Puis, l'entendant braire plusieurs fois, il s'habitua à ce bruit. Il osa s'approcher de l'animal et le mordit à la jambe pour voir sa réaction. L'âne, agacé, lui décocha un petit coup de sabot. Le tigre fut rassuré :

– Ainsi, c'est tout ce qu'il sait faire : brouter, braire et ruer, rien à craindre !

Et en poussant un terrible rugissement, le tigre alla dire au singe et au renard que cet animal n'était... qu'un âne.

D'après un conte chinois.

22 juin

Le poisson grappilleur

Il n'avait jamais autant plu dans la forêt. L'eau de la rivière était montée, emportant avec elle le poisson-chat. Quand le soir arriva, la pluie se calma. Le fleuve avait sagement regagné son lit, laissant le poisson sur la berge. Inquiet, il se demanda combien de temps il allait pouvoir tenir ainsi hors de l'eau. Au petit matin, il commençait à s'affaiblir lorsqu'il entendit quelque chose.

– Qui va là ? sursauta-t-il en ouvrant un œil.

– C'est moi, la perdrix rouge. As-tu passé une bonne nuit ? s'enquit la bavarde.

– Si on veut, répondit tristement le poisson-chat.

– Ne restons pas là, reprit la perdrix. Viens, je t'emmène grappiller du blé dans le champ voisin.

– Grappiller dans le champ ? interrogea le poisson. Je n'ai pas ce qu'il faut pour y aller ! Je n'ai ni pattes ni ailes, ajouta-t-il.

– Je te prêterai tout ce dont tu as besoin pour te régaler. Et la perdrix prêta au poisson-chat tout ce qui lui était nécessaire. Ils se régalèrent quand, soudain, un bruit fit sursauter la perdrix.

– Rends-moi tout ce que je t'ai fourni car voilà le paysan et il risque de me faire un mauvais parti, dit-elle en s'enfuyant.

Le poisson-chat se retrouva aussi nu qu'avant, au milieu du champ de blé, pleurant amèrement.

Le paysan comprit la détresse de l'animal, le mit dans sa besace et alla le jeter dans la rivière. Ainsi, le poisson-chat connut le plaisir de grappiller dans les champs, comme un oiseau...

D'après un conte africain.

23 juin

Le retour des fleurs

Lorsque le grand sorcier n'accepta plus la méchanceté des hommes, il se retira dans la montagne. À son départ, toutes les fleurs se fanèrent puis moururent. Et les papillons, les abeilles, les oiseaux fuirent ce pays maudit. Des années plus tard, les habitants racontaient aux petits enfants l'ancienne beauté des fleurs.

Seul un petit garçon pensait qu'il existait encore des fleurs et des oiseaux. Quand il eut atteint l'âge d'homme, il décida d'aller trouver le grand sorcier. Il marcha des jours et des jours, jusqu'à une source d'eau fraîche. Il s'arrêta pour boire et se sentit tout ragaillardi. À cet instant, une voix s'éleva, qui lui demanda ce qu'il venait chercher.

– Je suis venu rencontrer le grand sorcier, pour le prier de nous rendre les fleurs et les oiseaux. Les habitants de mon pays sont tristes et je suis sûr qu'ils cesseraient d'être méchants s'il y avait des roses et des tulipes.

Des mains invisibles le portèrent dans un grand champ tapissé de fleurs multicolores. La voix du grand sorcier lui dit :

– Cueille tout ce que tu désires et emporte les bouquets avec toi. Il y en aura pour toutes les régions, et les oiseaux reviendront. Grâce à ta foi et à ton courage, ton pays ne sera plus jamais sans fleurs.

Le jeune homme s'en retourna chez lui, et quand les

hommes virent leur pays transformé grâce à lui, ils lui demandèrent de devenir leur roi.
Il devint un roi bon, sage et avisé. Car il n'oublia jamais que la méchanceté des hommes avait provoqué la tristesse dans leurs cœurs.

D'après un conte australien.

24 juin

Le roi disparu

Un très vieux roi avait un fils unique et lui avait appris à être juste, courageux et bon. Le jeune homme lui succéda, mais il voulut prendre femme.
Le jeune homme parcourut tout le pays à la recherche d'une épouse et tomba amoureux d'une jeune fille jolie et bonne. Il fut décidé de célébrer les noces le plus vite possible. Toutes les maisons de la capitale furent décorées, et les gens burent et dansèrent pendant une semaine entière. Le dernier soir, un grand feu d'artifice fut tiré en l'honneur du prince et de sa nouvelle épouse.
À cet instant, un messager se présenta devant le jeune roi lui disant qu'il devait le suivre immédiatement.
Ils partirent tous deux à cheval à travers les bois et les champs. Ils arrivèrent devant un portail ciselé d'argent qui s'ouvrit avant même qu'ils ne mettent pied à terre. Le roi entra dans un jardin extraordinaire : des fleurs multicolores, des arbres millénaires, des oiseaux au chant inconnu, des hommes et des femmes vêtus de soie et de velours. Le jeune prince se rendit vite compte que personne ne faisait attention à lui. Il arriva devant une porte encore plus richement décorée que le portail. Derrière se trouvait un lac dont l'eau était plus claire que du cristal.
Le roi ne songeait pas à quitter ce merveilleux jardin lorsque le messager revint lui dire que, à présent, il lui fallait rentrer chez lui.
Arrivé devant son palais, il ordonna aux gardes d'ouvrir les portes. Mais les soldats ne le reconnaissaient pas. Il s'inquiéta de sa jeune épouse : personne ne savait de qui il s'agissait. Un des gardes l'emmena chez un vieillard d'une grande sagesse. Le souverain ouvrit un grimoire et trouva l'explication de ce mystère : cent ans auparavant, un jeune roi avait disparu le soir de ses noces...

D'après un conte suisse.

25 juin

Sauvé par des animaux

Un paysan extrêmement pauvre entendit des plaintes sortir d'un puits dissimulé par des branches. Un singe, un tigre, un serpent et un homme l'appelaient au secours.

Il se pencha et, aussitôt, le tigre s'adressa à lui :

– Sauve-moi. Si tu es un jour en difficulté, je serai prêt à t'aider.

Le singe et le serpent lui tinrent le même discours. Le paysan les aida à se hisser hors du puits. Les trois animaux, une fois dehors, lui déconseillèrent de porter secours à l'homme, resté au fond.

– Son cœur est mauvais, il ne mérite pas d'être sauvé.

Mais le paysan eut tellement pitié de lui qu'il le fit sortir.

– Je suis bijoutier. Si tu as besoin de moi, je serai là pour toi, lui dit le rescapé.

Un mois plus tard, le paysan se mourait de faim. Il fit appel au singe, qui lui donna des fruits, puis au tigre, qui lui offrit un collier de perles trouvé en forêt. Il l'apporta au bijoutier pour qu'il le revende. Celui-ci se précipita chez le roi pour dénoncer le paysan comme voleur, espérant une récompense.

Le paysan eut beau se défendre, il fut condamné.

Le serpent, alerté, siffla à l'oreille du paysan :

– Je vais te donner le pouvoir de guérir les humains, puis j'irai mordre la reine. Elle sera si malade que seule ta main pourra la sauver.

Le lendemain, la reine s'évanouit. Le roi, désespéré, chercha un médecin pouvant la guérir. Le paysan, du fond de sa prison, proposa ses services. Et, d'un geste de la main, il soigna la reine. Le roi, reconnaissant, lui demanda de lui raconter son histoire. Le bijoutier fut jeté en prison, et l'homme reçut mille présents.

D'après un conte indien.

26 juin

Les trois frères

Le seigneur d'un château était connu pour son esprit capricieux et méchant. Un jour, il rencontra sur la route trois pauvres paysans sans terre, en quête de fortune. Il leur proposa de venir habiter dans son château pendant un an, à condition de rester chacun enfermé dans la chambre d'une tour et de ne parler à personne.

– Nous sommes trois frères, devait dire l'aîné chaque matin, au réveil. – Pour de l'argent, devait répondre le deuxième. – Faites-nous justice, criait enfin le cadet.

L'année écoulée, le méchant seigneur relâcha ses hôtes prisonniers. Lorsqu'ils se retrouvèrent tous trois, ils se rendirent compte qu'ils avaient perdu la parole et ne pouvaient plus que répéter les trois formules apprises. Quel malheur !

Après avoir cheminé toute la journée, ils arrivèrent à la grand-ville. Soudain, à l'angle d'une rue, un homme se fit attaquer sous leurs yeux. L'assassin s'enfuit bien vite. On interpella nos trois compères qui se retrouvèrent en prison.

– Qui êtes-vous ? leur demanda-t-on.

– Nous sommes trois frères.

– Pourquoi avez-vous tué ?
– Pour de l'argent.
– Vous savez ce qui vous attend : la corde !
– Faites-nous justice.
Les malheureux furent conduits au gibet. Mais la peur finit par délier leur langue :
– Nous sommes innocents, faites venir le seigneur qui nous a trompés.
Le seigneur, forcé de reconnaître ses torts, fut puni et les trois frères libérés.

D'après un conte breton.

27 juin

Trois choses précieuses

Un prince dit à ses trois fils :
– Maintenant que vous voilà devenus des hommes, allez chercher fortune de par le monde.
Ils firent préparer leurs montures et se mirent en route dès le lendemain matin. Après des jours et des jours de chevauchée, ils s'arrêtèrent pour séjourner dans une petite ville agréable. Le souverain de l'endroit fit le meilleur accueil à ses hôtes et les remercia d'être venus de si loin lui rendre visite. Il organisa des fêtes en leur honneur et leur présenta sa fille, une princesse belle comme le jour. Les trois frères en tombèrent amoureux.
– Je marierai ma fille dans un an, jour pour jour, leur dit le roi. Celui d'entre vous qui me rapportera l'objet qui me semblera le plus précieux deviendra mon gendre.
Aussitôt les trois cavaliers partirent chacun de leur côté à la recherche d'un objet précieux. Ils revinrent un an après.
L'aîné s'avança devant le roi :
– Voici mon trésor : une lunette dans laquelle on peut voir très loin.
– Moi, dit le deuxième, c'est un manteau magique qui peut vous transporter partout.
– Quant à moi, dit le cadet, c'est une orange miraculeuse dont le parfum peut faire revivre.
Mais le souverain était en larmes. Sa fille avait été enlevée et nul ne savait où elle se trouvait. L'aîné regarda à l'horizon dans sa lunette, et que vit-il sur une colline lointaine ? La princesse était allongée sur un lit tout blanc, perché sur un pic enneigé. Elle était en train de mourir ! Elle agitait faiblement ses deux mains, comme pour appeler à l'aide,
Il comprit aussitôt qu'il pourrait utiliser les deux autres trésors ramenés par ses frères. Ils se réunirent au palais.

Vite, les trois frères et le père de la princesse s'enveloppèrent dans le manteau magique et se rendirent à son chevet. Alors, le plus jeune frère approcha l'orange du beau visage de la princesse et... miracle ! À l'instant même, elle se leva de son lit en pleine santé.
– Je t'accorde la main de ma fille, dit le roi, car tu lui as sauvé la vie.
Le roi récompensa aussi les deux autres frères, et le cadet épousa la princesse.
Ils vécurent heureux et eurent beaucoup d'enfants.

D'après un conte hongrois.

28 juin

Le voleur et le roi

Il y a bien longtemps vivait un roi très sage et généreux. Un jour, il s'aperçut que son trésor diminuait peu à peu sans qu'il puisse se l'expliquer. Bien qu'il ne soit pas avare, il décida de surveiller son bien. Il revêtit de pauvres hardes et, ainsi déguisé, attendit une nuit : rien. Deux nuits : toujours rien.

Enfin, la troisième nuit, il vit un homme s'approcher à pas de loup du trésor. Aussitôt, il dit :
– Salut, compère !
Le voleur, tout effrayé, se rassura rapidement. Il lui demanda :
– Eh bien, tu étais ici avant moi, et tu n'as encore rien pris ?
– Je n'arrive pas à ouvrir la serrure, répondit le roi déguisé.
– Maladroit ! C'est pourtant simple ! Regarde.
Et il ouvrit le coffre sans difficulté. Le roi demanda s'il voulait bien partager. Et il se servit dans les coffres au point de les vider.
– N'as-tu pas honte de voler tout le trésor de notre bon roi ? fit l'autre. Sache qu'il est entouré de fripons qui ne songent qu'à lui ravir toutes ses richesses !
Le souverain, un peu surpris de découvrir un voleur qui n'aimait pas qu'on vole, essaya d'en savoir un peu plus :
– Et toi, pourquoi donc voles-tu notre roi ?
– Car je suis trop vieux pour travailler et trop pauvre pour nourrir mes enfants. Mais je ne prends au roi qu'un tout petit peu de son trésor, juste ce qu'il me faut. Tandis que toi, tu voles tout ! Tu n'es pas un honnête voleur !
Voyant que l'indignation de ce drôle de voleur était sincère, il retira ses vêtements misérables et s'en fit reconnaître. Le voleur eut alors grande honte d'avoir pris le roi pour une fripouille, et il le salua profondément.
Le monarque, bien content de trouver un voleur aussi honnête, le nomma Premier ministre. Dès lors, jamais le trésor du roi ne fut mieux gardé.

D'après un conte islandais.

29 juin

Le cercle des fées

Un petit garçon gardait un troupeau de chèvres dans un pré. Tout à coup, il aperçut au loin un groupe de gens. Il s'approcha tout doucement. Quelle ne fut pas sa stupéfaction de constater qu'il s'agissait de fées ! Le gamin se cacha derrière un buisson car il ne voulait pas les effaroucher.
Les fées avaient toutes de beaux habits aux couleurs vives et menaient en rond une danse pleine d'une folle gaieté. Elles finirent par s'apercevoir de sa présence, et, au lieu de prendre peur, elles l'invitèrent à se joindre à elles. Il se retrouva soudain dans

un magnifique château. On l'accueillit avec beaucoup de gentillesse et on lui servit des mets délicieux. Il put danser tout son content, dans la joie générale.
Une fée s'approcha alors de lui et déclara :
– Tu peux rester ici tant que tu veux. Seulement, il ne faut pas que tu touches l'eau du puits car alors tu perdras tout ce que nous pouvons te donner.
Le petit garçon profita un long moment de cette vie merveilleuse. S'il regrettait parfois ses parents et la douce brume de son pays, il était parfaitement heureux.
Or un jour, il s'approcha du puits. Il ne put s'empêcher de tendre la main vers la surface : tout disparut d'un coup, le château et les belles fées !
Le berger se retrouva dans le pré auprès de ses chèvres, il faisait le même temps brumeux qu'au jour de sa merveilleuse aventure. Le cercle des fées avait disparu. L'enfant se demanda alors si toute cette histoire n'était pas un rêve. Mais, après tout, il se rendit compte du bonheur qu'il éprouvait à se retrouver en compagnie des chèvres, dans ce pré où il pouvait rêvasser tout à loisir.

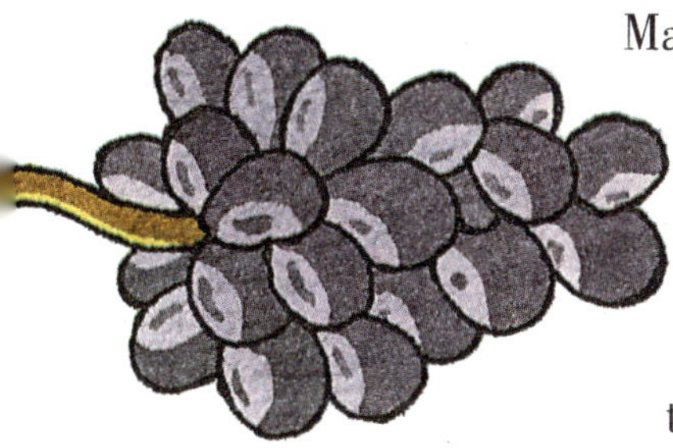

D'après un conte anglais.

30 juin

Le serpent arc-en-ciel

En ces temps, la sécheresse était si grande que rien ne poussait. Lacs et rivières étaient à sec. Les bêtes et les gens souffraient beaucoup de cette terrible chaleur. Un serpent, ému par ces plaintes, alla trouver le sorcier du village et lui révéla :
– Je peux vous venir en aide. Lance-moi seulement dans le ciel et tu verras.
– Mais tu vas retomber et te briser le dos, lui répondit le magicien, se méfiant de ce concurrent qui prétendait être plus habile que lui.
– Ne crains rien. Je m'accrocherai au ciel et gratterai un peu de pluie et de neige avec mes écailles. Car, en haut, il existe une prairie de glace.
– Tu es bien trop petit, reprit le sorcier.
– Je peux ramper d'un bout à l'autre de l'horizon.
Alors le sorcier le jeta le plus loin possible. Il comptait bien être ainsi débarrassé de ce prétentieux.
Il se produisit alors dans le ciel une chose extraordinaire : on vit le serpent se dérouler sur l'horizon, en une belle courbe qui rejoignait la terre des deux côtés. Son corps prit peu à peu de très belles couleurs : violet, indigo, bleu, vert, jaune, orangé, rouge. Des gouttes de pluie se mirent à tomber sur la terre et les gens du village, émerveillés, sautèrent de joie. Tout renaissait : on voyait de jeunes pousses germer dans les champs et les bêtes gambadaient de plaisir. Tout le monde célébra des jours durant le serpent arc-en-ciel, sauf, bien sûr, le sorcier.
Vous ne le croirez peut-être pas, mais c'est pourtant à partir de ce jour que l'arc-en-ciel apparut pour la première fois. Si vous le voyez, n'oubliez pas de penser au joli serpent qui rendit la vie à un village malheureux.

D'après un conte indien.

1er juillet

Chiquette la truie

Trois bonnes femmes bavardaient gaiement la veille du carnaval. La première déclara :
– Moi, pour Mardi gras, je mangerai mon coq.
– Moi, mon oie, renchérit la deuxième.
– Moi, ma truie, conclut la troisième.
Le coq, qui avait tout entendu, courut prévenir l'oie et la truie Chiquette, ses amies.
– Fuyons, vite, avant qu'il ne soit trop tard !
Les voilà partis tous les trois. En chemin, le coq, fatigué, s'arrêta et construisit une cabane en paille pour se reposer. L'oie fit de même. La truie, elle, partit édifier une maison en pierre à plusieurs kilomètres de là.
Quelques jours plus tard, le loup et le renard passèrent sur la route. Voyant la cabane du coq, le renard, mis en appétit, la défonça pour dévorer sa proie. L'oie, sa voisine, n'eut pas plus de chance.
– Si on allait rendre visite à la truie ? proposa le loup.
Mais la maison de Chiquette était tellement solide qu'ils ne parvinrent pas à la défoncer.
– Ohé ! Truie ! cria le renard en masquant sa voix. Je connais un champ rempli de patates pas très loin d'ici. Si tu sortais de ta cabane, tu pourrais en manger autant que tu le désirerais.
La truie, finaude, répondit :
– Il y a longtemps que j'en suis revenue, moi !
Le loup profita de la discussion pour entrer par la fenêtre.
Lorsqu'elle l'aperçut, Chiquette se plaça sur le pas de la porte et se mit à hurler :
– Ouah ! Ouah ! Ouah !
– Qu'est-ce que c'est ? demanda le loup terrorisé.
– Malheureux ! Les chiens du roi qui courent après toi ! Cache-toi vite là-dedans, s'exclama la truie en lui montrant la marmite.
Le loup s'y blottit, et la truie, en riant sous cape, prit un pot rempli d'eau et arrosa sa victime.
– Au secours ! Je ne sais pas nager, je vais me noyer ! cria le loup.
– Chut ! Tais-toi, chuchota Chiquette à son oreille. Ce sont les chiens du roi qui font pipi sur toi !

D'après un conte français.

2 juillet

La fille de la terre et le prince des mers

Une jeune fille d'une beauté extraordinaire vivait sur les rivages de la grande mer. Elle était fille de pêcheurs et avait l'habitude de se promener seule sur le rivage.
Un jour, elle vit surgir des flots un vieil homme barbu qui la saisit par la main et l'entraîna au fond de l'océan. Son ravisseur, le roi des mers, avait décidé de la prendre pour épouse. Mais son fils, en voyant la belle fille de la terre, en tomba éperdument amoureux. Il la demanda en mariage, et le roi des mers finit par céder. Le jeune couple vivait heureux, quand la fille de la terre tomba gravement malade : elle regrettait son pays natal. Le père avait provoqué cette maladie chez la jeune femme, pour se venger d'avoir été dédaigné. Le prince, voyant son épouse si malheureuse, lui permit de rendre visite à ses parents, à condition de revenir sur le rivage le soir même.
– Surtout, ne te laisse pas embrasser par les gens de la terre, lui demanda-t-il.
Mais la jeune fille était si heureuse de retrouver ses proches qu'elle sauta dans leurs bras et les embrassa longuement.
Aussitôt, elle oublia le prince et son séjour passé au fond de l'océan. Elle reprit son ancienne vie et rien ne serait venu troubler son repos si elle n'avait été dérangée, certaines nuits, par des plaintes et des appels émouvants.

Une nuit, elle entendit clairement une voix la supplier : elle reconnut son époux. Elle courut sur le rivage et le trouva qui gémissait parce qu'elle l'avait abandonné. Se précipitant dans ses bras, elle l'embrassa. Ils disparurent dans les flots.
La fille de la terre appartenait désormais au royaume des mers, où elle vécut très heureuse avec son mari.

D'après un conte breton.

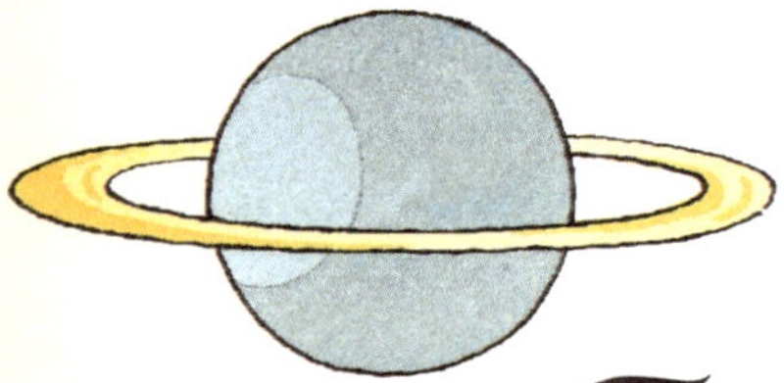

3 juillet

Trois compères dans la lune

Trois compères un peu simples d'esprit se mirent un jour en tête d'attraper la lune.
– J'aimerais bien l'avoir dans ma chaumière, dit l'un, car on n'y voit goutte.
– Montons sur cette colline, proposa un autre, nous décrocherons la lune et la partagerons entre nous trois.
Épuisés, ils atteignirent le sommet, mais, par malchance, la lune était allée se poser sur une autre hauteur !
– Rien à faire, décidèrent-ils en chœur. Il faut la suivre et la rattraper.
Sur l'autre colline, la lune ne les avait pas attendus non plus.
– Elle fait la fière, constatèrent-ils, nous serons toujours plus malins qu'elle.
Il semblait que la lune eut en tête d'aller vers la mer.
– J'ai trouvé, s'exclama l'un. Elle va prendre son bain de minuit ! Quand elle sortira de l'eau, nous la mettrons dans un sac.
La lune descendit jusqu'au rivage et se laissa glisser dans la mer. Seule la moitié de son disque blanc était visible.
– Nous allons compter jusqu'à trois et plonger. Ainsi, nous la rattraperons plus facilement, proposa le plus malin des compères.
Alors qu'ils nageaient vers la lune en tremblant de froid, la coquine s'en était déjà retourné dans le ciel. Quelle déception !
Nos compères n'avaient pas compris une chose pourtant très simple. Ce qu'ils avaient essayé d'attraper dans la mer, ce n'était pas la lune, mais simplement son reflet !

D'après un conte danois.

4 juillet

Le colibri et la cigogne

Il était une fois un fleuve si large qu'on ne pouvait en apercevoir l'autre rive. Un colibri et une cigogne se retrouvaient chaque jour près du fleuve.
Le colibri, très bavard, se vantait souvent de sa beauté et de la rapidité de son vol. Il pensait être admiré de tous.
La cigogne écoutait tranquillement parler son compagnon tout en se moquant gentiment de sa prétention.

Un jour, le colibri, qui avait le goût des compétitions, la défia :

– Dis-moi, cigogne, si nous faisions la course, toi et moi ? Traversons le fleuve.

– D'accord, répondit la cigogne. Mais pourras-tu atteindre l'autre côté ?

– Pour qui me prends-tu ? s'exclama le colibri vexé.

À vrai dire, il n'était pas si sûr de lui et craignait un peu cette traversée. La cigogne lui proposa de partir avant elle. Le colibri s'envola aussitôt dans les airs, plus rapide que l'éclair. La cigogne se prépara tranquillement à partir, déploya lentement ses grandes ailes et suivit son ami.

Le colibri, à la moitié de la course, se rendit compte qu'il était déjà bien fatigué. Il ne voyait pas trace de branche où se reposer un instant. Le soleil était brûlant et le pauvre colibri sentait sa tête tourner. Épuisé, il tomba à l'eau et se mit à flotter.

À ce moment, la cigogne arriva lentement.

– Que se passe-t-il donc ? demanda la cigogne.

– Je n'en peux plus. Je t'en prie, veux-tu me prendre un petit peu sur tes ailes ?

L'oiseau minuscule était tout honteux. La cigogne vint alors le cueillir délicatement et retourna avec lui sur la berge.

Le colibri apprit ainsi à ne plus se vanter de choses qui n'étaient pas à sa portée.

D'après un conte indien.

5 juillet

Le fils de la reine et le fils de la cuisinière

Il y a quelques siècles de cela vivait dans son grand palais une reine qui n'avait pas d'enfant.

Afin de conjurer ce mauvais sort, elle fit appel à une sorcière du pays. Celle-ci usa de ses pouvoirs pour donner un fils à la reine. Mais son intervention ne s'arrêta pas là, et elle donna aussi un fils à la cuisinière du château.

Les deux enfants devinrent bientôt les meilleurs amis du monde, jusqu'à ne plus pouvoir se séparer.

Cependant, la reine n'appréciait guère que son fils fréquente celui de la cuisinière, et décida d'envoyer ce dernier le plus loin possible du château.

Le jeune garçon erra longtemps dans une forêt totalement inconnue. Lorsque la nuit tomba, la peur et la solitude s'abattirent sur lui.

C'est alors qu'un serpent apparut au détour d'un chemin. Le reptile était blessé, et comme le garçon était d'une bonne nature, il pansa ses plaies avec un pan de sa chemise.

À sa grande surprise, le serpent se transforma aussitôt en une ravissante jeune fille qui lui indiqua la route du château.

Chemin faisant, le jeune garçon croisa un autre serpent. Celui-ci avait l'air dangereux : il ouvrit une gueule immense et avala tout cru le fils de la cuisinière.
Au château, le fils de la reine s'ennuyait de son ami, et partit à sa recherche.
Il arriva juste à temps pour le tirer d'affaire. Le serpent fut tué et les deux amis à nouveau réunis.
Le fils de la cuisinière put alors épouser la belle jeune fille rencontrée dans la forêt. Quant au fils de la reine, il ne resta pas seul : la jeune fille avait une sœur, qu'il épousa le même jour…

D'après un conte italien.

6 juillet

L'histoire du petit perroquet

Un commerçant possédait un gentil petit perroquet. Il l'avait installé dans une cage dorée et parlait souvent avec lui, car le perroquet savait le langage des hommes.
Un jour, le commerçant décida d'entreprendre un voyage dans un lointain pays.
– Perroquet, que veux-tu que je te rapporte de mon voyage ?
– Je n'ai besoin de rien. Mais dans le pays où tu vas, il y a une vallée avec de grands arbres. Dans un arbre plus haut que les autres, tu trouveras des perroquets. Ce sont mes frères. Je t'en prie, salue-les de ma part et demande-leur s'ils peuvent être heureux alors qu'un de leurs frères est enfermé dans une cage, même dorée.
Le commerçant, après avoir réglé ses affaires à l'étranger, avant de rentrer chez lui, se rendit à l'arbre aux perroquets. Il transmit le message de leur frère et attendit la réponse. Tous les perroquets tombèrent aussitôt raides morts sur le sol. Le commerçant, ému par cette hécatombe, pensa : « Ils ont été si bouleversés par le sort de mon perroquet qu'ils en sont morts. »
De retour chez lui, il n'osa pas annoncer la triste nouvelle à son perroquet. Finalement, il lui raconta ce qui s'était passé. Entendant cela, l'oiseau s'écroula.
Fort chagriné par le décès de son cher perroquet, le commerçant pensa : « Il n'a pas supporté d'avoir causé la mort de ses frères. »
Aussi prit-il son pauvre petit ami dans ses bras et le porta jusqu'au jardin pour l'enterrer. Mais là… le perroquet battit des ailes et s'envola.
Le commerçant comprit enfin que les perroquets avaient indiqué à leur frère le chemin de la liberté. Il ne fut donc pas fâché contre son perroquet, au contraire, il se réjouit de la nouvelle liberté de son ami.

D'après un conte persan.

7 juillet

L'île magique

Un pauvre pêcheur, pris dans une terrible tempête, fit naufrage sur une île inconnue. Il vit venir à lui un vieillard qui lui offrit un repas somptueux. Quelle surprise ! Le pêcheur avait beau manger et boire, son assiette et son verre restaient pleins. Il comprit alors qu'il se trouvait sur l'île de l'Abondance.

Lorsqu'il partit sur la mer avec ses filets, il revint avec une pêche miraculeuse. Pourtant, il pensait à sa femme et à ses enfants laissés chez lui, et regrettait de ne pouvoir partager avec eux toutes ces richesses. Il décida de rentrer dans son pays. Au moment de son départ, le vieillard lui confia :

– Je te donne un navire et plein de poissons. Surtout, n'en rapporte pas chez toi.

Le pêcheur s'en retourna donc, après avoir longuement salué le bon vieillard. Sur le chemin, il vendit beaucoup de poissons. Pourtant, comme par enchantement, ses paniers étaient toujours pleins. Il gagna très rapidement beaucoup d'argent. Mais il ne savait comment faire pour se débarrasser de sa pêche, car il voulait rentrer chez lui. Alors il décida de donner les poissons.

Dans le dernier panier, brillait un magnifique poisson d'or, si beau que le pêcheur voulut le rapporter chez lui. Mais sur la route du retour, une tempête se leva. Il pensa alors au vieillard et à sa recommandation. Il jeta le poisson d'or à la mer et aussitôt les flots s'apaisèrent. Le pêcheur put enfin retrouver sa famille, qui l'avait cru mort. Tous furent très heureux désormais et ils ne manquèrent jamais de rien. Le bon pêcheur, lorsqu'il partait en mer, avait toujours une petite pensée pour le bon génie de l'île merveilleuse qui avait fait son bonheur.

D'après un conte finlandais.

8 juillet

Le bassin d'or

Un père ne voulait donner sa fille en mariage qu'à celui qui lui rapporterait un bassin d'or qui, disait-on, transformait toutes les pièces de bronze en or. Cet objet miraculeux se trouvait dans un château reculé, au milieu de la forêt. Beaucoup de prétendants avaient tenté l'aventure et n'étaient jamais revenus.

Un jour arriva un jeune homme sans fortune qui tomba follement amoureux de la demoiselle, et lui promit de faire tout son possible pour rapporter le bassin d'or. Il arriva bientôt devant un château à l'aspect terrible.

Armé d'une lance, un nain gardait l'entrée principale. Son œil, fiché au beau milieu de son front, scrutait l'horizon. Le jeune homme se lança dans une danse endiablée, et voyant que ce spectacle faisait rire le nain aux larmes, il chanta aussi. Le gnome, n'en pouvant plus de rire, laissa tomber sa lance qui roula aux pieds du jeune homme. Sans plus attendre, celui-ci la lui planta dans le ventre.

Une fois dans la cour du château, un terrible dragon à trois têtes apparut. Le jeune homme sentit dans sa poche un morceau de pain de son déjeuner. Il y glissa un couteau acéré et lança le tout au monstre. Le dragon ne fit qu'une bouchée de ce repas et s'écroula en poussant d'affreux rugissements.

Le jeune homme se dirigea vers une immense pièce où se trouvait le bassin d'or. Sans s'attarder, il suivit l'oiseau bleu qui le reconduisit droit à la maison de la jeune fille.
Il offrit le bassin magique au père qui lui donna aussitôt la main de sa fille. Mais le bassin ne fournit jamais d'or, car il n'était pas destiné à un méchant homme. Le père mourut de chagrin, ce qui ne fâcha guère les jeunes époux.

D'après un conte breton.

9 juillet

Le mangeur de nuages

Un petit garçon était pressé de devenir un homme.
– Si tu veux être un homme, tu dois accomplir un exploit, lui conseilla sa grand-mère. Jamais personne n'a pu venir à bout du mangeur de nuages.
– Qui est-ce ? demanda le petit garçon, très intrigué.
– C'est lui qui empêche la pluie de tomber et rend les champs tout secs. Pour t'aider, je vais te donner trois pouvoirs magiques : tu pourras parler aux bêtes, devenir aussi petit que tu le souhaites et être plus fort qu'un géant grâce à ton arc.
Le petit garçon se mit en route. En chemin, il rencontra une taupe. Il lui demanda :
– Sais-tu comment je dois faire pour me rendre chez le mangeur de nuages ?
– C'est impossible, répondit-elle. Il tue le premier qui s'approche de lui.
– Laisse-moi rentrer chez toi et conduis-moi à lui par tes galeries.
La petite taupe était très heureuse de se rendre utile, car, d'ordinaire, on méprisait ses services. Le petit garçon, devenu minuscule, put la suivre très facilement. Ils marchèrent longtemps dans un labyrinthe de galeries avant d'arriver près du repère du mangeur de nuages. Il avait, ce jour-là, tant mangé de nuages, que son ventre était énorme, et qu'il s'était endormi très profondément.
Ils entendirent bientôt un bruit terrible. C'était le mangeur de nuages qui ronflait tellement fort que tous les murs des galeries vibraient.
Le petit garçon réussit à se placer juste au-dessous du cœur du géant et, tendant son arc de toutes ses forces, il lança la flèche. Aussitôt, on entendit un hurlement terrible. Le mangeur de nuages se débattait dans tous les sens. Les murs s'écroulèrent. La taupe avait juste eu le temps de creuser un trou et de traîner le petit garçon à l'air libre.
L'enfant se réveilla, encore tout étonné d'avoir triomphé du monstre. Des gouttes de pluie se mirent à tomber. Les champs et les prairies refleurirent aussitôt. C'est ainsi que le petit garçon devint un homme et que le pays ne connut plus jamais la sécheresse.

D'après un conte indien.

10 juillet

Le roi aux oreilles de cheval

Il était une fois un roi qui avait des oreilles de cheval. Il était très apprécié de ses sujets, mais ceux-ci ne comprenaient pas pourquoi, été comme hiver, il portait un bonnet de fourrure qui descendait sur ses oreilles.
Seul le barbier connaissait son secret, mais le roi lui avait fait jurer le silence. Un jour, n'y tenant plus, il creusa un trou dans le sol d'un marécage, mit sa tête à l'intérieur et hurla :
– Le roi a des oreilles de cheval !
Puis il reboucha le trou et s'en alla très satisfait.
Dans le trou, un beau roseau poussa et grandit.
Un jour, un musicien passa par le marécage, et voyant ce beau roseau, le coupa pour en faire une petite flûte. Il devait jouer des airs à la fête du village, que le roi honorerait de sa présence.
Le lendemain, le musicien commença à jouer avec entrain. Le roi entama la danse avec une jeune paysanne, mais il n'avait pas fait trois pas qu'il entendit très distinctement la flûte qui chantait au lieu de jouer de la musique. Elle disait :
– Le roi a des oreilles de cheval ! Le roi a des oreilles de cheval !
Le souverain, stupéfait, regarda autour de lui : tout le monde s'était arrêté de danser et le regardait bouche bée. Il entra alors dans une colère noire et s'apprêtait à battre le malheureux musicien, puis il réfléchit. Ce n'était pas un mauvais roi, et il éprouvait surtout une grande honte à voir son secret révélé aux yeux de tous. Aussi il décida d'épargner le musicien et retira son bonnet de fourrure.
– La chanson a raison, dit-il. À quoi bon cacher la vérité ?
Et tout le monde applaudit le roi de s'accepter tel qu'il était.

D'après un conte anglais.

11 juillet

La sorcière au nez de fer

Un pauvre bûcheron avait perdu sa femme. Il vivait seul avec ses dix enfants qui mouraient de faim. Tous les matins, il allait dans la forêt chercher quelque chose à manger, mais ne trouvait que des racines ou des baies.
Un matin, il aperçut au loin une petite lumière et s'en approcha. C'était une maisonnette, et par la fenêtre, le bûcheron découvrit une table chargée de viandes et de fruits. Il entra en criant :
– Il y a quelqu'un ?
La chaumière semblait inhabitée. Mais à l'entrée du pauvre homme, les viandes et les fruits disparurent, laissant place à un vilain chat noir.
Le bonhomme esquissa un pas vers la sortie, mais une vieille femme très laide avec un nez de fer lui barra le passage.

– Je suis la mère du diable, grogna-t-elle. Je ne te laisserai la vie sauve qu'à une condition : que tu m'épouses...
Le bûcheron manqua tomber à la renverse.
Puis il songea à ses enfants qui avaient faim et ne pouvaient se passer de lui, et il accepta.
Tous deux se mirent en route vers la maison du bonhomme. En chemin, la sorcière, toute contente d'avoir trouvé un mari, s'arrêta pour une petite sieste dans une clairière. Lorsqu'elle dormit, le bûcheron empoigna sa cognée et lui en donna un grand coup sur le nez. Puis il s'enfuit à toute vitesse. `
Le diable en personne se lança alors à sa poursuite.
– Viens ici que je t'attrape, scélérat ! Tu as voulu tuer ma mère ! Tu mourras d'une mort terrible !
À ces cris, les enfants du bûcheron accoururent, et voyant le diable arriver, ils crurent que leur père l'avait rapporté pour le manger.
– Chouette alors ! Un diable pour le souper !
À la vue de tant de bouches affamées, le diable prit pitié d'eux et s'enfuit en leur laissant la vie sauve.

D'après un conte hongrois.

12 juillet

Le fiancé de la sorcière

Une jeune et jolie fille n'avait aucun prétendant. On disait en effet dans le village que fille de sorcière, elle devait être sorcière elle-même.
Un jour arriva au village un jeune étranger qui, s'étant follement épris de la jeune fille, décida de l'épouser.
Tout le monde le mit en garde et le supplia de ne pas prendre un tel risque. Dévoré par sa passion, le jeune homme ne voulait rien entendre.
Il commença donc à courtiser la demoiselle et, chaque soir, passait quelques heures auprès d'elle et de sa mère. La jeune fille était charmante, pourtant quelques doutes envahirent peu à peu son soupirant : pourquoi la mère et la fille tenaient-elles absolument à ce qu'il parte toujours avant minuit ?
Aussi, un soir, il fit semblant de s'endormir profondément et se mit à ronfler. La jeune fille et sa mère tentèrent en vain de le réveiller. Pendant ce temps, il regardait ce qui se passait entre ses paupières mi-closes. Il constata avec stupeur que, aux alentours de minuit, les deux femmes se déshabillaient et se couvraient le corps d'une pommade noirâtre.

– Sur la feuille ! lancèrent-elles.

Se transformant aussitôt en chouettes, elles disparurent par la cheminée. Le jeune homme, curieux, quitta ses habits et s'enduisit le corps de pommade. Mais il dit :

– Sous la feuille !

Il se transforma en chouette à son tour, mais une fois dehors, il retomba lourdement parmi les ronces et les broussailles, et se blessa. Au chant du coq, il reprit forme humaine et, tout meurtri, s'enfuit bien vite chez lui. Jamais il ne revint, et la jeune sorcière ne trouva pas de mari.

D'après un conte belge.

13 juillet

Le prince et la sorcière

La moitié de son royaume ! C'est ce qu'offrit un jour un roi à celui qui retrouverait son fils, disparu en forêt. Une jeune paysanne, apprenant cette nouvelle, partit à sa recherche et marcha des jours durant. Enfin, elle arriva près d'une vilaine petite maison, et par la fenêtre, elle vit le prince profondément endormi. Elle se glissa à l'intérieur, mais se cacha bien vite sous le lit car elle entendit du bruit. Une hideuse sorcière entra et cria :

– Réveille-toi !

Le prince s'éveilla en sursaut.

– M'épouseras-tu enfin ? demanda-t-elle.

– Jamais de la vie, vieille sorcière ! répondit le prince très en colère.

D'un geste, la vieille rendormit le prince et s'en alla.

La jeune paysanne prononça à son tour : « Réveille-toi », et le prince fut tout surpris de voir un aussi beau visage. Ils tombèrent immédiatement amoureux l'un de l'autre et décidèrent de tromper la sorcière. La jeune paysanne dit au prince :

– Quand la sorcière reviendra, fais semblant d'accepter le mariage, mais demande à savoir comment elle se déplace.

Ainsi fut fait. La sorcière, embarrassée, avoua au prince :

– Ce lit peut me conduire où je veux. Il faut dire : « Mon petit lit, vole où je veux ! »

Et elle partit s'occuper des préparatifs du mariage.

La jeune fille grimpa alors sur le lit et le prince prononça la formule magique. Aussitôt, tous deux s'envolèrent très haut au-dessus de la forêt. Ils arrivèrent bientôt au château, et les fêtes de leur mariage durèrent des jours et des nuits.

D'après un conte danois.

souris s'enfuit bien vite par un passage ménagé derrière, et partit raconter son aventure. Elle avait eu bien peur, mais elle était toute fière.

Quant au hibou, il attendit longtemps la petite souris et comme il n'était pas très malin, il ne voulut pas s'éloigner du trou. À bout de forces, il finit par mourir, et la petite souris en fut bien contente.

D'après un conte indien.

15 juillet

Le pauvre tailleur

Il était une fois un pauvre tailleur qui se réjouissait : le maire de la ville se mariait et lui avait commandé une superbe redingote rouge cerise. Le tailleur passa toute une journée à couper les morceaux de soie et, le soir, il s'en alla acheter du cordonnet de soie rouge cerise pour faire les boutonnières. Lorsqu'il revint, il trouva son gros chat qui pourchassait de gentilles petites souris. Il se fâcha très fort et punit l'animal, puis il alla se coucher en rêvant de rouge cerise.

Mais le chat en voulait à son maître et cacha le cordonnet rouge. Le lendemain matin, le pauvre tailleur eut beau chercher celui-ci dans toute la maison, il ne le trouva pas. Il était trop pauvre pour pouvoir en acheter encore. Il se désola tant qu'il tomba malade et ne put même pas coudre la redingote. Les jours passaient, mais le pauvre tailleur n'arrivait même plus à se lever. Deux jours avant le mariage, il était si tourmenté qu'il fit des cauchemars pendant la nuit, en parlant de cordonnet, de redingote et de maire... Les petites souris l'entendirent et décidèrent de l'aider pour le remercier.

Elles passèrent toute la nuit à coudre les morceaux de tissu et à broder. Si bien qu'au matin, quand le tailleur se leva, il trouva sur la table une superbe redingote toute prête. Il ne restait que les boutonnières à faire. Et, à côté, en lettres

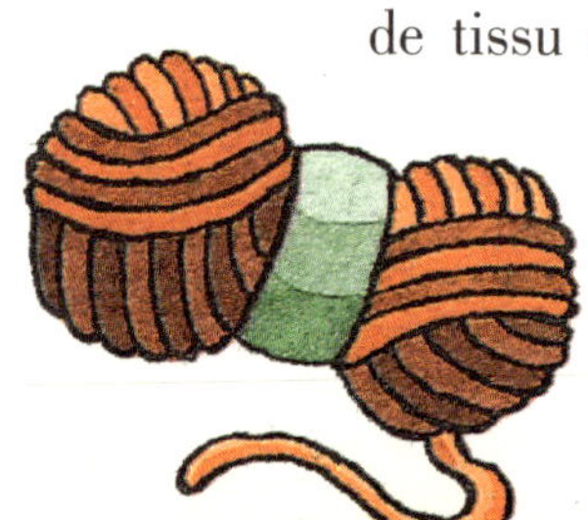

14 juillet

Le hibou vaniteux et la souris

Un hibou se demandait ce que pensaient de lui les autres animaux. Très vaniteux, il s'imaginait que tous les oiseaux le craignaient, car la nuit, il était le seul à chanter. Il criait bien fort pour les effrayer :

– Hou, hou !

Désirant se faire admirer, le hibou eut envie d'aller questionner les oiseaux à son sujet. Il descendit de son arbre, mais à peine les oiseaux l'avaient-ils aperçu qu'ils s'enfuirent bien vite. Le hibou en fut très flatté car cela prouvait qu'on le redoutait.

S'approchant d'un petit trou de souris, il vit un museau pointer.

– Que penses-tu de moi, petite souris ?

– Tu es le roi de la nuit, répondit la souris en tremblant.

– Répète-moi cela encore, dit le hibou enchanté par le compliment.

– Tu es le chef de tous les oiseaux, ronchonna encore la souris qui cachait difficilement son impatience, car elle n'aimait pas du tout le hibou.

Alors elle prit son courage à deux mains et hurla du fond de son trou :

– Tu n'es qu'un vilain hibou prétentieux !

Le hibou, fou de rage, se précipita sur le trou et commença à donner de furieux coups de bec pour atteindre l'insolente. Cependant, comme elle était maligne, la

minuscules sur un petit bout de papier : « Pas de cordonnet. »
Le gros chat avait vu les petites souris travailler pour aider son maître et s'était repenti de son mauvais tour. Il rendit alors le cordonnet au tailleur qui lui pardonna bien volontiers. Le tailleur acheva la redingote et la porta au maire, qui fut enchanté de son travail. Depuis ce jour, tous les gens riches de la ville commandèrent leurs vêtements au tailleur qui ne fut plus jamais pauvre. Et tous les soirs, il portait du fromage aux gentilles petites souris...

D'après un conte anglais.

16 juillet

La grue et le renard

Un jour, un renard se disait qu'il serait agréable de savoir voler. Vint à passer une grue qui se posa tout près de lui. Elle avait grand faim car, bien que le printemps soit arrivé, une mince couche de neige couvrait encore le sol. Le renard lui proposa alors :
– Je peux te donner à manger, mais, en échange, tu devras m'apprendre à voler.
La grue, toute heureuse de calmer sa faim, accepta.
Le renard prépara un délicieux potage qu'il apporta dans une assiette plate. Mais tandis qu'il lapait bruyamment la soupe, la grue n'eut que le temps d'en aspirer quelques gouttes. Elle avait compris le manège de son rusé compère, mais elle ne dit mot.
Le renard, très fier d'avoir trompé si facilement la grue, s'impatientait déjà de savoir voler. La grue le fit monter sur son dos et ils s'envolèrent bien haut dans le ciel. Un peu effrayé de se retrouver à une telle hauteur, le renard demanda alors :
– Je ne risque pas de tomber, n'est-ce pas ?
– Ne crains rien. À présent, je vais te laisser voler tout seul. Tu as mangé toute la soupe que tu devais partager avec moi, il est normal que je te laisse te débrouiller seul.
Et, d'un coup de reins, elle projeta le renard dans le vide. Le renard tomba comme une pierre, pour finir au fond d'une rivière. Tout trempé et fou de rage, il comprit alors qu'il avait trouvé plus rusé que lui. Il se jura bien de ne plus chercher à tromper qui que ce soit.

D'après un conte français.

17 juillet

Le chapeau magique et la boule de cristal

Autrefois, vivait au château du soleil une princesse ensorcelée par un méchant magicien. Un jeune homme qui traversait le pays entendit parler de cette histoire.
Il vit soudain passer devant lui un petit homme coiffé d'un grand chapeau. Le lutin déposa son couvre-chef au pied d'un chêne puis disparut. Intrigué, le garçon ramassa le chapeau et le mit sur sa tête. L'objet était magique et conduisait toute personne à l'endroit auquel elle pensait.
Comme il songeait au château du soleil, le jeune homme fut soudain emporté dans les airs et y parvint très rapi-

dement. Mais au lieu d'y trouver la belle princesse, il ne vit qu'une affreuse vieille, tout édentée.
– Ne t'effraye pas. Le méchant magicien m'a donné cette horrible apparence, mais je suis en vérité belle et jeune. Si tu veux me délivrer, il faut que tu combattes un terrible oiseau qui habite dans la montagne et que tu me rapportes sa boule de cristal. Cela me rendra beauté et jeunesse.
Le jeune homme partit à la recherche de l'oiseau, bien décidé à délivrer la princesse. Dans la montagne, il l'aperçut, juché sur son nid. Il était effrayant à voir. À l'aide de son chapeau magique, le jeune homme se mit à voler tout autour du nid. Il esquivait les coups de griffes de l'oiseau et le frappa pour qu'il chute de son nid.
Il déposa la boule de cristal aux pieds de la vieille femme. Délivrée de son enchantement, une princesse apparut alors, resplendissante. Le jeune homme en tomba immédiatement amoureux. Ils se marièrent et furent très heureux.

D'après un conte allemand.

18 juillet

Le sage et le sorcier

Un sage et un sorcier vivaient dans le même village. Ils se détestaient mais faisaient en sorte de ne jamais se rencontrer.
Le sorcier, jaloux du pouvoir du sage, avait décidé de le contrarier pour qu'il quitte le pays.
Il rassembla tous ses amis et organisa des fêtes qui duraient jusqu'à l'aube. Les pierres se transformaient en gibiers, volailles, rôtis, et le sable en boisson. Ils buvaient et riaient toute la nuit. Le matin, ils retournaient bruyamment chez eux en passant devant la maison du sage. Tous les soirs, ils recommençaient la fête.
Et tous les matins, ils longeaient la maison du sage en poussant des cris. Ils faisaient tout ce qu'ils pouvaient pour empêcher le sage de dormir. Un jour, le sage sortit :
– Vous avez le droit de vous amuser, de chanter et de danser. Mais je ne veux plus que vous passiez devant chez moi lorsque je prie. La prochaine fois, sorcier, tu ne pourras plus rentrer chez toi avant que le soleil n'atteigne le milieu du ciel.
Le sorcier se moqua éperdument des paroles du sage.
– Je suis sorcier. Et là où je me trouve, le soleil ne se lève jamais.
En disant cela, des flammes gigantesques sortaient de sa bouche. Le vieux sage lança alors son bâton en l'air, entre ciel et terre, puis grimpa tout là-haut comme si une échelle invisible s'était déployée.
Là, il s'assit et ne bougea plus. Le sorcier lui jeta une dernière flamme dans un bruit de tonnerre. Le vieux sage le regarda fixement, et le sorcier se figea comme une statue.
– Je t'avais prévenu. Tu devras attendre le milieu du jour pour pouvoir bouger.
À midi, le sage le délivra, et le sorcier se retira dans sa sombre caverne. Il avait perdu la partie et en était très vexé. Le sage alla le trouver pour que cesse leur querelle. Mais le sorcier n'était pas prêt à faire la paix. Avec un regard mauvais il dit au sage :
– Tu as dit la vérité, mais moi non plus, je n'ai pas menti. Là où je suis, le soleil ne se lève pas...

D'après un conte africain.

19 juillet

La princesse et la baguette magique

Un roi et une reine avaient une ravissante petite fille. Un jour, alors que la princesse se promenait en barque sur la mer, une terrible tempête se leva. La barque alla s'échouer sur une île habitée par des géants. Adoptée par la reine des géants, la princesse grandit dans leur cour.

Pendant ce temps, un jeune prince décida de partir à sa recherche. Il parcourut longtemps le vaste monde, et un jour, débarqua sur l'île des géants.

Un chant triste et doux l'attira derrière un rocher : c'était la princesse qui pleurait. Le prince tomba tout de suite amoureux de la jeune fille. Mais elle lui apprit qu'elle devait épouser le lendemain le fils de ses hôtes.

Pour prendre la fuite, la princesse décida de voler à la reine des géants sa baguette magique. Ils embarquèrent, et bientôt aperçurent les rivages de leur pays.

Mais découvrant la disparition de la princesse, la reine des géants entra dans une colère terrible et envoya son mari à la poursuite de leur fille adoptive. Le géant avait de si grandes jambes qu'il faisait sept lieues en un rien de temps. Il atteignit rapidement le rivage où les fugitifs étaient parvenus.

Lorsqu'elle le vit s'approcher, la princesse, d'un coup de baguette magique, transforma le prince en oranger et elle-même en abeille. Le géant ne les reconnut pas sous cette forme et rentra chez lui bredouille.

Le roi, se promenant sur le rivage, vint un jour cueillir une belle orange bien mûre sur l'arbre. Aussitôt, une branche se mit à saigner. Le roi appela alors son magicien qui, d'un coup de baguette magique, rendit forme humaine au prince et à la princesse. Sauvés du géant et de sa femme, ils purent alors se marier.

D'après un conte français.

20 juillet

Étoile d'or et oreilles d'âne

Un jour, une femme demanda à sa fille cadette d'aller laver le linge au ruisseau. Mais un drap échappa des mains de la jeune fille et fut emporté par le courant. La cadette courut le long de la berge, et apercevant une lavandière, elle lui demanda :

– N'avez-vous pas vu du linge passer ?

– Si, petite, répondit la bonne femme. Le voilà, je l'ai ramassé. Dis-moi, que vois-tu derrière mon oreille ?

– Je vois or et argent, madame.

La lavandière, qui était en réalité une fée, conduisit alors la jeune fille chez elle et la fit déjeuner. Puis, elle l'amena dans une chambre remplie de robes pour qu'elle s'en choisisse une. La jeune fille prit un tablier tout simple. La fée, la voyant si modeste, lui offrit une robe magnifique. Elle lui dit alors de rentrer chez elle avec ce présent et l'embrassa sur le front.

Au village, tout le monde l'admira et s'étonna : la cadette portait une étoile d'or sur le front. Sa mère en fut fort jalouse et, entendant le récit de ses aventures, elle décida d'envoyer sa fille aînée laver son linge au ruisseau.

Ayant laissé tomber un drap dans l'eau, la jeune fille rencontra la fée.
– Que vois-tu derrière mon oreille ?
– Je vois des poux.
Chez la fée, la jeune fille choisit une robe ravissante. La fée lui donna alors une robe déchirée. Très mécontente, la jeune fille rentra chez elle, et tout le monde se moqua d'elle car, à présent, elle avait des oreilles d'âne. Ainsi, on appela la fille cadette Étoile d'or, et l'aînée Oreilles d'âne.

D'après un conte français.

21 juillet

La voiture qui marchait toute seule

Un roi avait décidé de marier sa fille à celui qui fabriquerait une voiture qui marche toute seule. Trois frères voulurent tenter l'aventure. L'aîné partit donc pour la forêt. En chemin, il rencontra une petite vieille qui mangeait un croûton de pain.
– Que fais-tu là, de si bon matin ? lui demanda-t-il.
– Je prends mon déjeuner. Et toi, où vas-tu ?
– Je vais confectionner quelques fourches et râteaux avec le bois de la forêt.
– Fais donc fourches et râteaux.
Lorsque le jeune homme voulut couper du bois, il n'en sortit que des fourches et des râteaux ! De voiture, point.
Le deuxième frère partit à son tour, et croisant la petite vieille, il lui déclara :
– Je viens chercher des bâtons dans la forêt.
Et lorsqu'il se mit à couper du bois, le malheureux ne put en sortir que des bâtons.
Enfin, le cadet se rendit dans la forêt. Voyant le maigre déjeuner de la vieille, il sortit un peu de pain et de lait frais et les lui donna.
– Bien le merci, mon fils, dit la vieille. Et où vas-tu ainsi ?
– Le roi veut une voiture qui marche toute seule. Je souhaite épouser la fille du roi et c'est pourquoi je m'en vais couper du bois dans la forêt.
– Eh bien ! Que la voiture qui marche toute seule soit réalisée !
Au bout de quelques heures, l'engin était prêt. Le jeune homme grimpa dedans, et sans qu'il ait eu à commander la machine magique, il était arrivé au château à la vitesse de l'éclair. Le roi fut bien obligé de donner sa fille au vainqueur. On put fêter le mariage dans la joie générale...

D'après un conte français.

22 juillet

Le petit coq

Une méchante marâtre n'aimait pas le fils et la fille de son mari. Un jour, elle les envoya couper du bois. Le petit garçon acheva rapidement son travail et revint le premier.
– Ouvre le four pour voir si notre vieux coq est cuit, ordonna la marâtre.
Elle poussa alors le petit garçon dans le four et le laissa cuire. Quand la petite fille revint, elle demanda où était son frère. Sa mère lui dit qu'il était encore dans le bois. Puis elle lui proposa de manger un morceau de coq, mais quand la petite fille planta sa fourchette dans la viande, elle entendit :
– Ma sœur, je t'en prie, ne me tue pas !
Effrayée, elle ne toucha pas à la viande. La marâtre lui dit d'aller porter le coq cuit à son père, qui travaillait dans la forêt. En chemin, la petite fille rencontra une vieille femme qui était une fée.
Celle-ci lui confia :
– Tu ramasseras tous les os du coq que ton père jettera et tu les porteras sous cette aubépine que tu vois là. Puis tu passeras tous les jours à cet endroit et tu regarderas ce qui pousse.
Ainsi fut fait. Peu à peu, la petite fille vit sortir de terre tous les membres de son frère sous l'aubépine. Quand il fut entier, il se transforma en petit coq et revint de nuit devant la maison.
– Cocorico ! Ma belle-mère m'a tué, ma sœur m'a sauvé !
La marâtre, inquiète, sortit du logis. Le petit coq lui lança alors sur la tête une pierre qui la tua tout net. La petite fille accourut et reçut à ses pieds une belle bourse pleine d'or. Elle vécut heureuse en compagnie de son frère, le petit coq.

D'après un conte français.

23 juillet

Le voyage à la ville

Au temps jadis, les habitants d'un petit village décidèrent un jour de faire un tour à la capitale. Ils attelèrent un âne à une charrette, et les voilà partis. Ils cheminaient depuis un moment, lorsqu'ils vinrent à passer près d'un champ de lin tout bleu. Une petit brise faisait onduler les fleurs comme les vagues de la mer.
– Ce doit être ça, la grande mer salée ! Prenons un bain pour nous rafraîchir.
Les paysans se déshabillèrent et se jetèrent dans le champ de lin bleu. Ils étaient très contents de se retrouver dans la mer et nageaient joyeusement parmi

les herbes. Puis ils remontèrent en charrette, et en route pour la capitale !

Mais, durant leur baignade, l'âne avait changé de position et avait fait demi-tour, tournant le dos à la ville. Sans le savoir, les paysans s'en retournaient donc au village. Ils allaient bon train dans la joie générale. Au bout d'un moment, il leur sembla reconnaître le paysage. Ils arrivèrent en vue du village et se dirent :

– Ce n'est pas si beau que ça, la capitale ! On croirait notre campagne.

Dans le village, on s'empressait autour d'eux car on pensait qu'ils revenaient de la ville. Leurs femmes accoururent et leur sautèrent au cou pour les embrasser. Éberlués et ne les reconnaissant pas tout de suite, ils s'exclamèrent :

– Comme les femmes de la ville sont effrontées !

Enfin, ces paysans un peu nigauds se rendirent compte qu'ils étaient chez eux, et ils se promirent de ne plus chercher à connaître la capitale.

D'après un conte breton.

24 juillet

Le chevalier et les colombes

Un roi reçut chez lui un chevalier qui réussissait des tours d'adresse. Il était accompagné de douze hommes qui accomplissaient également des merveilles. Le roi pria alors le chevalier d'apprendre ce métier admirable à son fils unique.

– Laisse-le moi, répondit le chevalier. Dans un an, il sera instruit.

Au bout d'un an, tous revinrent au château. Le fils du roi était presque aussi adroit que les douze hommes. Alors le chevalier proposa au roi de garder son fils encore un an, afin de perfectionner son art.

– Je te le laisserai, répondit le roi, pourvu que tu me le rendes à cette date.

L'année écoulée, le jeune homme était le plus habile de tous, et seul le chevalier en personne le surpassait encore.

– Laisse-le moi encore un an, dit le chevalier au roi. Il sera alors aussi brave et adroit que moi-même.

Le roi accepta, mais cette fois, il oublia de demander qu'on lui rende son fils. Aussi, au bout d'un an, comme il ne voyait personne arriver, il se mit en route pour le château du chevalier. Après avoir longtemps marché, le manoir fut en vue. Son fils, très heureux de le revoir, lui ouvrit la porte et lui dit :

– Cette nuit, je vais me transformer en colombe avec les douze autres chevaliers. Si tu me reconnais parmi elles, je rentrerai avec toi.

La nuit venue, le roi se rendit dans une chambre où se trouvaient treize colombes. Toutes picoraient de l'avoine, sauf une, étendue sur le côté. Le roi la choisit.
– Tu as gagné ton fils, dit le chevalier.
Le roi partit alors avec son fils qui était devenu le meilleur aux tours d'adresse.

D'après un conte irlandais.

25 juillet

La vieille aux longues dents et le fils du roi

Un roi et une reine se lamentaient de n'avoir pas d'enfant. Le roi décida de prendre conseil auprès d'une sorcière. Comme il s'était mis en route, il se trouva soudain encerclé par un océan d'eau. Il vit venir à lui une petite vieille qui lui dit :
– Je t'aiderai à sortir d'ici si tu me donnes ton fils quand il aura vingt et un ans. Si tu acceptes, tu auras bientôt un héritier.
Le roi fut d'accord, et la vieille femme fit apparaître un bateau. Elle s'arracha deux dents qu'elle avait très longues et en fit des rames. Le roi arriva chez lui, sain et sauf, tout étonné de son aventure. Peu de temps après, il eut un fils.
Lorsqu'on prépara la fête du vingt et unième anniversaire du prince, le roi était si malheureux qu'il décida de ne pas respecter sa promesse. Il appela le fils de la cuisinière et lui ordonna de se rendre à la place du prince chez la sorcière.
Quand elle le vit arriver, la vieille lui demanda :
– Dis-moi, que fait ta mère en ce moment ?
– Elle prépare le dîner du roi, madame.
– Tu n'es donc pas le prince !
D'un coup de baguette magique, la vieille transforma le malheureux en une grosse pierre et réclama son dû. Le monarque dut alors se résigner.

À la question habituelle, le jeune homme répondit :
– Ma mère est en train de pleurer.
La vieille, satisfaite, lui donna des épreuves très difficiles à accomplir. S'il en sortait victorieux, elle lui donnerait sa fille en mariage. La jeune fille lui vint en aide en cachette, ils purent se marier et vivre très heureux au château du roi.

D'après un conte islandais.

26 juillet

La bouteille d'élixir de jeunesse

Un roi se désolait de vieillir et de voir les rides envahir son visage. Il avait trois fils, et un jour fit venir l'aîné.
– Va au pays du géant qui habite par-delà les mers, lui dit-il. Tu me rapporteras une bouteille de cette eau qui fait rajeunir.
L'aîné partit sur un fier vaisseau et aborda bientôt au pays du géant. Comme il n'était guère poli, il ne pensa

pas à aller saluer le maître du pays. Celui-ci, très mécontent, retint le bateau dans son port et empêcha le prince de quitter son bord. Quelque temps après, le roi, sans nouvelles de son aîné, envoya son deuxième fils, à qui il lui arriva la même mésaventure. Alors, le roi, ne voyant revenir personne, appela le cadet. Il ne l'aimait pas beaucoup, car il était petit et maigre. Il se décida pourtant à l'envoyer au pays du géant. Très poliment, le jeune prince alla saluer son hôte. Il fut très bien reçu et put ainsi obtenir une petite bouteille de l'eau miraculeuse. Sur le point de partir, il supplia le géant de libérer ses deux frères. Le géant appréciait tellement la délicatesse du jeune homme qu'il accepta.
Pendant le voyage du retour, les aînés jetèrent le cadet dans un puits profond.
– Notre frère est mort, père, annoncèrent-ils au roi. Et, hélas, nous n'avons pu rapporter la bouteille !
Le roi se désolait de son sort quand son plus jeune fils arriva. Dans leur hâte, ses frères avaient oublié une corde dans le puits ! Le roi, ravi d'avoir la précieuse bouteille d'élixir de jeunesse, remercia son fils cadet et punit les aînés de leur méchanceté.

D'après un conte breton.

27 juillet

Le jeune homme qui monta au ciel

Un couple de paysans n'avait qu'un fils. Ils étaient assez riches car ils avaient un champ qui donnait les plus belles pommes de terre du pays. Or, plusieurs nuits de suite, on leur vola des pommes de terre dans le champ. Le fils des paysans monta la garde pour attraper les voleurs. Une nuit, il vit arriver de belles jeunes filles resplendissantes comme de l'argent. Elles étaient si ravissantes que le jeune homme en oublia les pommes de terre et voulut retenir une des belles demoiselles. Les autres s'élevèrent aussitôt dans le ciel : c'étaient des étoiles.
La jeune fille était bien malheureuse d'être restée sur terre. Elle eut beau supplier, rien n'y fit. Le jeune homme, très amoureux, l'obligea à vivre avec lui en l'enfermant dans sa petite cabane. Un jour que le fils des paysans était parti faire une course, elle réussit à s'enfuir et rejoignit ses sœurs dans le ciel.
Désespéré, le jeune homme pleurait, quand un énorme condor se posa devant lui.
– Je t'emmène au pays des étoiles retrouver celle que tu aimes.
Le voyage dura très longtemps, et le jeune homme était bien fatigué en arrivant au pays des étoiles. La jeune femme fut un peu contrariée de le revoir. Elle le logea cependant dans une petite grotte où, pendant un an, elle lui apporta à manger. Un jour, elle lui dit :
– Maintenant, je vais épouser un habitant du ciel. Ne cherche pas à me suivre.
Le jeune homme comprit alors qu'il avait perdu sa belle étoile, à tout jamais. Le cœur brisé, il appela l'oiseau pour qu'il le ramène à terre. Le voyage dura si longtemps que, lorsqu'il arriva chez lui, ses parents étaient très vieux. Il ne put jamais oublier son étoile, perdue au beau milieu du ciel.

D'après un conte indien.

28 juillet

La princesse orgueilleuse et le malin petit tailleur

Une princesse très orgueilleuse, pour se débarrasser de ses prétendants, leur posait des devinettes impossibles à résoudre. Elle demanda un jour à trois jeunes gens de quelle matière était faite la lune. Comme personne ne répondit, ils furent chassés à coups de fourche par le palefrenier du château.

Une autre fois, elle décida qu'elle épouserait un peintre. À lui de faire les portraits de toute la famille. On fit venir des peintres, mais aucun ne peignait assez bien au goût de la princesse. La princesse décida alors d'épouser un tailleur, pour être la plus élégante. Mais elle voulait aussi que son mari soit spirituel. Elle annonça publiquement qu'elle épouserait celui qui trouverait la solution de sa dernière devinette, la plus difficile. Trois tailleurs vinrent se présenter. Les deux premiers, très fiers de leur talent, étaient assurés de gagner. Le troisième ne comptait que sur sa chance.

La princesse leur demanda :

– De quelle couleur sont mes cheveux ?

– Ils sont noir et blanc, comme le tissu du costume du duc, répondit le premier.

– Mauvaise réponse. Qu'en dit le deuxième ?

– Ils sont bruns et roux, comme l'habit de fête de mon père.

C'était encore une mauvaise réponse. Le troisième dit alors :

– La princesse porte une coiffure d'argent et d'or.

La princesse, stupéfaite, décida d'inventer une nouvelle épreuve.

– Puisque tu es malin, tu vas passer la nuit avec mon ours dans sa cage. Nous verrons si tu t'en sors aussi bien. Si tu es encore vivant demain, je t'épouserai.

Le soir venu, le petit tailleur se retrouva avec l'ours dans la cage. L'animal commençait à grogner et à sortir ses griffes, quand le tailleur eut une idée. Il sortit son violon et joua un air très gai. L'ours se mit alors à danser et il était si content qu'il se prit d'amitié pour le tailleur.

Le lendemain matin, la princesse fut bien obligée de reconnaître le talent du tailleur et l'épousa finalement de fort bonne grâce.

D'après Grimm.

29 juillet

Les fées et le géant

Il était une fois, dans un pays enchanté, une vallée où vivait une multitude de fées. Tous les habitants du village les estimaient beaucoup pour leur gentillesse.

Or, un jour, un cruel géant vint s'installer au-dessus de la vallée, dans la montagne. Le monstre s'attaqua ainsi aux fées et en mangea beaucoup. Un vaillant petit garçon, très attristé de ne plus entendre le chant des fées, décida de supprimer le géant. Il était l'ami d'une vieille chouette, très sage et savante, et, ensemble, ils échafaudèrent un plan pour se débarrasser de ce terrible ennemi.

Chaque nuit, le géant allait courtiser une méchante sorcière dont il était amoureux. Ils se rencontraient sous un grand pommier et ne se méfiaient alors de rien, tant ils

étaient épris. Avec la complicité des oiseaux, qui craignaient aussi le géant, la chouette installa un arc et une flèche sur une branche du pommier.

Lorsque le géant arriva, la sorcière n'était pas encore là. Il s'endormit tranquillement. Profitant de ce sommeil, la chouette décocha une flèche qui tua net le géant. La sorcière arriva peu après et, s'étonnant de ce malheur, se vit cernée par les oiseaux, qui la mirent en pièces. Avant de mourir, elle eut le temps de prononcer une malédiction :

– Les pommes de cette forêt feront grincer des dents à tous ceux qui en mangeront !

Mais le pays, désormais délivré du géant, put retrouver la paix. Les fées organisèrent une grande fête où le petit garçon, la chouette et les oiseaux étaient les invités d'honneur. Ils vinrent avec tous leurs amis, et rièrent jusqu'à l'aube. Pour conjurer le sort jeté par la sorcière, les fées prononcèrent des formules magiques. Mais la sorcière était puissante, et elles ne purent qu'adoucir la malédiction : elles ajoutèrent une goutte de sucre dans chaque pomme de la forêt. Il n'y eut pas alors de vallée plus gaie et heureuse. Mais, depuis ce temps, les fruits des pommiers sauvages sont un peu aigres.

D'après un conte anglais.

30 juillet

La citrouille

Une vieille femme se lamentait de n'avoir pas eu d'enfant et disait :

– Même si ce devait être une citrouille, je l'aimerais tendrement.

Quelle ne fut pas sa surprise de trouver un matin une jolie petite citrouille sur le pas de sa porte ! Elle l'ausculta dans tous les sens, la tourna, la retourna et, fidèle à son vœu, remercia les forces de la nature qui avaient exaucé son souhait. Elle prit bien soin de cet étrange cadeau et, bientôt, la citrouille se mit à gambader gaiement dans le jardin. Alors, la vieille décida d'envoyer sa fille à l'école pour qu'elle puisse jouer avec ses petits camarades.

Un jour, un jeune prince passa près de l'école et aperçut la citrouille. Il fut un peu surpris de voir une citrouille qui se promenait toute seule, quand, tout à coup, une très belle jeune fille en sortit, cueillit une grappe de raisin, la mangea et rentra tranquillement à l'intérieur de sa citrouille.

Le prince était tombé très amoureux de la jeune fille. Le lendemain, il revint l'épier. Alors que la jeune fille cueillait une grappe, une bague glissa de son petit doigt. Le prince la ramassa puis s'enfuit.

Il fit alors savoir dans le pays qu'il épouserait la jeune fille qui pourrait porter cette bague au petit doigt. Les recherches furent très longues.
Un jour, alors qu'ils désespéraient de trouver la jeune fille mystérieuse, les gens du palais arrivèrent à la maison de la petite vieille.
– J'ai bien une fille, leur dit la vieille, mais c'est une citrouille.
Les gens du palais ricanèrent. Mais ils virent une main de jeune fille sortir de la citrouille. Il n'y avait pas de doute : c'était bien là le petit doigt tant recherché.
On apprit que le prince allait épouser une citrouille et cela fit bien rire. Mais quelle surprise ! Le jour du mariage, une jeune fille d'une beauté à nulle autre pareille sortit de la citrouille, et tout le monde put alors admirer les heureux époux.

D'après un conte persan.

31 juillet

L'histoire du grand lézard

Un jour, dans une belle île, une femme aperçut sur le sable un gros œuf. Elle le ramassa pour le faire admirer à son mari et à ses deux enfants, car elle n'en avait jamais vu de cette taille. Toute la famille fut très impressionnée par cette curiosité. Le lendemain, on entendit un grand bruit, et un énorme lézard brisa la coquille. D'abord, ils eurent très peur, ils crurent qu'il s'agissait d'un monstre prêt à les dévorer. Mais, très vite, il fut aimé de tous car il était très doux et jouait volontiers avec les enfants. Le lézard grandit rapidement et prit bientôt beaucoup de place dans la grotte. Il fallait aussi lui donner à manger : il avait bon appétit. C'était hélas un temps de famine, et un jour, les parents durent partir dans la montagne chercher des fruits. Ils laissèrent le lézard dans la grotte et lui dirent de veiller sur les enfants. Durant l'absence des parents, les petits jouèrent avec leur ami le lézard, puis commencèrent à se plaindre de la faim. L'animal aussi était affamé, mais il n'y avait plus rien à manger.
Au bout de deux jours, les parents revinrent avec la nourriture tant attendue.

Mais quand ils arrivèrent dans la grotte en brandissant leurs victuailles à bout de bras, heureux du festin qu'elles annonçaient, ils s'inquiétèrent de ne pas trouver les enfants.
Il n'y avait que le lézard, assoupi sur le sol, et qui ronflait bruyamment. Alors les parents comprirent que le lézard avait mangé les enfants, tant sa faim était grande. Fous de douleur, ils lancèrent des pierres sur l'animal, qui prit la fuite. Ils se lancèrent à sa poursuite dans une course effrénée. Le lézard gravit la montagne et arriva bientôt à son sommet. Les parents étaient encore loin derrière, mais le lézard avait si peur qu'il se sentit piégé et il se jeta dans le vide.
Depuis lors, on peut voir sur un rocher, près du rivage, les empreintes immenses laissées par le lézard. Les parents, malheureux, ne passent jamais à cet endroit car c'est pour eux un bien pénible souvenir.

D'après un conte tahitien.

1er août

La petite souris et le grand lama

Au cœur des montagnes de l'Himalaya, sur le toit du monde, vivait un grand lama. Par une nuit d'hiver, il trouva devant sa porte une petite souris à demi morte de froid. Il la réchauffa de son souffle, la nourrit et la garda auprès de lui.

Pourtant la souris n'avait pas l'air satisfait.

– Tu n'es pas heureuse, ici, s'inquiéta le sage.

– Oh ! grand lama ! Tu es très bon pour moi. Mais il y a le chat...

– Mais il ne ferait pas de mal à une souris !

– C'est possible, mais il me fait peur. Je t'en prie, grand lama ! Transforme-moi en chat ! Ainsi, il ne m'effrayera plus.

Le sage hocha la tête. Cela ne lui paraissait pas une très bonne idée. Il exauça néanmoins son souhait.

Le lendemain, la petite souris, devenue un gros chat, vint se plaindre auprès du lama.

– Que t'arrive-t-il, petite sœur ?

– C'est un gros chien qui a tenté de me mordre.

– Voudrais-tu devenir chien ?

La petite souris approuva. Une fois de plus, le sage accomplit le miracle.

Mais le jour suivant, la petite souris transformée en chien revint trouver le lama.

– Je parie, dit-il, qu'un mauvais tigre t'a fait peur. À présent, tu veux que je te transforme en tigre.

Il avait deviné juste. Aussitôt la petite souris devint un gros tigre.

Quel ne fut pas l'étonnement du sage lorsqu'il vit revenir sa compagne pour la quatrième fois !

– Quelle bête effroyable as-tu rencontrée, cette fois-ci ?

La petite souris métamorphosée en tigre, un peu honteuse, bégaya :

– Un chat !

Le lama ne put s'empêcher de rire.

– Tu vois, petite sœur, l'apparence n'est rien ! Celui qui, comme toi, possède un cœur de petite souris doit également posséder un corps de petite souris !

D'après un conte tibétain.

2 août

Le chat persan

Un pauvre garçon était aide cuisinier chez un commerçant très riche. Le cuisinier était méchant avec lui et ne le laissait jamais tranquille.

Un jour, il glissa des souris dans sa chambre. Le garçon, terrifié, courut acheter sur le marché un beau chat persan. Le félin mangea toutes les souris.

Chaque année, un marin venait rendre visite au commerçant et rassemblait toutes les choses que les gens de la maison voulaient vendre. Il partait ensuite dans les lointains pays d'outre-mer et, l'année suivante, revenait avec l'argent gagné sur les objets vendus. Cette année-là, le jeune garçon, qui n'était pas riche, n'avait que son chat à offrir.

Le cœur brisé, il l'apporta pourtant au marin. Mais il en fut si malheureux qu'il courut acheter un autre chat persan, frère du premier.

L'année s'étant écoulée, le marin revint. Il distribua l'argent entre tous les gens de la maison. Le jeune garçon attendait dans son coin et n'osait pas demander ce qu'il était advenu de son chat. Le marin s'approcha alors de lui et lui tendit une bourse rempli de pièces d'or : tout le monde s'en étonna. Le marin raconta alors :

– Un jour, nous avons abordé une île infestée par les souris. Le roi qui nous reçut en était très contrarié. Je lui ai présenté le chat persan. Aussitôt arrivé, le chat courut à la poursuite des souris et les chassa si bien qu'elles disparurent. Le roi a récompensé le propriétaire du chat avec ce trésor.

Le pauvre garçon, tout étonné, fut très fier de son chat. Il était devenu tout d'un coup bien plus riche que le commerçant. Comme il était tendrement amoureux de la fille du commerçant, il demanda sa main. Les deux jeunes mariés achetèrent un nouveau commerce et vécurent très heureux, entourés de nombreux chats.

D'après un conte persan.

3 août

Le renard et le loup

Deux compères, un loup et un renard, volèrent un jour un grand pot de beurre. Ils s'en allèrent le cacher dans une cabane assez loin de leur repaire, désirant le conserver pour l'hiver. À partir de ce jour, le renard prit la curieuse habitude de se rendre aux baptêmes de ses neveux.

L'hiver venu, les deux amis allèrent chercher le pot de beurre. Il était presque vide ! Le loup accusa alors le renard d'avoir mangé le beurre sous prétexte de se rendre à des baptêmes.

– Faisons un somme, proposa le renard. Celui qui aura la patte pleine de beurre au réveil sera le coupable.

Durant le sommeil du loup, le renard racla le pot de beurre et couvrit la patte de son compère avec le peu qui restait. Le loup ne put ainsi confondre son ami, bien qu'il se sut innocent.

Le lendemain, le renard dit au loup qu'il y avait une grande fête au village, et qu'ils pourraient manger tout leur content en se faufilant par un trou creusé dans la cave de l'auberge. Le renard prit soin de sortir de la cave avant d'avoir le ventre trop gonflé. Mais le loup, qui avait dévoré comme un glouton, se trouva prisonnier. Il reçut de grands coups de bâton de l'aubergiste et rentra chez lui tout penaud.

Le méchant renard avait ainsi profité jusqu'au bout de la bêtise de son compagnon.

D'après un conte français.

4 août

Le perdreau

Une perdrix couvait ses œufs depuis plusieurs jours. Affamée, elle se dit : « Je vais aller chercher à manger pour moi et mes petits qui vont naître. Je reviendrai vite, je me rends à la vallée toute proche. »

Les œufs abandonnés restèrent seuls. Tout à coup, un œuf se brisa et un petit perdreau en sortit. Il regarda de tous côtés mais ne trouva pas sa mère. Il décida de partir à sa recherche et sauta hors du nid.

Dans les hautes montagnes, il rencontra un lama à la laine fine et douce.

– Est-ce que vous êtes ma maman ? demanda-t-il.

Le lama ne prit même pas la peine de répondre. Plus loin, le perdreau rencontra un condor aux ailes immenses, qui planait élégamment dans le ciel.

– Est-ce que vous êtes ma maman ? hasarda-t-il.

– Imagines-tu que, moi, je pourrais être ta mère ? répondit le condor.

Le perdreau descendit alors dans la vallée. Sur la route, il vit un être fantastique, en métal, avec quatre roues. C'était un camion qui s'était arrêté. Un peu étonné mais plein d'espoir, le petit perdreau sauta dans le camion et cria :

– Me voici, maman !

Le camion se mit brusquement à rouler, et le perdreau, fort effrayé, ne put plus descendre. Il eut beau appeler, l'étrange machine ne s'arrêtait pas. Après un long parcours, le camion fit enfin halte, juste là où se trouvait le nid du perdreau. L'oisillon descendit en hâte et se dirigea vers le nid d'où il était sorti et qu'il avait reconnu. Sa mère courut vers lui, et le petit perdreau, ravi, se blottit contre le fin plumage de sa maman.

D'après un conte indien.

5 août

L'ambitieux

Un pauvre paysan ramassait du bois dans la forêt pour nourrir sa famille. Chaque jour, il allait à la foire vendre ses petits fagots.
Un jour, alors qu'il rentrait à la tombée de la nuit, il vit dans une clairière une silhouette vêtue de blanc. Surmontant son effroi, il s'en approcha : c'était une fée.
– Bonsoir, brave homme, dit-elle, d'où viens-tu si tard ?
– De ramasser des fagots dans la forêt.
– Serais-tu content d'être riche ? demanda la fée.
– Oh ! je me contenterais de peu ! Ne plus craindre la faim ni redouter l'hiver.
– Si je remplissais d'or ce que tu tiens à la main, dit la fée, en montrant le petit pot qui servait au paysan à porter sa soupe, serais-tu comblé ?
– Oh ! bien sûr !
Le pauvre paysan défit précipitamment le couvercle et vit que son petit pot était plein de pièces d'or. Tout d'abord, il fut ébloui par cette fortune inattendue. Puis il pensa : « Si j'avais eu un pot plus grand, la fée l'aurait rempli facilement. »
– Je vous remercie, dit le paysan, mais ce pot est bien petit, et dans peu de temps, il sera vide. Attendez-moi ici, je vais chercher un pot plus grand.
Le paysan courut jusqu'à chez lui et revint aussi vite qu'il le put. Durant sa course, il ne pensait qu'aux pièces d'or qu'un grand pot pourrait contenir.
Mais, quand il arriva à la clairière, la fée avait disparu. Il ne restait plus, sur le sol moussu, que le petit pot. Le paysan s'en empara avec avidité. Mais au lieu d'y trouver des pièces d'or, il n'y vit qu'un reste de soupe. Par ambition, il avait perdu ce que la fée lui avait d'abord donné.

D'après un conte breton.

6 août

L'anneau magique

Une princesse et un paysan fort pauvre s'aimaient tendrement. Le roi, père de la jeune fille, était opposé à leur union.
Un jour, alors qu'il chassait, le pauvre paysan épargna la vie d'un jeune renard. Celui-ci, pour le remercier, glissa à son doigt un anneau magique.
– Si tu tournes cet anneau vers la droite, dit le renard, tu deviendras aussi grand qu'une colline ; vers la gauche, tu deviendras aussi petit qu'une puce.
Or il advint que, peu de temps après, un énorme dragon écumant menaça de détruire le royaume. Ne sachant plus que faire, le souverain promit la main de sa fille à qui serait vainqueur du dragon. Le pauvre paysan accepta le marché.
Á la tombée de la nuit, il arriva devant la caverne du dragon et y pénétra. Á peine avait-il fait quelques pas, qu'un énorme filet s'abattit sur lui.
– Tu es mon prisonnier, cria le dragon, tu ne pourras pas t'échapper !

En effet, un homme n'aurait jamais pu sortir par les mailles du filet, mais une puce, elle, le pouvait facilement. Aussi, le jeune paysan tourna son anneau vers la gauche et il devint si minuscule qu'il put s'échapper sans difficulté. Le dragon, fou de colère, le vit s'enfuir hors de la caverne. Il le suivit, les joues gonflées, prêt à cracher ses flammes. Le pauvre paysan tourna alors l'anneau vers la droite et devint aussi grand qu'une colline. À l'instant même où le dragon cracha son feu, le paysan souffla aussi fort que ses poumons de géant le lui permettaient. Et les flammes, poussées en sens contraire, brûlèrent le monstre.
Depuis ce jour, le paysan a épousé la princesse. Ils vivent heureux parmi leurs nombreux enfants.

D'après un conte anglais.

7 août

L'avare

Un homme très avare se fit inviter par ses voisins à une promenade. Ils partirent de bon matin, et à l'heure du déjeuner, chacun sortit de son sac ce qu'il avait apporté. Bien sûr, l'avare n'avait pris aucune nourriture et chacun dut lui céder une part de son repas. En fin d'après-midi, alors qu'ils suivaient le chemin du retour, ils virent un lac magnifique. Tous eurent envie de s'y baigner. Ils jouèrent et chahutèrent tant et tant, que, fatigués, ils regagnèrent la rive. Tous, sauf l'avare, qui comptait bien profiter le plus possible de ce bain gratuit. En regagnant la rive, il fut saisi d'une crampe. Il n'eut que le temps d'appeler avant de couler à pic. Tous se précipitèrent à son aide.
– Donne-nous ta main ! Donne-nous ta main ! criaient-ils.
Mais l'avare ne donnait pas sa main. Chaque fois qu'il remontait à la surface, il poussait des petits cris de détresse. Et chaque fois ses voisins s'égosillaient :
– Donne-nous ta main !
Mais l'avare ne donnait toujours pas sa main.
Tout à coup, le voisin qui connaissait le mieux l'avare se faufila parmi ses compagnons, s'agenouilla sur la rive et tendit la main.
– Prends ma main, dit-il, prends ma main ! Je te la donne.
Alors l'avare s'y agrippa et remonta sur la rive.
– Te rends-tu compte que ton avarice a failli te faire mourir ? dit le voisin qui lui avait tendu la main. Quand nous t'avons crié : « Donne ta main », tu n'as pas pu la tendre, tant tu es habitué à ne rien donner.
L'avare reconnut le bon sens de ces paroles. Depuis ce jour, il combat son défaut.

D'après un conte turc.

8 août

L'enfant qui voulait être Dieu

Le seigneur d'un village avait un fils qui ne voulait rien faire. L'enfant était si méchant, si paresseux, si autoritaire, qu'on ne pouvait rien en tirer. Aussi l'avait-on confié au sage du village pour essayer de le corriger.
– Je ne veux pas travailler, disait l'enfant, je veux être roi ; le roi ne fait rien.
Le sage lui apprit alors que le roi était plus occupé qu'un paysan. Pour gouverner son royaume, il ne travaillait pas vingt-quatre heures, mais quarante-huit.
– Soit, dit l'enfant, je veux être Dieu ; Dieu, lui, ne fait rien.
Le sage essaya de lui faire comprendre que Dieu était

encore plus occupé que le roi, puisqu'il gouvernait le monde entier.
Mais l'enfant était entêté. Il avait décidé d'être Dieu et il le serait.
Le lendemain après-midi, le sage emmena l'enfant en promenade. Alors qu'ils cheminaient, ils rencontrèrent une gardeuse d'oies :
– Gentilshommes, pourriez-vous me garder mes oies ? leur demanda-t-elle. Il y a fête au village et j'aimerais aller danser.
– Á qui sont ces oies ? demanda le sage.
– C'est aujourd'hui dimanche, ce sont donc les oies de Dieu, dit la jeune fille. Et elle partit danser.
– Mon enfant, dit le sage, tu as entendu les paroles de la gardeuse d'oies. Puisque tu es Dieu, c'est à toi de les garder. Que pouvait répondre l'enfant ? Il fit la grimace et courut après les oies tout l'après-midi ; mais le soir, il jura qu'on ne le reprendrait plus à vouloir être Dieu.

D'après un conte autrichien.

9 août

La Belle et la Bête

Un père aimait passionnément sa fille. Un jour, en revenant de la foire, il lui cueillit une rose. Il avait à peine senti le doux parfum de la fleur, qu'une bête horrible sortit du rosier et lui dit :

– Tu as cueilli la reine des roses, cela te coûtera la vie.
– Pitié ! la Bête, répondit le père, cette rose est pour ma fille qui est si belle !
– Alors donne-moi ta fille, dit la Bête, et je te laisserai la vie sauve.
Rentré chez lui, le père pleura et raconta tout à sa fille. Elle aimait si tendrement son père qu'elle décida d'aller trouver la Bête. Le soir venu, elle se dirigea vers le rosier. Dès que l'arbre la vit, il déploya ses branches et l'emprisonna. De terreur, elle s'évanouit. Quand elle revint à elle, elle se trouvait dans un palais magnifique.
– Assieds-toi, dit le monstre. Je suis la Bête, toi, je t'appellerai la Belle !
La Bête était vraiment horrible à voir, mais, peu à peu, la Belle s'habitua à sa présence. Chaque soir, elle dînait avec le monstre. Un soir, comme son père était malade, la Belle supplia la Bête de la renvoyer chez elle. Le monstre accepta, puis se coucha pour pleurer toutes les larmes de son corps.
Le lendemain soir, quand la Belle revint au palais, elle le trouva vide. Inquiète, elle appela. N'obtenant aucune réponse, elle fouilla toutes les pièces. Enfin, elle découvrit le corps inanimé de la Bête. La Belle s'agenouilla près du monstre et déposa un doux baiser sur son front. Alors, la Bête laissa place à un beau prince.
– Grâce à toi, ma Belle, je suis délivré du sortilège que m'avait jeté une sorcière. Veux-tu m'épouser ?
La Belle accepta avec bonheur. Ils se marièrent, et eurent beaucoup d'enfants.

D'après un conte français.

10 août

Pourquoi les chèvres ont des barbichettes…

Dans la savane africaine, une petite chèvre était très aimée par les autres animaux. Comme ils la trouvaient très sage, le lion, la gazelle, l'éléphant et même l'hippopotame venaient souvent lui demander conseil. Elle passait son temps près d'un vieux baobab. Il était si grand qu'on le voyait de loin, et qu'ainsi les animaux pouvaient toujours la trouver.
Très raisonnable, cette chèvre rêvait qu'on dise d'elle qu'elle était « la plus sage de la savane ». Elle alla trouver le sorcier, et lui confia son rêve. Le sorcier sortit d'une armoire un vieux livre plein de poussière, en lut un passage à voix basse – c'était des formules magiques – puis reposa le livre et fixa la petite chèvre droit dans les yeux :
– Si tu veux éprouver ta sagesse, dit-il, il te faudra passer par une difficile épreuve. Tu devras me ramener un serpent venimeux vivant, et cela sans te faire piquer.
Bien songeuse, la petite chèvre quitta la cabane du sorcier. Comment allait-elle capturer un serpent sans se faire mordre ?
Elle s'enfonça dans la brousse et ramassa un grand bâton de bois qui traînait. À quelques pas de là, un immense python prenait le soleil. La chèvre s'approcha et lui dit :
– Tu es un très grand python, et je sais que tu te crois très fort. Mais ce bâton est plus fort que toi !
– Que me chantes-tu là ? répondit le serpent, agacé. Ce bâton, plus fort que moi ? C'est ce qu'on va voir…
Et, tout à coup, il s'enroula autour du bâton pour se battre avec lui. La petite chèvre prit le bâton et le serpent entre ses dents. Elle courut bien vite chez le sorcier avant que le reptile ne s'aperçoive de la supercherie.
– Voilà ton serpent venimeux, fit-elle, et me voici, sans aucune morsure!
– Bravo ! Tu as prouvé que tu étais l'animal le plus malin et le plus sage de la savane. Viens auprès de moi recueillir le signe de la sagesse.
Il récita des formules magiques, et la petite chèvre sentit une barbichette lui pousser sous le menton !
C'était le signe de la sagesse, que toutes les chèvres portent encore aujourd'hui, en hommage à leur ancêtre…

D'après un conte africain.

11 août

La fin du monde

Un fermier avait un cochon si gros que tous ses voisins rêvaient de le manger. Un voisin plus malin que les autres, pensait-il, alla trouver le fermier.
– Sais-tu, fermier, que demain c'est la fin du monde ? Que comptes-tu faire de ton cochon ? Le moment n'est-il pas venu de le tuer et de le manger ?
Le fermier hocha la tête. Puis il rendit visite à chacun de ses voisins et les invita à venir manger le cochon.

La bête fut tuée, étripée, grillée et mangée. Chacun se régala et tous, derrière son dos, se moquaient de la naïveté du fermier.
À la fin du festin, le voisin malin dit au fermier :
– Sais-tu, fermier, que la fin du monde n'est pas pour ce soir, mais pour demain soir ! Nous inviteras-tu, demain, à manger tes poules ?
Et tous rirent ouvertement de la candeur du fermier. Celui-ci ne dit rien et salua aimablement ses voisins quand ils prirent congé.
La nuit passa. Le lendemain, au petit jour, on put voir le fermier courir la forêt en quête de bois mort et de brindilles bien sèches. Il entassa le tout dans une charrette et, comme la veille, fit le tour du voisinage. Autour de chaque maison, il déposa brindilles sèches et bois mort, puis y mit le feu. Et à toutes les récriminations de ses voisins qui le traitaient de fou, de criminel, le fermier, impassible, répondait :
– Pourquoi vous inquiéter ? Ce soir c'est la fin du monde !

D'après un conte français.

12 août

La flûte

Un roi avait deux fils. Un matin, il leur dit :
– Je suis vieux et je suis fatigué d'être roi. J'ai caché dans la forêt ma couronne et mon sceptre. Celui d'entre vous qui les trouvera deviendra roi.
Les deux frères partirent loin dans la forêt. Ils cherchèrent longtemps et ne trouvèrent rien. Bientôt, la nuit vint et ils décidèrent de rentrer au château. Sur le chemin, le plus jeune des deux trouva, au pied d'un chêne, la couronne et le sceptre. L'aîné, fou de jalousie, tua son frère et l'enterra au pied de l'arbre. Au palais, il montra à son père les deux objets et lui dit que des loups avaient dévoré son jeune frère.
L'aîné devint roi, se maria et eut une fille.
Quand la fillette eut l'âge de raison, elle alla se promener dans la forêt. Au pied d'un vieux chêne, elle trouva un os, blanc comme de la neige. Elle s'en fit une flûte. Dès qu'elle en joua, la flûte se mit à chanter :
– Petite fille, joue avec moi, je vais te raconter une histoire. Mon frère m'a tué et m'a enterré au pied du chêne.
La petite fille, émerveillée par le pouvoir de sa flûte, alla trouver son père et son grand-père, à qui elle tendit la flûte magique.
– Grand-père, jouez avec moi, dit la flûte, je vais vous raconter une histoire. J'avais trouvé dans la forêt, au pied d'un chêne, une couronne et un sceptre. Mon frère me les a pris. Il m'a tué et m'a enterré au pied du chêne.
Le vieux roi, horrifié, se tourna vers son fils aîné, maintenant roi, et ordonna aux gardes de le jeter en prison.

D'après un conte français.

Le prince fut émerveillé par le travail de la jeune fille.
– Je veux t'épouser, car personne au monde ne file comme toi.
La veille du mariage, la jeune fille lui demanda :
– Puis-je inviter mes tantes ?
Le prince répondit qu'elles seraient les bienvenues. Dès qu'il vit les vieilles, il fut horrifié par leur laideur repoussante. S'approchant, il leur demanda pourquoi elles étaient bossues.
– C'est à force de filer, répondirent-elles, quand on est courbé tout le jour, le dos se plie.
Alors le prince, qui eut grand peur qu'à force de filer sa femme ne devînt aussi laide que ses tantes, la supplia de ne plus jamais filer.

D'après un conte hongrois.

13 août

La jeune fille qui ne savait pas filer

Une jeune fille ne savait pas filer. Elle aurait voulu épouser le fils du roi, mais il exigeait des prétendantes qu'elles filent, en deux jours, deux ballots de chanvre.
– Comment faire ? dit-elle, je ne sais pas filer.
Á peine avait-elle prononcé ces mots qu'on frappa à la fenêtre. C'était trois fées qui veillaient sur elle depuis sa naissance. Elles étaient laides mais aussi très bonnes.
– Si tu nous invites à tes noces, dirent-elles, nous t'aiderons à filer.
– Filez, mesdames, répondit la jeune fille, je vous inviterai à mon mariage.
Et voilà les fées qui filent tout ce qu'il y a dans les deux ballots.

14 août

Le coffret

Un pauvre bûcheron travaillait dur de l'aube au crépuscule. Un jour, au cœur de la forêt, il délivra une biche prise dans un piège. Pour le remercier, l'animal, qui était une fée, lui fit cadeau d'un joli coffret en bois précieux.
– Aussi longtemps que tu garderas le cœur pur, dit-elle, ce coffret fera ta fortune.
Rentré chez lui, le bûcheron ouvrit le coffret. Il était rempli de pièces d'or ! Tout heureux, il distribua largement son trésor à sa famille et à ses amis. Et chaque jour, le coffret se remplissait.
Le temps passa. Le bûcheron déménagea dans une magnifique demeure, s'acheta de beaux meubles, de somptueux vêtements,

et se mit à vivre comme un riche. Et, peu à peu, il oublia qu'il avait été pauvre. Á chaque cadeau qu'il offrait, il pensait : « Pourquoi distribuer mon or ? Je devrais tout garder pour moi. » Et à chaque fois qu'une telle pensée l'habitait, les pièces d'or dans le coffret diminuaient. Mais le bûcheron n'y prenait pas garde, tant il était sûr de sa fortune.
Un jour, en ouvrant le coffret, le bûcheron vit qu'il était vide. Tout d'abord, cela ne l'inquiéta pas. Peut-être, sans y penser, avait-il déjà pris les pièces d'or ? Le lendemain, cependant, le coffret était encore vide. Et il en fut de même le jour suivant et le jour d'après. Et ce qui devait arriver arriva. En peu de temps, le bûcheron perdit belle demeure, beaux meubles et somptueux vêtements. Et bientôt, pour vivre, il fut obligé de retourner dans la forêt et d'y couper du bois. Mais, comme il avait vieilli et qu'il s'était habitué à une vie facile, il coupait peu de bois. C'est ainsi, que, après avoir été très riche, le bûcheron mourut dans la misère.

D'après un conte autrichien.

15 août

Le dindon

Un homme, pour gagner de l'argent, n'hésitait pas à affirmer des choses plus incroyables les unes que les autres.
Un jour, comme il était au marché, il remarqua que la vente d'un tout petit oiseau avait rapporté dix pièces d'or à son propriétaire. L'homme réfléchit : si un oiseau aussi petit coûtait aussi cher, combien obtiendrait-il d'un gros et bel oiseau ? Et, sans plus attendre, l'homme courut chez lui, attrapa le plus gros dindon de sa basse-cour et retourna aussi vite qu'il le put au marché.
– Regardez ce beau dindon, dit l'homme, je le vends trente pièces d'or.
Les passants riaient.
– Tu es fou, s'exclamèrent-ils, ce n'est qu'un dindon !
– Je sais bien que c'est un dindon, répondit l'homme, et si j'en demande trente pièces d'or, c'est parce qu'il est trois fois plus gros que le petit oiseau qui, tout à l'heure, s'est vendu dix pièces d'or.
Les passants riaient encore plus fort.
– Mais l'oiseau qui a été acheté dix pièces d'or, répliquèrent-ils, n'était pas un oiseau ordinaire : c'était un perroquet !
– Et alors ? demanda l'homme.
– Mais un perroquet, dirent les passants, c'est un oiseau qui parle !
– Peut-être que votre perroquet parle, répondit l'homme, mais mon dindon, lui, il réfléchit !

D'après un conte africain.

16 août

Le gourmand plein d'esprit

Il était une fois un jeune garçon très gourmand. Un jour, ses parents lui demandèrent d'apporter au roi un canard rôti qui sortait tout juste du four. Le fumet qui s'en dégageait était si appétissant que le jeune garçon ne put y résister. « Si je mangeais une cuisse, se dit-il, ça ne se remarquerait pas !» Aussitôt dit, aussitôt fait, le gourmand arracha une cuisse et y mordit à belles dents. Quand il présenta le canard au roi, le jeune garçon prit garde de cacher le côté où il avait arraché la cuisse. Mais le roi, qui avait l'œil vif, remarqua son absence.

– Jeune garçon, dit le roi, peux-tu m'expliquer pourquoi ton canard n'a qu'une patte ?

– Seigneur, répondit le gourmand, tous les canards n'ont qu'une patte. D'ailleurs, jugez vous-même : regardez ceux qui sont sur votre étang. Le roi regarda. Et, en effet, il put constater que les canards immobiles sur son étang n'avaient qu'une patte, l'autre étant repliée sous eux.

Le roi, qui voulait avoir le dernier mot, ordonna à ses gardes :

– Allez ! Vite, dispersez les canards !

Et, comme les gardes criaient et faisaient de grands gestes, les canards commencèrent à courir dans tous les sens.

Alors, le roi dit au jeune garçon :

– Tu vois bien que les canards ont deux pattes !

– Ma foi, répondit le jeune garçon, vous-même, Seigneur, en auriez quatre, si on vous poursuivait de la sorte !

D'après un conte grec.

17 août

Le naïf

Un garçon était si naïf qu'il croyait tout ce qu'on lui disait.

Par une belle matinée, alors qu'il se promenait au marché avec un camarade, il admira une citrouille. Comme c'était la première fois qu'il voyait cet étrange légume, le naïf demanda :

– Qu'est-ce que c'est que cette grosse boule orange ?

Son ami, par jeu, répondit :

– C'est un œuf d'âne.

– Pas possible ! dit le naïf, alors je vais en acheter un et le couver, ainsi j'aurai bientôt un petit âne.

Et le naïf acheta la citrouille.

Rentré chez lui, il installa soigneusement son œuf dans la paille. Puis, délicatement, il s'assit dessus et commença à le couver. Il le couva pendant trois longues semaines. Mais, ne voyant toujours rien sortir de

son œuf, le naïf perdit peu à peu patience. Et, au milieu de la quatrième semaine, lassé d'attendre l'éclosion, il attrapa son œuf et le jeta violemment par-dessus la barrière du jardin. La citrouille, en tombant, se fendit et réveilla un lièvre qui s'enfuit à toutes jambes. Le naïf, à la vue de la citrouille ouverte comme un œuf et de l'animal qui s'enfuyait, cria de désespoir :

– Quel impatient je fais ! Si j'avais couvé encore quelques jours, j'aurais eu un beau petit âne : celui qui vient de s'enfuir avait de belles oreilles, mais sa queue était vraiment trop courte !

D'après un conte français.

18 août

Le pain d'or

Une veuve avait une très belle fille. La mère était simple et modeste ; la fille, Marienka, était l'orgueil même. Une nuit, la pauvre mère se mit à prier pour le salut de sa fille. Marienka, endormie près d'elle, riait dans son sommeil.

– J'ai rêvé qu'un seigneur venait à moi dans un carrosse d'or et qu'il me passait au doigt un anneau dont la pierre brillait comme les étoiles.

– Ma fille, ma fille, quel rêve orgueilleux, dit la mère.

Le jour même, un jeune et beau fermier, fort à son aise, vint demander à Marienka de partager avec lui le pain du paysan. La jeune fille le refusa.

Un jour, enfin, un carrosse d'or s'arrêta devant la maison de la veuve. Un seigneur en descendit, s'agenouilla devant Marienka et glissa à son doigt un anneau d'or, dont la pierre étincelait de mille feux. Folle de joie, l'orgueilleuse jeune fille suivit son prince : c'était le roi des mines !

Elle l'accompagna dans son royaume souterrain, où les arbres étaient de plomb et l'herbe, d'argent.

Marienka était au comble de la joie. Mais on ne fait pas un si long voyage sans avoir faim. Elle demanda à son époux un peu de pain. On servit du pain d'or et le roi des mines y mordit à belles dents. Marienka y cassa les siennes.

– Ma belle, dit son époux, je n'ai rien d'autre à t'offrir.

Marienka fondit en larmes. Le mari rit aux éclats : son cœur était de métal, comme son royaume.

– Cela ne sert à rien de pleurer. Tu possèdes ce dont tu as rêvé.

C'est ainsi que l'orgueilleuse Marienka mourut de faim dans son château d'or.

D'après un conte autrichien.

19 août

Le pêcheur

Un jeune pêcheur, très pauvre, captura dans ses filets une tortue. L'animal était si petit, que le pêcheur le rejeta à la mer. Pour le remercier, la tortue l'invita dans son royaume. Le jeune pêcheur accepta et la suivit. En peu de temps, toutes les tortues l'adoptèrent. Et, heureux, il vécut parmi elles de longues et belles années.

Un matin, le pêcheur eut très envie de rentrer chez lui. Aussi annonça-t-il au peuple tortue son désir de partir. Chacune offrit un présent : perle, corail, pierre précieuse... De quoi lui permettre de mener sur terre une vie un peu moins dure. La tortue que le pêcheur avait épargnée lui remit une petite boîte en nacre.
– Ne perds pas cette boîte, dit-elle, et ne l'ouvre jamais. Grâce à elle, tu te réadapteras sans difficulté à la vie sur la terre.
Sur ces mots d'adieux, le peuple tortue et le jeune pêcheur se séparèrent.
Pendant trois longues et belles années, le pêcheur vécut dans l'abondance. Mais, un matin, il trouva sa bourse vide. «Ce n'est pas grave, se dit-il, je vais reprendre mon métier de pêcheur.» Mais il avait oublié combien il était pénible de se lever avant le soleil et navrant de gagner si peu d'argent.
Tous les soirs, quand il rentrait, épuisé par sa journée de travail, il regardait la petite boîte en nacre, se demandant quel trésor elle pouvait bien contenir. Un soir, comme il n'avait pêché aucun poisson, il ouvrit la boîte. Á peine l'eut-il ouverte, que le jeune pêcheur se recroquevilla sur lui-même, submergé par une immense fatigue. Il était devenu un vieillard, car la boîte en nacre renfermait le secret des tortues : une année de leur vie valait vingt années humaines. Voilà pourquoi elles vivent si longtemps !

D'après un conte africain.

20 août

Le vieillard

Dans ce pays-là, le roi exigeait qu'on tue les gens âgés parce qu'on les jugeait inutiles. Un jeune homme, qui aimait tendrement son père, décida de désobéir à cette coutume. Il cacha le vieillard dans son grenier et, chaque jour, secrètement, il lui portait à boire et à manger. Mais un jour, le roi ordonna à tous les hommes de partir combattre un monstre qui menaçait le pays.
Le jeune homme était bien ennuyé : comment son père allait-il survivre ? Si, par malheur, il ne revenait pas, son père mourrait de faim et de soif.
Le vieillard le rassura et lui conseilla :
– Écoute-moi bien. La véritable épreuve, pour toi et tes compagnons, n'est pas de tuer le monstre, mais de ressortir de sa caverne.

Alors, suis mon conseil, prends avec toi notre jument et son poulain. Quand tu arriveras à l'entrée de la caverne, attache le poulain, puis emmène avec toi la jument. Quand vous aurez tué le monstre, la jument vous guidera vers la sortie. Crois-moi !

Le jeune homme partit avec ses compagnons. Ils trouvèrent la caverne et entendirent gronder et écumer un horrible dragon. Le fils suivit les conseils de son père et attacha le poulain à l'extérieur. Après une lutte acharnée, le monstre fut tué. Mais, bientôt, l'effroi se répandit parmi les vainqueurs : malgré toutes leurs recherches, ils ne pouvaient pas sortir de la caverne. Le jeune homme libéra la jument qui se mit à hennir pour appeler son petit ; celui-ci lui répondit, indiquant aux hommes le chemin à suivre.

Le jeune homme avoua alors que c'était son père qui l'avait si sagement conseillé.

Depuis ce jour, la loi barbare qui exigeait la mort des vieillards fut abolie.

D'après un conte roumain.

21 août

Les 1 000 pièces d'or

Chaque matin, au réveil, un fermier faisait cette prière :

– Mon Dieu, envoie-moi 1 000 pièces d'or ; s'il y en a 999, je ne les accepterai pas.

Un voisin, qui l'entendit, décida de jouer un tour au fermier. Il compta soigneusement 999 pièces d'or et, au matin, quand le fermier fit sa prière, il laissa tomber une à une les pièces par l'ouverture de la cheminée. Le fermier, n'en croyant pas ses yeux, ramassa les pièces et les compta. Il en trouva 999.

– Il en manque une, se dit-il, mais ce n'est pas grave.

Sur cette pensée, le fermier rangea les pièces dans son coffre. Le voisin, qui l'observait depuis le haut de la cheminée, intervint :

– Eh ! cet argent est à moi ! je voulais te faire une farce. Il y a 999 pièces et non 1000, tu dois donc me les rendre.

– Et qu'est-ce qui me prouve que ces pièces sont à toi ?

Le voisin décida d'aller se plaindre auprès du juge.

– Fort bien, dit le fermier, je viens avec toi. Mais il fait froid dehors, le juge habite loin et mon gros manteau d'hiver est déchiré.

– Cela ne fait rien, répondit le voisin, je vais t'en prêter un.

Et tous deux partirent voir le juge.

Une fois arrivés, le voisin expliqua le tour qu'il avait décidé de jouer.

– Il est fou, l'interrompit le fermier, il va bientôt vous raconter que le manteau que je porte est à lui!

Le juge, croyant avoir à faire à deux joyeux farceurs, les mit à la porte.

– Tu vois, dit le fermier au voisin, il ne faut jamais prendre la place de Dieu!

D'après un conte turc.

22 août

Les chocolats

Un professeur était à la fois très sévère et très gourmand. Un jour, en classe, les parents d'un élève lui apportèrent une énorme boîte de chocolats. Le professeur était à la fois ravi et gêné. Ravi, parce qu'il adorait

les chocolats ; gêné, parce qu'il devait s'absenter pour une course urgente et qu'il craignait que certains de ses élèves, pour se venger de sa sévérité, ne mangent ses friandises.
Le professeur réfléchit, puis plaça la boîte tout en haut d'une étagère, en disant :
– Mes enfants, je dois m'absenter un moment, je vous défends de toucher aux chocolats : je crois qu'ils sont empoisonnés !
Dès qu'il fut sorti, l'élève le plus malin de la classe se dirigea vers l'étagère, grimpa et s'empara de la boîte.
– Le professeur a menti, dit-il. La preuve, je vais manger des chocolats et je ne mourrai pas.
L'élève fit ce qu'il avait dit et ne mourut pas. Alors ses camarades mangèrent, eux aussi, des chocolats. Et en peu de temps la boîte fut vide. Que dire au professeur ?

– J'ai une idée, s'exclama le petit malin, nous allons casser la plume et l'encrier auxquels notre professeur tient tant. Nous lui dirons que c'est en chahutant que nous les avons fait tomber et que, pour nous punir, nous avons mangé les chocolats empoisonnés.
Quand le professeur revint, il trouva son encrier et sa plume cassés, ainsi que sa boîte de chocolats vidée. Ses élèves, en larmes, lui avouèrent faute et punition. Le professeur, furieux d'avoir été berné, fut honteux de son mensonge...

D'après un conte maltais.

23 août

Les deux sœurs, la laide et la jolie

Il était une fois deux sœurs, l'une jolie, l'autre laide. La jolie était méchante et boudeuse. La laide, au contraire, était gentille et aimable. La jolie était tendrement aimée par ses parents, tandis que la laide, maltraitée, était chargée de toutes les corvées.
Un jour, comme elle allait à la fontaine puiser de l'eau, la laide rencontra une fée.
– Jeune fille, pourrais-tu me brosser les cheveux ? lui demanda la fée.
– Bien sûr ! répondit-elle.
Et très soigneusement, elle démêla la longue chevelure de la fée.
– Tu es douce et patiente, dit la fée. Tiens, pour te récompenser, je te donne cette boîte. Ouvre-la dès que tu seras rentrée chez toi.
La jeune fille obéit. Et, en ouvrant la boîte, elle devint jolie, jolie comme le jour. De sorte qu'elle fut plus jolie que sa sœur. Celle-ci, jalouse, décida d'aller à la fontaine. Là, comme sa sœur, elle rencontra la fée, qui lui demanda si elle pourrait la peigner. La jolie accepta à contrecœur. Mais elle n'était pas patiente. Elle tira sur la chevelure de la fée, brisa la brosse et lui arracha une poignée de cheveux.
– Tu es violente et brusque, dit la fée. Tiens, pour ta peine, je te donne cette boîte. Ouvre-la dès que tu seras rentrée chez toi. La jeune fille obéit. Et en ouvrant

la boîte, elle devint laide, laide à faire peur. Elle crut mourir de rage. Depuis ce jour, leurs parents ont appris à mieux connaître leurs deux filles et à ne pas se fier aux apparences.

D'après un conte français.

24 août

Les lâches

Un seigneur, de retour d'un lointain voyage, avait rapporté un éléphant. C'était un superbe animal à la peau grise et robuste. Ses longues défenses, de l'ivoire le plus pur, faisaient l'admiration de tous. On venait de partout observer l'animal : les habitants de la région n'avaient jamais vu, jusque-là, que des chèvres, des vaches ou des cochons. Mais cet éléphant était indiscipliné : chaque jour, il saccageait un peu plus le beau jardin du seigneur. Celui-ci, pour se débarrasser de l'animal, décida de l'offrir à ses fermiers.

Tout d'abord, ces derniers furent touchés par une telle marque de gentillesse. De la part de leur seigneur en personne, un cadeau d'une telle valeur ! Ils n'en croyaient pas leurs yeux. On se disputa même la garde de l'éléphant : qui en aurait la charge ? Il fallut partager l'animal. Chaque fermier le garderait quelques jours chez lui avant de le céder au voisin. Mais, peu à peu, ils s'aperçurent que l'éléphant ravageait champs et vignes. Lequel d'entre eux serait assez courageux pour se plaindre au seigneur ?

– Nous allons tous y aller, dit un fermier, et nous parlerons tous en même temps.

Chacun trouva l'idée excellente et tous partirent. Mais, en approchant du palais, chaque homme sentait sa gorge s'assécher et sa langue se changer en plomb. Aussi, quand, ensemble, ils durent prendre la parole devant le seigneur, tous lâchement se turent, sauf un :

– Seigneur, nous sommes contrariés à cause de l'éléphant.

– Pourquoi ? demanda le seigneur, qui se doutait bien de la raison du mécontentement de ses fermiers.

Le fermier, fâché contre ses camarades qui l'avaient abandonné, décida de les punir en leur jouant un bon tour. Il ajouta :

– Seigneur, votre éléphant s'ennuie. Il lui faudrait une femelle !

– Vraiment ? dit le seigneur.

– Aussi, nous sommes tous venus vous demander une femelle éléphant.

– Très bien, dit le seigneur, comptez sur moi. Je vous enverrai bientôt une femelle.

Et les fermiers, sur cette promesse, quittèrent le palais, sans oser protester.

– Vous voyez, dit le fermier à ses camarades, grâce à votre lâcheté, votre récolte est définitivement perdue !

D'après un conte turc.

25 août

Les mauvaises langues

Un paysan et son fils se rendaient au marché. Le fils était grimpé sur le dos de l'âne, et le père le suivait à pied. Un passant s'écria :

– Voilà la jeunesse : se laisser tranquillement porter par l'âne, tandis que le vieux père doit suivre à pied !

– Tu vois, dit le fils, j'avais raison. C'est à moi de marcher.

Le brave homme, qui jusqu'à présent avait refusé de prendre la place de son fils, se laissa convaincre tant il redoutait les mauvaises langues.

Ils firent ainsi un bout de chemin, lorsqu'un autre fermier cria :

– Hé ! l'ami ! Tu es si vieux que tu ne peux plus marcher ! Pourquoi obliges-tu ton fils à trottiner derrière toi ?

Vexé par cette remarque, le paysan fit monter son fils derrière lui, sur le dos de l'âne. Ils n'avaient fait que quelques mètres, quand un inconnu leur barra le chemin.

– Si ce n'est pas honteux ! Deux personnes sur le dos de ce pauvre petit âne ! Vous êtes sans pitié !

Le père, furieux, descendit de l'âne. Son fils aussi. Et tous deux marchèrent derrière l'animal. Ils n'allèrent pas bien loin. Un nouveau passant les interpella :

– Quelle bêtise ! Laisser un âne gambader à son aise, tandis que ses maîtres marchent dans la chaleur et la poussière !

Alors le paysan se tourna vers son fils et lui dit :

– N'écoute jamais les mauvaises langues !

D'après un conte chypriote.

26 août

Les pêches

Un roi n'avait qu'une fille. Une fée lui prédit que si la princesse ne se mariait pas avec un homme qui lui apporterait un beau panier de pêches, elle mourrait. Quand la princesse fut en âge de se marier, le roi rappela aux prétendants les paroles de la fée. Tous se mirent en quête des plus belles pêches.

Or, non loin du château se trouvait une petite ferme, dont le jardin contenait un pêcher qui donnait les plus beaux fruits qu'il soit possible d'admirer. Les princes attendirent que les fruits mûrissent. Quand le temps de la cueillette fut arrivé, chacun d'entre eux, secrètement, vola quelques pêches.

Le jeune fermier ne put que constater la disparition de ses fruits. Seules trois pêches tombées au sol avaient été épargnées. Le jeune fermier les ramassa et, bien qu'elles fussent abîmées, il les mit dans un panier d'osier.

En chemin, les nobles prétendants furent arrêtés par une vieille femme.

– Que portes-tu là, mon beau prince ? demanda-t-elle à chacun.

Et tous, craignant une ruse de l'un d'entre eux, répondirent : « Des pommes ! »

Arrivés au château, les princes demandèrent à voir le roi. Quelle ne fut pas leur surprise de voir qu'en lieu et place des pêches se trouvaient des pommes !

Au même instant, sur la route qui menait au château, le jeune fermier rencontra lui aussi la vieille femme qui lui demanda :

– Que portes-tu avec tant de précaution, mon beau jeune homme ?

– Des pêches, répondit le jeune fermier, elles sont pour la princesse.
Introduit auprès du roi, le jeune homme ouvrit son panier et montra ses pêches. Alors, le roi l'accueillit comme un fils et lui donna la princesse en mariage.

D'après un conte français.

27 août

Les plumes

Un paysan voulait faire un beau cadeau à son roi. Il décida de lui offrir ses sept poules : c'était ce qu'il possédait de plus précieux. Il cheminait depuis peu quand il rencontra son voisin, un vieil homme cupide.
– Où vas-tu avec tes poules, s'étonna-t-il, ce n'est pas jour de marché ?
– Je sais, répondit le paysan. C'est un cadeau pour notre roi.
Le voisin cupide décida de jouer un mauvais tour à son compagnon.
– Tu es fou, dit-il, le roi déteste les poules !
– Ha ! répliqua tristement le paysan, je n'ai donc plus qu'à rentrer chez moi.
– Attends, j'ai une idée ! s'exclama le voisin. On m'a dit que le roi aimait par-dessus tout dormir dans un édredon de plumes. Et j'ai justement, chez moi, un plein sac de plumes de canard. Si tu veux, je t'échange tes poules contre mes plumes.
Le paysan réfléchit. Il allait perdre au change : ses volatiles valaient davantage ; mais comme il voulait faire un beau cadeau au roi, il accepta.
Une fois au palais, le paysan demanda à voir le roi. On lui apprit que celui-ci était malade : il toussait sans cesse, son nez coulait et ses yeux étaient gonflés. Le paysan rentra chez lui, mais, auparavant, il eut soin de laisser son cadeau.
Dès qu'il vit les belles plumes, le roi voulut goûter leur chaleur. Il demanda donc à ce que son édredon fût vidé et rempli de ces nouvelles plumes. Ainsi fut fait. Aussitôt, la toux du roi cessa, son nez ne coula plus et ses yeux dégonflèrent. On chercha l'origine de la guérison miraculeuse et on la trouva : le roi était allergique aux plumes d'oie, mais pas à celles de canard.
Pour remercier le paysan, le roi lui offrit autant de pièces d'or que de plumes.

D'après un conte turc.

28 août

Les rayures du tigre

À cette époque, le tigre avait un superbe pelage d'un orange magnifique. Un jour, alors qu'il se promenait, le tigre vit un buffle labourer un champ.
– Comment un animal aussi fort que toi, demanda le tigre, peut-il accepter de travailler pour l'homme qui est si faible ?
– Parce que l'homme a une arme redoutable qu'on appelle « le cerveau ».

Le tigre décida de s'emparer du cerveau. Il attendit l'homme et le captura.
– Je te laisse la vie sauve si tu me donnes ton cerveau, gronda le félin.
– D'accord, répliqua l'homme, mais j'ai laissé mon cerveau au village.
– Très bien, je vais le chercher avec toi.
– C'est impossible, expliqua l'homme. Si les hommes du village te voient, ils prendront peur et voudront te tuer.
– Tu as raison, reconnut le tigre, va chercher le cerveau sans moi.
– D'accord ! Mais avant de partir, je vais te ficeler solidement, car j'ai peur que, en mon absence, tu dévores mon buffle.
Le tigre accepta le marché. Une fois ficelé, il fut bien étonné quand, au lieu de partir en direction du village, l'homme resta à ses côtés, riant aux éclats.
– Pauvre tigre, que tu es stupide ! Mon cerveau est dans ma tête : je ne peux pas m'en séparer ! Mais maintenant que tu es bien ficelé, je vais te donner une leçon.
Et l'homme mit le feu aux ficelles qui ligotaient le tigre. Heureusement, en brûlant, les liens se rompirent. Le tigre, roussi par les flammes, s'échappa. Et c'est depuis ce jour que la fourrure du tigre a des rayures : ce sont les marques qu'ont laissées les ficelles en brûlant.

D'après un conte africain.

29 août

Les trois voeux

Un roi cruel avait décidé qu'à tout étranger qui viendrait le voir, il offrirait un poisson frit au repas. Si après avoir mangé le poisson jusqu'à l'arête, le visiteur le retournait, il était condamné à être pendu trois jours plus tard.
Un beau matin, un jeune et séduisant gentilhomme se présenta au château. Il mangea le poisson jusqu'à l'arête, puis le retourna. On l'amena aussitôt au roi.
– Tu seras donc pendu dans trois jours. Mais avant de mourir, je t'accorde trois vœux, un par jour. Tu obtiendras tout ce que tu désires, sauf ta grâce.
– Seigneur, répondit le gentilhomme, je veux épouser votre fille.
Quoique surpris, le roi maria sa fille à l'étranger.
Le deuxième jour, le roi demanda à son prisonnier :
– Quel est ton deuxième vœu ?
– Seigneur, répondit le jeune homme, je veux votre trésor.
Bien qu'étonné, le roi donna son or et ses bijoux à l'étranger.
Le troisième jour, le souverain questionna à nouveau le gentilhomme :
– Quel est ton dernier vœu ?
– Seigneur, demanda-t-il, faites crever les yeux de tous ceux qui m'ont vu retourner le poisson.
Quoique stupéfait, le roi ordonna qu'on rassemblât valets et majordomes. Mais tous protestèrent haut et fort que jamais ils n'avaient vu l'étranger retourner le poisson. Alors le roi, pour ne pas perdre la face, fut obligé de libérer l'étranger.
Le gentilhomme et la princesse vécurent heureux, eurent beaucoup d'enfants et ne mangèrent jamais plus de poisson.

D'après un conte polonais.

30 août

Les vantards

Trois médecins étaient en compétition. Chaque jour, l'un d'entre eux inventait un nouveau médicament, pour prouver aux deux autres qu'il leur était supérieur. Un soir, alors qu'ils dînaient, ils se vantèrent plus que de raison.
– Moi, dit l'un, je peux me couper le poignet ce soir et me le remettre demain.
– Et moi, dit l'autre, je peux m'arracher l'estomac ce soir et le remettre en place demain sans en éprouver aucune douleur.
– Moi, dit le dernier, je peux m'ôter un œil ce soir et me le remettre demain sans aucune gêne.
Tous trois firent donc ce qu'ils avaient prétendu être capables de faire. Et dans un grand plat, prêté par la patronne de l'auberge, ils déposèrent poignet, estomac et œil. Puis ils allèrent se coucher.
Le lendemain matin, la servante de l'auberge jeta au chien, par mégarde, le contenu du plat. La patronne la gronda : qu'allait-elle dire aux trois médecins ? Après avoir réfléchi, elle dit à la servante :
– Attrape le chat et ôte-lui un œil. Descends à la cave et prends l'estomac du cochon que nous avons tué hier. Enfin, va dans les bois couper le poignet du voleur qui a été pendu. Ce qui fut fait. Et chaque médecin récupéra ce qu'il croyait être son bien.
Depuis ce jour, aucun des trois médecins n'a plus le temps de se vanter. L'un essaie de comprendre pourquoi dès qu'il voit une souris, il la poursuit ; l'autre, pourquoi dès qu'il voit du fumier ou de la boue, il s'y roule ; et le dernier, pourquoi dès qu'il voit un objet brillant, il le vole.

D'après un conte français.

31 août

Le lièvre et le tigre

Un jour, un tigre captura un lièvre. N'ayant aucune envie d'être dévoré, le rongeur dit au félin :
– Comment, tu veux me manger ! Ne sais-tu pas que je suis l'animal le plus dangereux du royaume !
– Tu es fou, répondit le tigre, l'animal le plus dangereux du royaume, c'est moi !
– Faisons un marché ; laisse-moi la vie sauve et je te prouverai mes dires.
Le tigre accepta et tous deux se mirent en route, le lièvre ouvrant la voie, le tigre à quelques pas derrière lui. Ils marchaient depuis peu, quand ils aperçurent une biche qui, tranquillement, buvait à la source d'un ruisseau.
– Sauve-toi, lui dit le lièvre, le tigre est à mes trousses.
Et la biche de détaler.
– Tu vois, dit fièrement le lièvre au tigre, je suis bien l'animal le plus dangereux du royaume ; la biche a eu peur de moi.
Mais le tigre exigea une nouvelle preuve. Le lièvre, pendant qu'il lui recommandait de se tenir à distance pour ne pas effrayer les animaux, en profita pour se frotter à sa fourrure et prendre son odeur. Tous deux se remirent en route. Plus loin, sous un chêne, un renard paressait. De nouveau, le lièvre s'approcha. À peine le dormeur eut-il senti sa présence, qu'effrayé il prit la fuite.
Comment le pauvre tigre aurait-il pu savoir que c'était sa propre odeur de fauve imprégnant le poil du lièvre qui avait effrayé le renard ?
Le lièvre se garda bien de le lui avouer. Le tigre laissa donc la vie sauve au lièvre, et depuis ce jour lièvre et tigre ne vivent plus dans le même royaume.

D'après un conte birman.

1er septembre

Le chant du rossignol

Dans une ville vivaient un marchand et sa femme. Ils avaient un jeune fils très avancé pour son âge. Lui seul comprenait ce que disait le rossignol de la maison lorsqu'il chantait. Un jour, il entendit :
– Tes parents seront tes serviteurs.
Le garçon le répéta à ses parents qui, fous de colère, décidèrent de se débarrasser de lui et de l'oiseau. Ils les mirent de nuit dans un canot qui partit voguer sur la mer. Un vaisseau les recueillit. Un jour, le garçon dit au capitaine :
– Le rossignol me prédit une tempête qui déchirera les voiles et défera les mâts.
Le capitaine ne l'écouta pas et la tempête eut bien lieu. On répara le bateau et la navigation reprit. Peu après, le garçon annonça l'arrivée de douze vaisseaux de corsaires qui les feraient prisonniers. Cette fois-ci, le capitaine écouta et alla se cacher près d'une île. Il vit bientôt passer au loin douze vaisseaux de corsaires.
Un jour, le navire aborda dans une ville. Le roi de cette ville était incommodé par la présence d'un corbeau, de sa femelle et de son petit qui croassaient sans arrêt sous les fenêtres du palais. Il avait promis la moitié de son royaume et sa fille cadette à celui qui l'en délivrerait.
Le garçon vint au palais et dit :
– Le corbeau et sa femme se disputent pour savoir auquel des deux appartient le fils, et vous demandent de juger entre eux.
Le roi répondit qu'il appartenait au père et aussitôt le corbeau et son petit s'envolèrent d'un côté, la femelle de l'autre. Le garçon grandit et épousa la princesse. Lors d'un voyage, il se fit servir chez des marchands. Heureux, il reconnut ses parents et les ramena chez lui.

D'après un conte russe.

2 septembre

L'homme qui parlait aux ânes

Un paysan avait perdu son âne. Il décida d'en acheter un autre au marché. Il choisit le plus fringant du lot, le paya comptant, lui passa une corde autour du cou et prit le chemin de sa ferme. Mais la route était longue. Le paysan, fatigué, fit un somme. Pendant qu'il dormait, deux galopins farceurs libérèrent l'âne et l'un des deux prit sa place. Quand le paysan s'éveilla, il ne s'aperçut de rien. Il attrapa la corde et tirant l'enfant, qu'il prenait pour sa bête, il regagna sa ferme. Arrivé près de l'étable, le paysan se retourna pour couper la corde qui entourait le cou de son baudet. Quelle ne fut pas sa surprise de voir un jeune garçon en lieu et place de son âne !
– Qui es-tu ? demanda-t-il. Où est mon âne ?
– J'étais votre âne, répondit le garçon. J'ai tant fait pleurer ma mère que j'ai été changé en âne. En m'achetant, vous avez mis fin au charme qui m'envoûtait. Grâce à vous, j'ai repris ma forme humaine.

Touché par ces paroles, le paysan laissa partir le jeune garçon.
Le lendemain, le paysan se rendit de nouveau au marché. Et là, parmi des dizaines d'ânes, il reconnut celui qu'il avait acheté la veille. Alors, sans se soucier de la foule qui l'entourait, il s'approcha de l'animal et lui dit :
– Eh bien, méchant garçon, on a encore fait pleurer sa mère !
Depuis ce jour, dans tout le pays, on surnomme le paysan « l'homme qui parle aux ânes ».

D'après un conte arabe.

3 septembre

Blondine

Il était une fois une jeune fille qui s'appelait Blondine. Elle habitait dans un puits et, tous les jours, elle suppliait les bonnes fées de lui venir en aide.
– Bonnes fées, priait-elle, aidez-moi. Je ne vous demanderai pas grand-chose.
Un jour, enfin, une fée répondit à son appel :
– Bonjour Blondine, que désires-tu ?
– Si j'avais une jolie petite maison, je serais parfaitement contente.
– Très bien, dit la fée, dors, et demain ton souhait sera exaucé.
Blondine se coucha au fond de son puits et, le lendemain, elle se réveilla dans une adorable maison. Toute heureuse, elle s'empressa de remercier la fée.
– Si j'avais une vache, dit-elle, je serais encore plus heureuse.
– Très bien, dit la fée, dors, et demain ton souhait sera exaucé.
Le lendemain, quand Blondine se réveilla, elle vit, dans son petit jardin, une jolie vache. Toute heureuse, elle s'empressa de remercier la fée.
– Es-tu contente de ce que je t'ai donné ? demanda la fée.
– Si j'avais une jolie robe, répondit Blondine, je serais encore plus contente.
Et la fée, de nouveau, promit ce que Blondine souhaitait. Le lendemain, le souhait fut exaucé. Blondine remercia la fée et, une fois encore, elle exprima un désir : un beau et gentil mari. Elle n'eut pas à attendre bien longtemps. Le lendemain, de bon matin, elle trouva un beau jeune homme dans son petit jardin. Blondine fut si heureuse qu'elle en oublia de remercier la fée.
À son réveil, elle se retrouva dans son puits : sa maison, sa vache, sa robe, son mari, tout cela s'était évanoui comme un rêve.

D'après un conte français.

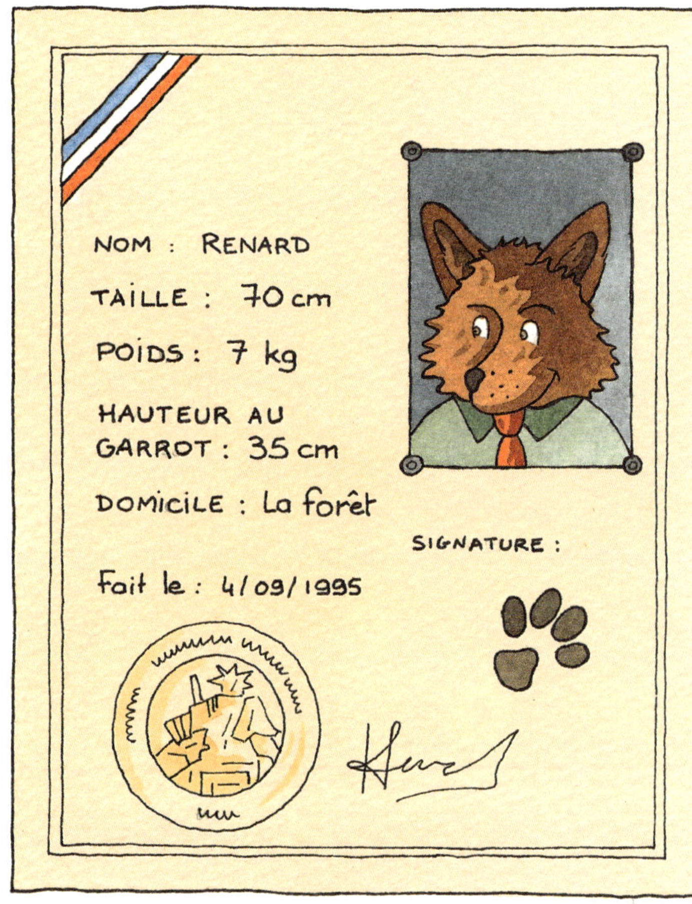

4 septembre

L'identité du renard

Un jour qu'un lapin gambadait dans la campagne, flairant de-ci le thym, de-là le serpolet, insouciant, goûtant les rayons du soleil et le petit vent sur son roux pelage, il atteignit les abords d'un bois, et se trouva nez à nez avec un renard.
– Bonjour, monsieur le lapin ! dit ce dernier en l'empêchant de sauter plus loin. Je me présente : maître Renard. Si je le veux, je puis te manger sans autre forme de procès. Mais je décide de te laisser vivre encore un peu pour faire causette avec toi.
– Qu'est-ce qui me prouve que tu es bien un renard,

ainsi que tu prétends l'être ? demanda le lapin qui était très naïf.
Cette question embarrassa fort le renard à qui, de mémoire de renard, on n'avait jamais osé demander la preuve de sa naissance !
Comme il ne savait que répondre, il dit au lapin :
– Attends-moi ici. Je reviens dans un instant.
Il fila tout droit chez maître Lion, qui était le maire de la région, le priant de lui délivrer une carte d'identité. Il revint sur ces entrefaites dans la clairière où le lapin l'attendait bien sagement.
– Voici, dit-il en lui tendant le papier. C'est la preuve que je suis bel et bien un renard... Et que je puis te dévorer à cet instant même !
À ces mots, le lapin détala sans demander son reste. Il se peut qu'à l'heure où je vous raconte cette histoire, il soit encore dans son terrier.
Maître Renard, fort désappointé, retourna se plaindre auprès de maître Lion :
– Pourquoi m'as-tu délivré cette carte ? Plutôt que lui donner des preuves de mon identité, je n'avais qu'à croquer ce lapereau. À présent le voilà disparu !
– Mon pauvre ami, répondit le lion. Tout cela est de ta faute. Tu aurais dû me préciser que celui qui t'en avait fait la demande était un lapin ! Je t'aurais mis en garde ! Au lieu de cela, j'ai pensé qu'il s'agissait d'un juge ou d'un policier !
Le renard jura que c'était bien la dernière fois qu'il se faisait berner par un vulgaire lapin.

D'après un conte arabe.

5 septembre

Le maître de paresse

Un après-midi d'été, un homme était étendu immobile sous un figuier de Barbarie, dans la campagne. Un passant curieux s'arrêta et lui demanda :
– N'avez-vous pas trop chaud à cette heure de la journée ?
– J'attends qu'une figue me tombe dans la bouche, répondit l'homme.
– Très bonne idée ! Je vais en faire autant !
Et le passant s'allongea à côté de lui. Peu après, une figue tomba entre les deux paresseux.
– Elle est tombée de mon côté, vous voyez bien, dit celui qui était allongé le premier. Auriez-vous l'amabilité de me la mettre dans la bouche, s'il vous plaît ?
Son voisin ramassa le fruit avec ses doigts de pieds et fit ce que l'autre lui avait demandé.
– Ça alors ! s'exclama le premier paresseux en mangeant la figue. Vous êtes encore plus fainéant que moi ! Acceptez-vous de devenir mon maître de paresse ?
– Avec joie !

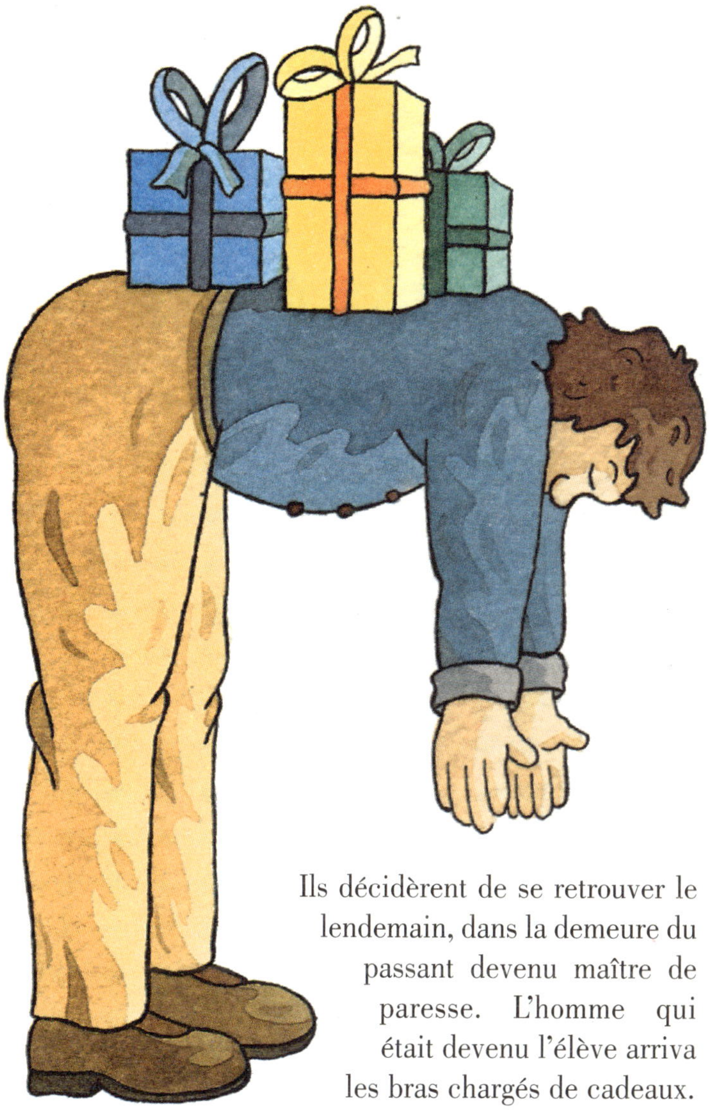

Ils décidèrent de se retrouver le lendemain, dans la demeure du passant devenu maître de paresse. L'homme qui était devenu l'élève arriva les bras chargés de cadeaux.
– Je suis désolé, je n'ai pas de table pour déposer vos cadeaux, dit le maître. Il y en a une dans la cour. Vous pouvez aller la chercher.
– Je suis bien trop fatigué pour cela ! C'est mon dos qui servira de table.
Le maître demeura interloqué. Jamais de toute sa vie il n'avait rencontré pareil fainéant.
– Je crois que nous nous sommes trompés : de toute évidence, vous êtes beaucoup plus paresseux que moi ! C'est plutôt à vous d'être mon maître, ne croyez-vous pas ?
Mais il n'eut pas de réponse car la « table » s'était endormie pendant la conversation.

D'après un conte vietnamien.

6 septembre

Trois conseils

Un homme très avare acheta pour trois fois rien un lot de bibelots en verre, des pieds de lampes, des potiches et des dessous de plat. Il comptait les vendre très cher au marché. Il demanda à un enfant qui passait par là de l'aider à transporter le cageot plein de bibelots.
– Que me donneras-tu en échange ?
– C'est au choix : dix sous ou trois conseils.
– Dix sous, c'est peu. Je choisis les trois conseils.
– Bien ! dit l'avare, tout heureux de n'avoir rien à payer.
Après une bonne heure de marche en plein soleil, l'enfant demanda à faire une pause, car le cageot était très lourd.
– Dis-moi, quel est ton premier conseil ?
– Le voici. Ne crois jamais quiconque te dira : mieux vaut être un esclave qu'un homme libre. Car c'est un mensonge.
– Il n'y a rien d'extraordinaire à cela. Quel est ton deuxième conseil ?
– Qu'il ne faut jamais croire celui qui te dira que l'argent ne fait pas le bonheur.
– Ça n'est que cela ? Tu te moques de moi avec tes bons conseils !
– Si tu continues, je ne te dirai pas le troisième...
– C'est entendu. Je t'écoute.
L'avare fit semblant de réfléchir et dit :
– Ne crois jamais que la faim n'est pas douloureuse.
Cette fois c'en était trop. Le jeune garçon se mit en colère et cria :
– Écoute bien, l'avare. C'est à mon tour à présent de te donner un conseil : celui qui te dira qu'il n'y a que des bouts de verre dans ton cageot, crois-le. Il aura dit vrai.
Sur ce, il jeta sa charge par terre si fort que tous les bibelots se brisèrent en mille morceaux.

D'après un conte africain.

7 septembre

Le cheval brun

Un vieillard avait trois fils. À la veille de sa mort, il les fit venir et leur fit promettre de se rendre sur sa tombe trois nuits de suite pour lui apporter du pain.
Seul le frère cadet accomplit sa promesse, et la troisième nuit, l'esprit de son père lui parla :
– Toi seul m'as obéi et n'as pas craint de venir sur ma tombe. Aussi, je vais te faire un cadeau. Appelle bien haut : “ Cheval brun, surgis devant moi ! ”, et un beau cheval apparaîtra. Tu deviendras alors très puissant et tu pourras faire bien des conquêtes. Adieu, mon fils, et bonne chance.
Le jeune homme ne dit rien à ses frères de son aventure.
Un jour, le roi proclama :
– Je donnerai ma fille en mariage à celui qui pourra sauter à cheval, d'un bond, en haut d'une très haute tour. Ma fille se tiendra à la fenêtre et le cavalier devra l'embrasser.
Les trois frères décidèrent de tenter l'aventure. Le jour venu, beaucoup de cavaliers étaient là, mais aucun n'atteignit la moitié de la hauteur de la tour. Les deux frères

aînés échouèrent aussi. Soudain, un magnifique cheval brun et son cavalier bondirent tout en haut de la tour. Le vainqueur embrassa la belle princesse, qui de son anneau le marqua au front. Puis le cavalier et sa monture disparurent au loin.
Le roi donna alors un festin pour retrouver le vainqueur. La princesse cherchait parmi les invités celui qui portait la marque de son anneau. Elle aperçut le fils cadet qui portait un bandeau et s'approcha. Elle lui demanda de l'ôter. Dans une grande lumière, le magnifique cheval apparut, monté par le jeune homme. Il était si beau que la princesse en tomba tout de suite amoureuse. La noce fut célébrée dans la joie générale.

D'après un conte russe.

8 septembre

Le roi dindon

Un roi se prenait pour un dindon. Il vivait accroupi sous une table, complètement nu, et ne mangeait que des graines. Vraiment, il était tombé sur la tête ! La cour s'inquiétait beaucoup. Même les plus grands médecins n'y comprenaient rien.
Un jour, un sage vint de très loin pour guérir le roi. On accourut pour le voir, on se pressa autour de lui, chacun donnant son avis :
– Le roi est devenu fou !
– Il a peut-être été empoisonné ?
– C'est une femme qui l'aura mis dans cet état !
– C'est de famille ! Son père se prenait pour un lapin !
Le sage n'écouta point ces commérages. Il se déshabilla et se glissa sous la table à côté du roi.
– Qui es-tu ? gloussa ce dernier.
– Un dindon, comme toi ! repartit le sage.
Le roi fronça les sourcils.
– Comme moi ?
Alors il ouvrit les yeux sur sa folie et réalisa qu'il s'était pris longtemps pour un volatile.
Comme le sage commençait à se rhabiller, le roi l'interpella durement :
– Que fais-tu là ? Ne m'as-tu pas dit que tu étais un dindon ? Les animaux ne portent pas de vêtements !
– Oh ! roi ! Ne crois pas qu'un dindon habillé cesse pour autant d'être un dindon. Ce n'est pas parce que tu vis comme les autres hommes, que tu manges, que tu dors parmi eux, que tu n'es plus un dindon ! Alors, je t'en prie, redeviens celui que tu étais !
Ces paroles du sage agirent comme par miracle sur le roi qui endossa sur-le-champ son plus bel habit et déclara :
– Mes bien-aimés sujets, vous avez devant vous votre roi.

D'après un conte hassidique.

9 septembre

Nagashi le pêcheur

Nagashi, un jeune pêcheur japonais, sauva une tortue des mains de méchants enfants qui la torturaient. Il la relâcha dans la mer. Le lendemain, une grosse tortue apparut au bastingage de sa barque :
– Hier, Nagashi, tu as sauvé la vie d'une des nôtres. Le roi des tortues te prie d'accepter de lui rendre visite dans son palais. Le pêcheur, surpris, accepta l'invitation et, pour voyager plus vite, il monta sur le dos de la tortue. Le palais était une pure merveille. Depuis le jardin

on pouvait contempler les quatre saisons à la fois : le printemps, l'été, l'automne et l'hiver.
Nagashi fit connaissance de la fille du roi des tortues et il l'épousa. Jamais il n'avait été si heureux.
Un jour, il eut l'idée de retourner dans son village de pêcheur revoir ses parents.
– Fais bien attention à toi, lui dit son épouse.
Elle lui remit une boîte précieuse et lui fit promettre de la garder toujours avec lui mais de ne jamais l'ouvrir.
Quelle ne fut pas la stupeur de Nagashi lorsqu'il retrouva son village ! Il ne reconnut plus rien ni personne.
– Je m'appelle Nagashi. Sais-tu où demeurent mes parents ? demanda-t-il à une vieille femme qui passait par là.
– Il existait bien un homme qui s'appelait comme toi, mais c'était il y a au moins cent ans ! Il a disparu sans laisser de traces.
– Qui te l'a dit ?
– C'est écrit dans les archives du village.
Quelle déception pour Nagashi ! Lui qui pensait s'être absenté trois jours seulement ! Il oublia la promesse qu'il avait faite à son épouse et ouvrit la boîte. Une fumée rouge s'en échappa. Alors Nagashi se courba en deux, son visage se couvrit de rides, ses cheveux blanchirent d'un seul coup et il mourut, comme cela.

D'après un conte japonais.

10 septembre

Le grand valet

Un seigneur aimait tendrement sa femme. Il dut partir pour un grand voyage et laissa son épouse enceinte à la garde d'un grand valet en qui il avait toute confiance. Mais celui-ci décida de prendre le pouvoir au château. Quelque temps après le départ du maître, le valet accourut auprès de la dame et lui annonça l'arrivée de l'ennemi.
Prise de frayeur, la femme du seigneur s'enfuit et disparut dans la forêt. Apprenant cela, tous les gens de la maison se dispersèrent à leur tour, sans oublier auparavant de piller le château. Le grand valet se retrouva seul avec un pauvre idiot qu'il ne craignait guère, et il prit possession du château avec satisfaction.
Lorsque le seigneur revint, son valet lui annonça que sa femme s'était noyée dans la rivière, ayant cru l'ennemi proche, et que tous les domestiques s'étaient enfuis, emportant les meubles du château. Le cœur navré, le seigneur passait ses jours à pleurer sa bien-aimée et son seul réconfort était le fidèle serviteur qui lui était resté. Un jour, il croisa l'idiot dans un champ. Celui-ci lui confia :
– La dame n'est pas morte. Je l'ai vue, elle a pris le chemin de la forêt, elle ne s'est pas noyée comme le prétend ce valet menteur !
Sans rien dire à son valet, le seigneur prit quelques hommes et fouilla la forêt trois jours durant. Le troisième jour, ils arrivèrent à une petite cabane. Le seigneur y entra et vit

une petite vieille, une jeune femme et un enfant. Fou de joie, il reconnut sa femme et son enfant né après sa fuite. Les heureux époux revinrent triomphants au château.
Le valet ne fut pas tué, car le seigneur ne voulut pas être cruel. Mais il dut déguerpir, et jamais on ne le revit. Le seigneur récompensa largement l'idiot qui lui avait rendu sa femme, et le prit à son service à la place du grand valet.
Il vécut désormais très heureux avec sa femme, et ils eurent beaucoup d'autres enfants.

D'après un conte français.

11 septembre

Le chapeau

Un jour qu'un marchand voyageait avec sa caravane à travers les montagnes, le soleil brûlant pour seul repère, une bourrasque de vent lui enleva son chapeau, un chapeau tout simple, en feutre noir.
Comme il était superstitieux et croyait, comme tous les Tibétains, que ramasser sa coiffe porte malheur, il la laissa sur le chemin de pierres et poursuivit son chemin malgré le soleil et le vent qui lui fouettaient le visage de plus belle.
À quelques jours de là, un badaud alerta le village voisin :
– Oyez, braves gens ! J'ai vu quelque chose hier soir, à la lisière du bois. Je ne sais pas ce que c'est, mais c'est étrange...
Peu de temps après, on entendit des témoignages circuler. Des voyageurs prétendaient avoir rencontré un objet bizarre à cet endroit. Mi-homme, mi-bête, précisaient certains. D'autres villageois se plaignaient aussi, et bientôt toute la région fut terrorisée.
Entre-temps, la pluie et le soleil avaient déformé le chapeau. Si bien qu'à présent, il ressemblait vaguement à un petit animal, un petit lapin par exemple.
La rumeur allait bon train.
La « chose » cachée à la lisière de la forêt les suivait du regard, affirmaient certains. Deux grands yeux dans les taillis les épiaient. Elle ne leur laissait pas un instant de paix. Bref, c'était l'objet du diable... Peut-être même le diable en personne !
Partout, dans les auberges, sur la place, au marché, on ne parlait plus que de cela.
On descendait des villages alentour exprès pour en discuter.
C'est ainsi que, sans l'avoir cherché, un chapeau tout simple en feutre noir devint une célébrité !

D'après un conte tibétain.

12 septembre

La fille qui travaillait trop

Leïla n'avait qu'un seul défaut, mais il était énorme : elle travaillait trop.
Tout le jour et tout le soir, sans se lasser, elle pilait les grains de mil dans le grand mortier devant la case de sa mère. Elle pilait, pilait et pilait.
Le pilon était trop long, si long qu'à chaque fois qu'elle le soulevait, il cognait un coin du ciel et lui faisait mal. Mais Leïla ne faisait pas attention et elle continuait à piler. Parfois, seulement, elle s'arrêtait un instant :
– Pardonne-moi, ciel. Ne pourrais-tu pas te pousser un peu ? Je manque de place pour travailler.

Et elle se remettait aussitôt à l'ouvrage : un, deux, trois coups de pilon !

Chaque jour, le ciel, qui ne voulait pas déranger Leïla, se relevait un tout petit peu plus. Plus elle pilait, plus le pilon s'allongeait et plus le ciel s'éloignait...
Au bout de quelque temps, le ciel n'était plus qu'un tout petit bout de toile bleue.
Un soir où il était meurtri par les coups, il se fâcha :
– Cette fois, c'en est trop. Je m'en vais. Adieu.
Et il disparut pour de bon. Un jour se passa, deux jours, puis toute une semaine, et le ciel ne revint pas.
– Reviens, je t'en supplie ! criait Leïla. C'est de ma faute. J'ai trop travaillé, je le reconnais.
En vain. Le ciel ne reparut point.
C'est alors que la jeune fille plongea au fond du fleuve et en rapporta deux énormes pépites, l'une d'or, l'autre d'argent.
Elle appela la première Soleil et la seconde Lune. Puis elle envoya ces cadeaux là-haut, tout là-haut, dans le ciel.

D'après un conte africain.

13 septembre

La soupe aux cailloux

Deux bons à rien, Dédé et Ferdinand, venaient chaque semaine mendier au village. Ce jour-là, ils frappèrent à la porte d'Ernestine.
– Vous tombez mal, leur avoua-t-elle. Je suis à court de pain.
– Nous voudrions juste faire cuire notre dîner sur le feu. C'est possible ?
Ernestine accepta. Dédé remplit la marmite d'eau, alla chercher dix gros cailloux dans la cour et les jeta dedans !
– Qu'est-ce que vous faites ? demanda Ernestine tout étonnée.
– De la soupe aux cailloux, répondit Dédé. C'est notre spécialité à nous autres les malheureux.
La bonne femme écarquilla les yeux. Dédé joua le grand cuisinier.
– Pour tout dire, il manque un chou.
– Si ce n'est que ça, s'exclama Ernestine, je vais vous le chercher !

Elle revint avec un gros chou.
– Il faudrait aussi, continua Dédé, ajouter quelques petites pommes de terre, quelques carottes pour que les cailloux donnent tout leur jus...
La bonne femme disparut à nouveau et rapporta les légumes.
– Il n'y a plus qu'à surveiller la cuisson, dit Dédé. Nous vous appellerons quand ce sera prêt...
Pendant ce temps, Ernestine alla traire les vaches. Quand elle revint, les deux bons à rien avaient englouti la soupe sans rien lui laisser ! De plus, ils avaient dévoré le lard qu'elle réservait pour son dîner !
« Ces deux vauriens m'ont bien eue, pensa-t-elle. Mais rira bien qui rira le dernier ! »
– Vous n'avez pas vu mon bout de lard, par hasard, leur demanda-t-elle en les retrouvant devant l'église.
– Non, répondirent-ils.
– Alors c'est le chat qui aura avalé ce bout empoisonné que je gardais pour les rats !
À peine eut-elle fini sa phrase que les deux bons à rien, terrorisés, allèrent vomir tout leur repas dans la cour !

D'après un conte français.

14 septembre

De par la volonté de messire Brochet

Un jeune homme, qui vivait chez ses parents, était si paresseux qu'il restait toujours assis auprès du poêle. Un jour, comme sa sœur l'avait supplié d'aller chercher de l'eau au lac, il en vit surgir un magnifique brochet. Il l'attrapa pour en faire un beau repas, mais le brochet lui dit :
– Je t'en prie, relâche-moi. Je te serai bien utile. Tu n'auras qu'à dire " De par la volonté de messire Brochet " et tu obtiendras tout ce que tu veux. Le jeune homme, fort content du marché, relâcha le brochet.
De retour à la maison, sa sœur lui demanda d'aller couper du bois dans la forêt. Le jeune homme grimpa sur son traîneau sans l'atteler, prit sa hache et déclara :
– Par la volonté de messire Brochet, que mon traîneau me conduise à la forêt et que ma hache coupe du bois !
Il traversa le village à la vitesse de l'éclair et renversa beaucoup de monde sur son passage.

Il revint à la maison chargé de bois, très content de son travail.
Le roi, ayant entendu parler de ce paresseux qui accomplissait des tâches sans effort, le convoqua. Le jeune homme arriva au château. Il aperçut alors la fille du roi et dit :
– Par la volonté de messire Brochet, que la fille du roi tombe amoureuse de moi !
La princesse demanda alors à son père d'épouser le paresseux.
Le roi, très en colère, les fit mettre dans un tonneau et jeter à la mer. Le paresseux fit alors le vœu d'arriver sur une belle plage de sable doré où les attendrait un magnifique château. Aussitôt, le vœu fut exaucé. On invita le roi, et une grande fête eut lieu pour célébrer le mariage.

D'après un conte russe.

15 septembre

Le chasseur et sa femme

Un chasseur sortit un matin avec ses deux chiens. Il marcha longtemps sans trouver de gibier. Alors que le jour tombait, il aperçut un spectacle extraordinaire : un pin brûlait et un long serpent se tordait dans les flammes.
– Aide-moi, brave homme, dit le serpent. Si tu me sors de là, je t'apprendrai à connaître ce que disent les bêtes et tu sauras toutes choses en ce monde.
Le chasseur tendit sa canne vers l'arbre et le serpent s'enroula autour. Il fut sauvé et remercia le chasseur.
– Ne dis à personne, surtout, que tu connais le langage des animaux, car tu mourras aussitôt.
Troublé par son aventure, le chasseur passa la nuit dans la forêt. Il entendit l'un des chiens dire à son compagnon qu'il rentrait à la maison pour monter la garde. Il resta ainsi avec un seul chien.
Le lendemain matin, de retour chez lui, le chasseur entendit le dialogue de ses deux chiens.
– As-tu bien dormi à la maison ? demanda le premier.
– Hélas non ! La maîtresse m'a donné un vieux croûton de pain et m'a battu cruellement. Ensuite, des voleurs se sont approchés et j'ai aboyé comme un enragé pour les faire fuir. Quelle nuit affreuse !

Au retour, le chasseur demanda à sa femme si elle avait bien nourri son chien.
– Bien sûr ! répondit-elle. Je lui ai donné une écuelle de lait et du bon pain.
Le chasseur, très en colère, lui fit avouer qu'elle avait menti. Sa femme insista alors pour savoir comment il avait appris la vérité. Il aurait tout raconté s'il ne s'était pas souvenu de la menace du serpent ! Il garda son secret, ce qui lui fut bien utile pour tout connaître en ce monde.

D'après un conte mongol.

16 septembre

Le lièvre d'argent

Le fils d'un seigneur était parti chasser dans la forêt. Il commençait à être fatigué lorsqu'il vit surgir un superbe lièvre d'argent. Il tira d'un seul coup et blessa trois pattes du lièvre. L'animal lui cria :
– Tu m'as cruellement blessé et tu t'en repentiras !
Le jeune homme, effrayé, laissa s'enfuir le lièvre et poursuivit son chemin.
Comme le soir tombait, le jeune seigneur arriva à une petite maison où il frappa. Une femme à la grosse voix lui souhaita la bienvenue et lui donna à manger. Puis il alla se coucher.
Le lendemain, le mari de l'hôtesse, qui n'était autre que le diable ou le Cornu, surgit et déclara au jeune homme :
– Tu as blessé hier mon lièvre préféré ! Pour te punir, tu seras soumis à une épreuve : d'ici à ce soir, je veux que tu fasses disparaître la montagne de fer qui est à côté.
La femme du diable, voyant le malheureux soupirer devant la montagne de fer, avec pour seuls outils une

pelle en chêne et une pioche en sureau, décida de lui venir en aide. Elle prononça deux formules magiques et la montagne disparut. Le Cornu fut bien étonné et admira le jeune homme.
Pourtant, la femme à la grosse voix confia au jeune homme :
– Mon mari est furieux de ton succès. Cette nuit, il va venir dans ta chambre avec un grand couteau. Ne te couche pas dans ton lit, mais va dans la ruelle.
Cette nuit-là, le Cornu frappa un grand coup dans le lit, puis deux, puis trois et s'en alla satisfait. Quelle ne fut pas sa surprise le lendemain matin de voir le jeune homme en parfaite santé !
Il décida de donner sa fille cadette en mariage à cet homme invincible. Les nouveaux époux purent quitter tranquillement le pays du lièvre argenté. Le Cornu regretta bien ensuite de les avoir laissé partir, mais il était trop tard. Les mariés furent heureux et eurent beaucoup d'enfants.

D'après un conte français.

17 septembre

Le nigaud

Un vieillard et sa femme avaient un fils très sot. Un jour, sa mère lui dit :
– Tu devrais bien te frotter un peu aux gens pour attraper de l'esprit.
Aussitôt, le garçon partit dans le village et rencontra des gens qui portaient un mort. Il se mit à se frotter contre eux. Il se fit battre et rosser pour cette mauvaise plaisanterie. Il revint en larmes chez lui et raconta sa mésaventure. Sa mère s'emporta contre lui :
– Imbécile, il fallait enlever ton chapeau et pleurer.
Une autre fois, il vit un mariage au village. Il ôta son chapeau et se mit à pleurer.
– Quelle est cette brute ? se dirent les gens de la noce. Ce malappris pleure comme à un enterrement alors que nous faisons la fête !
Et le nigaud fut rossé et chassé. Il retourna chez lui en pleurs.
– Pauvre sot, dit la mère. Il fallait danser et chanter avec eux.
Retournant au village, le nigaud arriva près d'un hangar qui brûlait. Il se mit à danser et à chanter devant le paysan désespéré.
Cette fois encore, il reçut un bon nombre de coups.
Il revint chez sa mère l'âme en peine.
– Mon pauvre garçon, dit la mère. Il fallait prendre de l'eau et aider le paysan à éteindre son feu.
Quelques jours après, le nigaud, remis de ses émotions, flânait de nouveau dans le village. Soudain, il vit un paysan qui faisait griller son cochon. Il saisit un seau et arrosa le feu du paysan. Le cochon était perdu. Inutile de dire que le nigaud reçut encore une belle correction !
La mère, fatiguée de voir son fils aussi obstiné dans la bêtise, se résigna alors à le garder à la maison, de crainte que sa sottise ne lui attire trop de malheurs !

D'après un conte français.

18 septembre

Le seigneur et son fermier

Un pauvre fermier et sa femme se lamentaient de n'avoir plus rien à donner à manger à leurs enfants. Ils décidèrent alors de se servir dans les sacs de provisions destinés à leur seigneur.

Quand le jour de l'échéance du fermage arriva, le seigneur apparut, furieux :

– Où sont mes fruits, mon blé et mon seigle, fainéant ?

Il s'arrêta soudain de hurler, intrigué par le manège du paysan. Celui-ci était en train de battre une marmite bouillante avec un fouet.

– Que fais-tu là ? Es-tu fou ? demanda le seigneur.

– Je fais bouillir de l'eau, maître. C'est une marmite magique et j'y tiens beaucoup. Quelques bons coups de fouet, et voilà la soupe prête.

– Je te l'échange contre un beau porc bien gras et j'oublie ta dette.

Le paysan accepta.

Le lendemain matin, on vit revenir le seigneur, rouge de colère.

– Tu m'as trompé ! J'ai eu beau fouetter, la marmite n'a pas chauffé. Et ma femme s'est moquée de moi !

– C'est que la marmite doit perdre son pouvoir magique hors de la maison. Mais entre plutôt chez moi, nous allons chercher une solution.

À la maison se trouvait la femme du paysan. Elle commença à injurier violemment son mari à cause de la marmite et une dispute éclata. Le paysan enfonça un couteau dans la gorge de sa femme et le sang se mit à couler. Le seigneur, effrayé par tout ce sang, commençait à pâlir.

– Ne t'inquiète pas, dit le paysan. Je vais la faire revenir à la vie.

Et, prenant un soufflet, il envoya de l'air dans les narines de sa femme qui ouvrit les yeux. Bien sûr, le seigneur voulut posséder ce soufflet magique car il avait bien envie de faire peur à sa femme.

En réalité, le paysan avait prit soin d'enrouler un chapelet de boudins autour du cou de sa femme avant de faire semblant de la tuer.

Le seigneur, lui, tua réellement son épouse !

D'après un conte français.

19 septembre

Le pot cassé

Un vieux célibataire était connu dans le village pour son avarice. Il était toujours de méchante humeur et ne cessait de se plaindre. Un matin, alors qu'il préparait sa soupe, le pot de sel lui glissa des mains et se brisa sur le sol en mille morceaux. Très en colère, le vieux grognon ramassa le sel avec la poussière et songea au moyen de se procurer un autre pot. Car il n'était pas question d'en acheter un neuf !

Il alla trouver son voisin, et lui demanda de lui prêter un pot de sel pour quelques jours. L'autre accepta. Le malheur s'acharne parfois. Le lendemain matin, le pot de sel du voisin se brisa sur le sol, mais, cette fois-ci, il était simplement fendu en deux. Le bonhomme le ramassa et se dit qu'il arrangerait les choses sans que le propriétaire du pot s'en aperçoive. Il profita d'une absence de son voisin pour se glisser chez lui et replacer

le pot cassé sur la cheminée de manière à ce qu'il semble intact à l'œil nu.
Mais le voisin eut tôt fait de constater la supercherie. Il arriva très en colère chez le vieil avare.
– Maladroit ! Tu ne m'avais pas avoué que tu avais brisé mon beau pot de sel !
L'autre prit un air niais et lui dit qu'il n'était au courant de rien. Le voisin, très mécontent, conduisit le coupable chez le juge.
– Monsieur le juge, ma défense sera bien facile, dit le vieil avare. Je vais prouver que mon adversaire est un menteur. Voilà : d'une, quand j'ai emprunté le pot, il était cassé. Ensuite, quand je l'ai rendu, il était en parfait état. Enfin, ce pot, je ne l'ai jamais emprunté !
Cet avare doublé d'un sot ne comprit jamais pourquoi il avait été condamné à payer le pot et à acquitter tous les frais du procès. Cette mésaventure l'a-t-elle guéri de son avarice ? Allez savoir...

D'après un conte français.

20 septembre

Le chien imprudent

Il était une fois un paysan qui avait un bon chien. Lorsque le chien fut si vieux qu'il ne pouvait même plus aboyer, son maître le chassa. Comme le pauvre chien se lamentait dans la forêt, un ours vint à passer et lui demanda pourquoi il pleurait.
– Mon maître m'a chassé et je n'ai rien à manger.
– Viens avec moi, dit l'ours. Je te ferai manger.
Chemin faisant, ils rencontrèrent un cheval. L'ours commença à fouiller la terre avec ses pattes et demanda :
– Chien ! Chien ! Dis-moi si mes yeux sont rouges ?
– Rouges, oui.
– Chien ! Chien ! Dis-moi si mon poil s'est hérissé ?
– Il s'est hérissé.
– Chien ! Chien ! Dis-moi si ma queue se dresse ?
– Elle se dresse.
Et l'ours mit le cheval en morceaux. Le chien eut ainsi à manger pour plusieurs jours.
Lorsqu'il eut faim de nouveau, il alla voir son ami l'ours qui lui proposa :
– Je me glisserai chez ta maîtresse et enlèverai le petit du berceau. Toi, cours après moi et arrache-moi le petit. Ramène-le à la maison. Tu auras ainsi autant de pain que tu veux pour ta récompense.
La maîtresse fut en effet si reconnaissante au chien d'avoir sauvé son enfant qu'elle fut désormais aux petits soins avec lui.
Quelque temps plus tard, le chat, devenu très vieux à son tour, se fit chasser par le paysan. Le chien voulut aider le chat comme l'avait fait l'ours jadis pour lui. Lorsqu'il vit un cheval, il fouilla la terre avec ses griffes et demanda au chat si ses yeux étaient rouges, ses poils hérissés, sa queue dressée. Hélas ! Ce fut le chien qui mourut d'une belle ruade !

D'après un conte russe.

21 septembre

La fontaine des larmes

Il y avait au temps jadis un empereur très cruel qui avait fait massacrer des cités entières. Les gens du pays tremblaient de frayeur à son seul nom. De longues années passèrent en pillages et en tortures, et le cruel empereur devint vieux.
– Sans doute, il n'a pas de cœur, disaient les gens du pays. S'il en avait un, fût-il de pierre, il l'entendrait de temps en temps.
Un jour où un navire lui avait rapporté un nombre incalculable de pierres précieuses et de bijoux, une jeune captive fut présentée à l'empereur. Il en tomba amoureux et la couvrit de richesses. Mais la jeune princesse

dépérissait de jour en jour, car le cruel empereur avait fait tuer toute sa famille et l'avait enlevée à son pays. L'empereur, très angoissé, ne savait plus quoi faire pour ramener la jeune fille à la vie. Elle mourut bientôt de chagrin, et l'empereur, pour la première fois de son existence, versa de lourdes larmes.

Il se rendit alors chez son sculpteur et lui dit :
– Toi qui fais des miracles avec la pierre, je veux que tu crées une œuvre qui exprime à chacun mon chagrin.
– C'est la première fois que je te vois pleurer, Maître, répondit le sculpteur. Ne va pas croire que tu es le seul à souffrir. Tu as causé la peine de milliers de personnes. Aussi, si je réussis à faire cette œuvre, crois bien qu'elle ne parlera pas seulement de ton amour malheureux mais aussi de la souffrance de ceux que tu as détruits.
Quelque temps plus tard, on put voir, au milieu de la cour du palais, une étrange fontaine. L'artiste avait sculpté des dizaines de fleurs, et au cœur de chaque fleur était un œil humain. Lorsque la fontaine fut achevée, du cœur de toutes les fleurs jaillirent des larmes et c'étaient autant de pleurs silencieux.

D'après un conte persan.

22 septembre

La sorcière aux pieds osseux

Un veuf qui avait une fille s'était remarié. La marâtre haïssait sa belle-fille et un jour, elle décida de l'envoyer chez sa sœur qui n'était autre que la sorcière aux pieds osseux.
– Va trouver ta tante, lui dit-elle. Prie-la de te prêter une aiguille et du fil car je veux te coudre une chemise.
La jeune fille arriva chez sa tante. Elle l'entendit murmurer à la servante :
– Prépare un bain pour ma nièce. Je veux la manger à mon déjeuner.
La jeune fille, très effrayée, demanda alors au chat de la sorcière de l'aider à s'enfuir.
– Prends ce peigne et cette serviette. Lorsque la sorcière te poursuivra, tu jetteras derrière toi la serviette qui deviendra un large fleuve, puis le peigne qui deviendra une forêt très épaisse.
La jeune fille donna un morceau de jambon au chat pour le remercier. Aux chiens qui voulurent la mordre, elle donna un morceau de pain. La porte voulut se fermer, elle lui graissa les gonds avec du beurre. Puis elle s'enfuit.
Lorsque la sorcière aux pieds osseux se rendit compte de la disparition de sa nièce, elle alla trouver le chat, les chiens et la porte, et les injuria. Tous lui répondirent qu'ils n'avaient jamais été aussi bien traités que par la jeune fille.
– Il y a bien longtemps que je te sers, dit le chat. Jamais tu ne m'as donné un os. Elle m'a donné du jambon.
La sorcière se mit alors à la poursuite de sa nièce, mais elle ne put la rattraper car un large fleuve et une épaisse forêt lui barrèrent bientôt le passage. De retour chez son père, la jeune fille raconta son aventure. La marâtre prit la fuite et on n'entendit plus parler d'elle. Le père et sa fille vécurent très heureux ensemble.

D'après un conte bulgare.

23 septembre

La princesse mouette

Un roi et une reine avaient deux enfants, un garçon et une fille. La princesse ne parvenait jamais à s'endormir avant que son frère lui dise :

– Dodo, ma sœurette. Quand tu seras grande, je te marierai au prince de la mer.

Quand il fut grand, le prince partit rendre visite au prince de la mer et devint ami avec lui. Un jour, le prince de la mer vit un portrait de la sœur de son ami et en tomba amoureux. Il décida de l'épouser. On fit donc venir la jeune princesse sur un bateau pour le mariage.

Mais durant la traversée, sa servante, qui était une très méchante sorcière, lui dit d'enlever sa robe de noces et de se mettre au lit. Elle effleura son corps, et la princesse fut transformée en une mouette grise. Puis la sorcière fit revêtir la robe de mariée à sa propre fille qui était très laide, et elles arrivèrent triomphantes chez le prince de la mer.

Le prince, fou de colère d'avoir été trompé, fit enfermer son ami en prison. Le jeune homme se lamentait sur son destin quand, à la nuit tombée, il vit apparaître une belle mouette grise qui inonda de lumière le cachot.

L'oiseau se lamenta :

– Mon frère bien-aimé, te voilà enfermé dans ce triste cachot et je suis bien malheureuse car je dois sillonner sans fin la mer bleue. Ma méchante servante nous a trompés.

Le prince de la mer, ayant entendu parler de cette étrange mouette grise, se rendit au cachot la nuit suivante. Il entendit parler l'oiseau et le prit dans ses mains. La mouette prit alors des formes diverses. Mais bientôt, la princesse apparut dans tout l'éclat de sa beauté. Le prince de la mer délivra alors son ami et une fête magnifique eut lieu pour célébrer le mariage.

D'après un conte russe.

24 septembre

Le paysan qui voulut acheter une ville

Un riche paysan réussissait tout ce qu'il entreprenait. Pour vendre ses produits, il allait régulièrement au marché de la ville. Il était comme amoureux de cette cité, tant il la trouvait belle, et il aurait voulu l'emporter chez lui.

Un jour, alors qu'il revenait du marché, il déclara à sa femme :

– Aujourd'hui, il m'est venu une idée. Je voudrais acheter la ville. Nous avons un coffre plein de pièces d'or et d'argent qui y suffira.

– Tu n'y penses pas sérieusement, lui répondit sa femme. Qu'est-ce que tu crois, malheureux ? Ils prendront ton argent, mais tu n'auras rien en échange et tout le monde se moquera de toi.
Le paysan qui, d'habitude, écoutait les sages conseils de sa femme, n'en fit cette fois qu'à sa tête. La nuit même, alors que sa femme dormait, il répartit son argent et son or dans trois sacs et se rendit en charrette pour la ville.
Il arriva à l'hôtel de ville et offrit au maire et à ses conseillers d'acheter la cité. Tous se mirent à rire et à se moquer du paysan. Cependant, l'un des conseillers suggéra au maire d'accepter l'argent de ce fou. Mais lorsque le paysan défit les sacs où il avait rassemblé toute sa fortune, il n'y trouva que du sable et des pierres. Très honteux, il repartit chez lui sous les quolibets des bourgeois.
Une fois chez lui, il trouva sa femme qui riait à gorge déployée. Elle avait profité d'un petit somme de son mari pour changer le contenu des sacs. Furieux d'avoir été trompé, le paysan s'apprêtait à punir sa femme, quand elle lui dit :
– Ne te fâche pas et écoute. Penses-tu vraiment qu'on t'aurait vendu la ville ? On aurait pris ton argent et c'est tout. Ne te tourmente plus.
Et le paysan ne mit plus jamais un pied à la ville.

D'après un conte allemand.

25 septembre

Les phoques

Bien peu de gens savent que, autrefois, les phoques pouvaient se transformer en hommes en se glissant hors de leur peau. Ils revenaient alors sur les côtes et passaient leur temps à danser. Un jeune homme assista un jour à l'une des ces fêtes, les hommes-phoques l'ayant invité à les rejoindre. Il vit une jeune femme d'une telle beauté qu'il en tomba aussitôt amoureux et lui demanda de rester avec lui. La jeune femme refusa : il lui plaisait beaucoup, mais elle aimait trop la mer.

L'homme partit alors sans rien dire, mais il ramassa la peau de phoque de sa bien-aimée et l'enferma dans un coffre. Les phoques repartirent rapidement, mais la jeune femme dut rester. Comprenant ce qui s'était passé, elle alla trouver le jeune homme. Ils se marièrent et eurent bien vite des enfants.
La jeune femme semblait heureuse, mais son mari savait que, secrètement, elle regrettait la mer.
Un jour, il oublia de refermer à clef le coffre où il avait enfermé la peau. Lorsqu'il rentra, le coffre était vide, la femme avait disparu et il comprit qu'elle ne reviendrait plus.
L'hiver vint, et les hommes partirent chasser les phoques pour se nourrir. Pour se venger, l'homme demanda à ses compagnons d'en tuer le plus possible, ce qu'ils firent. Le soir même, au cours du banquet où l'on fêtait cette chasse trop abondante, un phoque apparut. Avec une voix si terrible que bien des gens s'évanouirent de peur, il dit que le massacre avait déclenché une guerre sans merci entre les phoques et les hommes. L'animal avait le regard de la femme disparue et son mari pleura de regret en le voyant.
La guerre commença et fit d'innombrables victimes dans les deux camps. Un des premiers hommes tués fut le mari, par la faute de qui tout était arrivé. Lorsque la guerre s'acheva, tous les morts furent transformés en rochers sur lesquels le vent vient pleurer pendant les nuits de tempête. Et depuis, les phoques restent phoques pour toujours.

D'après un conte islandais.

26 septembre

Les trois roses d'or

Dans un petit village vivait en paix un jeune berger. En ce temps-là, la vie des bergers n'était pas très dure et il était presque inutile de surveiller les moutons dans les champs.

Pourtant, un jour, alors que notre jeune berger gardait son troupeau avec son sérieux habituel, il ne vit plus ses moutons. Ils avaient tous disparu d'un coup. Très inquiet, le berger passa toute la journée à les chercher sans entendre le moindre bêlement.

À la fin, épuisé, il se reposa un moment dans un champ, et là, il fit un étrange rêve. Une fée aux cheveux d'or lui apparut. Elle se pencha vers lui et lui chuchota :

– C'est moi qui t'ai fait venir dans ce pré. Ne t'en fais pas pour ton troupeau, il est rentré à l'enclos. Mais regarde là...

Le berger émerveillé vit trois roses magnifiques qui brillaient dans l'herbe. Elles étaient en or.

– Ce sont des roses d'or, dit la fée. Je vous en fais cadeau, à toi et à tous les bergers des environs. Ne les oublie pas.

La fée disparut aussitôt, et le berger eut beau regarder, il ne vit plus de roses non plus. Rentré chez lui, il vit que tous les moutons étaient rentrés à l'enclos, et il n'en manquait pas un seul.

Très agité, il décida d'aller demander conseil au chef des bergers qui était un homme très sage. Le chef l'écouta attentivement et lui déclara :

– Tu n'es pas le seul à qui la bonne fée a porté assistance. Je crois que, puisque les roses d'or ont disparu, il nous faut chercher sous terre...

Dans le pré, le jeune berger, accompagné de ses amis, creusa un peu la terre et y trouva des pépites d'or grosses comme le poing. Tous les bergers devinrent riches, si bien que le pré devint vite un village, et le village une ville. Jamais on ne vit ville plus riche et tranquille.

D'après un conte tchèque.

27 septembre

Les forains

Un roi, sa femme et leur fils unique vivaient parfaitement heureux dans leur château. Mais une nuit, un valet vint avertir le roi que le prince avait été enlevé. À cette époque, beaucoup d'enfants volés étaient embarqués vers des pays lointains où ils étaient vendus comme esclaves. Le souverain ordonna alors de fouiller tous les bateaux du royaume et de tuer sur-le-champ quiconque détiendrait à bord des enfants volés. À cette nouvelle, les ravisseurs prirent peur. Ils abandonnèrent le petit prince en pleine nuit, sur un rivage désertique et glacé.

L'enfant marchait depuis plusieurs heures, sans savoir où il allait, lorsqu'il entendit de faibles sanglots venant de sous ses pieds. Intrigué, il creusa dans la neige et

trouva une femme morte, probablement de froid, avec sur son sein un bébé qui vivait encore.
Le garçon prit l'enfant dans ses bras, continua sa route et arriva par hasard dans un village endormi. Un peu à l'écart, dans un pré, il vit une roulotte de forains éclairée de l'intérieur. Le petit prince frappa à la porte, un homme ouvrit et le laissa entrer. Le visage du garçon, éclairé par la lumière, apparut, monstrueux. Les malfaiteurs l'avaient balafré afin que ses parents ne puissent pas le reconnaître.
L'homme le prit alors en pitié, lui donna à manger et s'occupa du bébé, une fillette âgée de deux mois, que le froid avait rendue aveugle.
– Écoute, dit alors l'homme à l'enfant, je ne peux pas vous laisser repartir sur les routes, toi avec ton visage hideux, et elle avec ses yeux aveugles. Je suis dresseur de loups. Si tu veux, montons un spectacle ensemble.
L'enfant accepta avec joie. Lorsque la fillette fut en âge de travailler, elle se joignit à eux. Comme elle était d'une grande beauté, la troupe devint célèbre à travers tout le pays, si bien que le roi ordonna qu'on les fasse venir à la cour. Le jeune homme reconnut son père, mais le souverain ne vit qu'un jeune homme défiguré.
Le prince garda son secret pour lui. Amoureux de la jeune aveugle, il n'aurait pu imaginer vivre sans elle, ni sans le dresseur de loups qu'il considérait désormais comme son père.

D'après Victor Hugo.

28 septembre

Le chien

Un couple de fermiers avait envoyé leur fils étudier au collège de la ville. Depuis quelque temps, ils étaient sans nouvelles de lui et commençaient à s'inquiéter.
Un soir, un chien affamé s'assit devant leur porte. L'homme, qui avait bon cœur, le laissa entrer et lui donna les restes de son repas.
Alors qu'il s'apprêtait à aller se coucher, il voulut mettre le chien dehors. Mais celui-ci bâilla et s'installa confortablement au coin du feu.
– Ah non ! dit alors le fermier, tu ne dormiras pas ici, tu es plein de puces ! Si tu veux être au chaud, va dans l'écurie.
– Ah ! mon père, répondit le chien, si vous saviez ce qu'il m'est arrivé, vous auriez pitié de moi.
– Un chien qui parle, qu'est-ce que cela signifie ?
– Mon père, répondit le chien, je suis le fils que vous avez envoyé étudier au collège. Un jour où le maître s'était absenté, j'ai voulu lire le vieux livre qu'il m'avait défendu d'ouvrir. Comme je parcourais ces lignes mystérieuses, je me suis senti devenir chien...
– Te voilà bien avancé ! gronda le père. Et comment faire maintenant ?
– Il n'existe qu'une seule solution pour rompre le charme, répondit le chien, quelqu'un doit lire le livre magique à l'envers.

Le fermier et le chien se rendirent dès l'aube au collège. Après maintes explications, on leur autorisa l'accès au vieux livre en leur recommandant surtout de ne pas se tromper de page. Le père lut le mystérieux texte à l'envers et son fils retrouva sa forme humaine. Plus jamais il ne désobéit à son maître !

D'après un conte normand.

29 septembre

Les sept fainéants

Un pauvre paysan et sa femme n'avaient pour seule richesse que sept fils. C'étaient des gaillards tous plus grands et forts les uns que les autres. Mais jusqu'à présent, ils ne faisaient que traîner dans les champs, et quand ils revenaient à la maison, à midi, ils avait un appétit de loup. Dans le village, on les avaient surnommé « les sept fainéants ». Leur père leur faisait bien des réprimandes mais ils n'écoutaient pas.
Les années passant, les sept frères se rendirent compte que les garçons du voisinage partaient pour la ville et commençaient à gagner de l'argent. Aussi, un jour, l'aîné proposa à ses frères de chercher du travail dans les fermes. Mais où qu'ils aillent, on les recevait avec des rires. Leur réputation de fainéants s'était étendue bien au-delà du village, et ils durent partir tenter leur chance là où personne ne les connaissait. Les parents eurent beau supplier, rien ne les retint.
Un an plus tard, les sept fainéants revinrent au village. À peine arrivés, ils se mirent à travailler dur. Ils bâtirent une belle maison neuve à côté de la chaumière du père et firent prospérer les champs. Ils travaillèrent tant et si bien qu'au bout d'un an, la ferme avait une toute autre allure et s'était agrandie de plusieurs bâtiments.
Dans le village, on avait beau constater le travail des sept frères, on les traitait toujours de fainéants. Plus ils agrandissaient la propriété, plus on les traitait de fainéants. Il y avait tant de bâtiments que les frères avaient installé une belle rue devant leur domaine, ombragée de peupliers. Cependant, jamais les gens du village ne changèrent d'avis et l'on appela cette rue la « rue des fainéants ».
Ce qui aurait dû faire l'admiration de tous n'avait récolté que le mépris le plus injuste. Pauvres fainéants !

D'après un conte tchèque.

30 septembre

Les bosses du crapaud

Un jour, les perroquets décidèrent d'organiser une grande fête au ciel. Ils invitèrent les canards, les oies sauvages, les pélicans, les vautours, enfin tous ceux qui avaient les ailes suffisamment grandes pour se rendre au-delà des nuages. Les animaux à quatre pattes étaient forts jaloux.
– Voilà les oiseaux qui vont aller danser et jouer de la musique sans nous, c'est injuste ! se plaignaient-ils.
Le crapaud ne l'entendit pas de cette oreille. Il alla sur-le-champ trouver le perroquet et lui dit :
– Si tu acceptes de me prendre sur ton dos, je pourrais venir à la fête et chanter dans le chœur.
– Ah ! se moqua le perroquet, mais tes coassements sont si insupportables qu'on ne peut pas dormir, et tu es bien trop laid pour venir danser avec nous !
Le crapaud, vexé, eut alors l'idée de se cacher dans la guitare du perroquet, et celui-ci, sans le savoir, l'emporta avec lui.
Lorsqu'ils arrivèrent au ciel, le crapaud sortit de sa cachette et alla se joindre aux festivités. Il chanta, dansa, enfin s'amusa beaucoup. Les oiseaux, agacés, lui demandèrent comment, lui, si pataud, avait pu s'élever au-delà des nuages, mais il se garda bien de répondre.
Quand la fête fut finie, le crapaud se cacha à nouveau à l'intérieur de la guitare, afin de rejoindre la terre. Mais, au cours du voyage, il fit grand vent, et le pauvre crapaud se cogna plusieurs fois contre les parois intérieures de l'instrument. Le perroquet, alerté par le bruit, découvrit le passager clandestin, se mit très en colère et jeta la guitare dans le vide. Le batracien alla s'écraser contre un rocher. Le choc fut violent, bien que le perroquet volât à basse altitude. C'est la raison pour laquelle les crapauds sont tout bossus.

D'après un conte amérindien.

1er octobre

Les lutins

Il y a fort longtemps était une ville où il faisait bon vivre. Tout le travail était en effet accompli par des lutins qui finissaient la nuit ce que les hommes avaient entamé le jour. Ainsi, le boulanger n'avait-il qu'à préparer la farine, l'eau et le levain, et le lendemain matin, il trouvait son pain tout doré et croustillant. Les lutins étaient fort nombreux dans cette ville et on ne sait pourquoi ils aidaient aussi généreusement les ménagères et les artisans. Personne ne les avait jamais vus, car ils portaient un bonnet qui les rendait invisibles. Un vieux tailleur appréciait particulièrement leur aide car il avait beaucoup de travail. Un jour, il prit une femme, et les lutins aidèrent aussi celle-ci à faire le ménage. Mais cette jeune femme était de nature curieuse et elle mourait d'envie de voir les lutins. Elle eut une drôle d'idée. Elle décida de répandre des petits pois secs sur les marches de l'escalier. Ainsi, les lutins glisseraient dessus et il y en aurait bien un qui perdrait son bonnet dans la chute ! Et c'est ce qui arriva.
Les lutins, après avoir balayé, lavé et nettoyé, descendirent l'escalier et roulèrent en bas.
La femme accourut aussitôt avec sa lampe. Plusieurs lutins avaient perdu leur bonnet. À leur vue, la méchante femme éclata de rire. Les lutins étaient minuscules, tout ronds et avec de grosses têtes. Ils étaient si étranges et ridicules que la femme continuait de rire.
Mais elle ne rit pas longtemps. Dans la maison, un grand silence se fit, comme si les lutins s'étaient enfuis. Non seulement ils avaient quitté la maison du tailleur, mais aussi toute la ville. Ainsi, par son indélicatesse, la femme du tailleur avait provoqué la disparition de ces aides merveilleux. Par sa faute, la ville entière dut travailler beaucoup plus et chacun regretta bien les gentils lutins.

D'après un conte allemand.

2 octobre

Le sac magique

Il était une fois une fillette bien pauvre qui vivait avec ses parents dans une modeste chaumière. Leur maigre nourriture leur venait des quelques fruits de la forêt.
Un jour qu'elle était à la cueillette, sa route croisa celle d'un lutin.
– Petite fille, où donc tes pas te mènent-ils ? demanda le curieux bonhomme.
– Gentil lutin, ils me mènent là où dame Nature voudra bien me donner un peu de nourriture !
– Suis-moi, dit le lutin, l'air mystérieux.
Ils arrivèrent ainsi au pied d'un arbre quasi centenaire. Sa ramure était majestueuse et ses feuilles couleur d'émeraude. Le lutin ouvrit une porte dans le tronc de l'arbre et descendit les marches d'un escalier en colimaçon, qui n'en finissait pas de tourner, suivi de la fillette. Arrivé à la dernière marche, il dit à l'enfant :
– Voici un sac. Remplis-le de tout ce que tu trouveras dans mon logis, et rentre chez toi. Mais prends bien garde de t'y trouver avant que le soleil ne montre le bout de son nez !

La fillette s'empressa de charger le sac de tout ce qui se présentait à elle. Elle ne s'arrêtait plus, trop heureuse de ramener tant de richesses à ses pauvres parents.
Cependant, le sac devint rapidement trop lourd pour ses frêles épaules. Sur le chemin du retour, elle dut le vider petit à petit, si bien qu'une fois chez elle, elle n'avait plus qu'un sac de toile vide.
Elle ne se découragea pas, et entreprit d'en faire plusieurs besaces, qui lui seraient bien utiles pour recueillir les fruits de la forêt.
Voyant cela de loin, le lutin s'attendrit, et à l'aide d'une formule magique, remplit aussitôt les besaces de victuailles, de bijoux et de beaux atours pour récompenser le courage et la bonne intelligence de la fillette.

D'après un conte français.

3 octobre

Le seigneur et les douze tableaux

Un seigneur, grand amateur d'art, commanda un jour douze tableaux à un artiste de sa cour. Il attendait la visite du roi, et était désireux de lui faire la meilleure impression.

Le peintre se mit bientôt à la tâche, aidé en cela par sa jeune épouse.
Mais cette dernière passa très vite le plus clair de son temps à batifoler dans les jardins du château, à chasser les papillons ou encore à ramasser les fleurs fraîchement écloses.
Le seigneur était pressé de voir les tableaux s'achever, car la venue du roi était imminente.
– Auras-tu fini tantôt ? demandait-il tous les jours à l'artiste peintre, auras-tu fini tantôt ?
– Je m'y emploie, répondait le jeune homme, je m'y emploie.
Mais le jour de l'auguste visite approchait, et seulement six tableaux étaient terminés.
« Tout cela est vraiment fâcheux pour moi », pensa le malheureux peintre.
Il s'attela de plus belle à l'ouvrage, jours et nuits, sans relâche, du matin au soir il travaillait.
La veille de la date fatidique, il manquait encore deux tableaux !
– Moi, je peux t'aider, lui dit alors sa jeune épouse.
– Ah ! tu serais bien en peine de le faire, en passant tes saintes journées à bâiller aux corneilles !
– Dors sur tes deux oreilles, je me charge du roi, du seigneur et de leurs douze tableaux !
Durant la nuit, elle choisit parmi sa nombreuse collection de papillons et de fleurs, ceux dont les couleurs étaient les plus vives, les contours les plus gracieux, puis les disposa sur les deux toiles encore vierges de son mari.
Le lendemain, le roi pénétra sur les terres du seigneur, à la tête d'une cohorte de serviteurs. Il était fatigué par un long voyage, et n'accordait que peu d'intérêts aux attentions serviles du châtelain.
Soudain, il tomba en arrêt sur les toiles et s'exclama :
– Quels tableaux magnifiques ! Quels merveilleux papillons, quelles merveilleuses fleurs ! Ils sont plus vrais que nature ! Qui est l'artiste génial, auteur de ces deux splendeurs ? Je le veux dès à présent à mes côtés !
C'est ainsi qu'en quelques mots, le roi offrit au peintre et à sa femme un avenir assurément formidable !

D'après un conte lituanien.

4 octobre

La petite poule

Une petite poule rousse et sa maman se promenaient non loin de leur logis. C'était l'occasion d'apprendre à la poulette les mille secrets de la forêt.

– Maman, maintenant que me voici assez grande, je pourrais partir seule en promenade !

– Mon enfant, notre ennemi le renard rôde de par ces lieux, et tu ne seras jamais assez grande pour affronter ses terribles crocs, conclut sagement maman poule.

Il faut dire que la petite poule rousse n'avait pas loisir de s'ennuyer. Les travaux domestiques l'occupaient beaucoup et elle était même experte dans l'art de la couture.

Un jour qu'elle travaillait justement à raccommoder les effets de la famille, les parfums de la forêt l'attirèrent au dehors. Mais le renard, du fond de sa tanière, eut vite fait de repérer sa trace.

– Gentille petite poule, viens donc me rendre visite, je me trouve bien seul depuis la mort de la renarde, lui dit le malicieux animal.

– Mais je ne suis qu'une petite poule et on m'attend au logis, lui répondit-elle un peu effrayée, et songeant aux mises en garde de sa maman.

Elle n'eut pas plutôt fini que le renard la croqua toute crue et s'en alla digérer sa pitance à l'ombre d'un chêne, en forêt.

Heureusement, la petite poule avait toujours sur elle son dé à coudre, son aiguille, son fil et ses ciseaux, prêts à l'ouvrage. Profitant du répit du renard gourmand, elle entreprit de lui découper le ventre, qu'elle recousit après l'avoir chargé de pierres. À son réveil, le renard, qui ne s'était aperçu de rien, se rendit au puits afin de se désaltérer. Le puits était profond, très profond, et les pierres cachées dans son ventre étaient lourdes, très lourdes.

Alors qu'il se penchait au-dessus de la margelle, il tomba tout au fond, et la petite poule rousse n'eut plus jamais à s'inquiéter du renard de la forêt…

D'après un conte français.

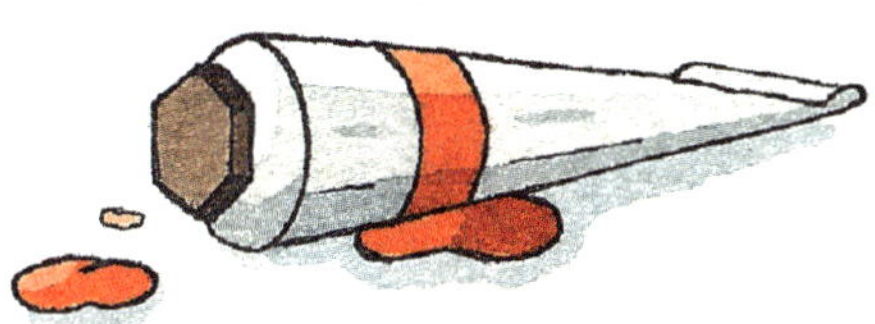

5 octobre

Le pays souterrain

Il y a très longtemps, les enfants d'un village découvrirent un trou très profond dans la terre.

– N'y allez pas, dirent leurs parents. Cela peut être très dangereux.

Un paysan s'aventura pourtant dans le trou. Il lança une corde, se laissa glisser et disparut complètement à la vue de ses voisins. Il avait découvert un souterrain très long et le suivit. Après trois jours de marche, il déboucha à l'air libre dans une ville apparemment déserte. Une femme vint à sa rencontre :

– D'où viens-tu ? lui demanda-t-elle, surprise.

– De mon pays en haut, répondit le paysan. Tu vis seule en ces lieux ?

– Mon peuple vivait tranquille ici. Mais les tigres de la montagne sont venus et ils ont mangé tout le monde. Je m'étais cachée dans un coffre de pierre et j'ai été sauvée. Le paysan demanda à la femme de l'encre, du papier et un pinceau et se mit à dessiner des tigres en papier de toutes les tailles et de toutes les couleurs. Il les colla ensuite sur les murs de la ville. Puis, comme

les tigres de la montagne revenaient manger les derniers survivants, il se glissa avec sa compagne dans le coffre en pierre.
Soudain, les tigres peints bondirent hors du papier et tuèrent tous les tigres de la montagne.
– Tu m'as sauvé la vie, s'étonna la jeune femme. Veux-tu devenir mon mari et m'aider à construire une nouvelle cité ?
– Il faut que je retourne chez moi, répliqua le paysan. Toute ma famille m'attend.
Il remonta jusqu'au pays d'en haut. À son arrivée, les gens ne le reconnurent pas. On racontait que, trois cents ans auparavant, un paysan avait disparu après être descendu dans un trou mystérieux. Sa femme était morte depuis longtemps.
– Et moi qui pensait n'être resté que dix jours au pays souterrain, se lamenta-t-il.
Il se rendit tristement sur la tombe de sa bien-aimée et il se mit à arracher la mousse qui poussait dessus...
– Aïe ! Tu me tires les cheveux ! s'écria soudain sa femme qui dormait à côté de lui.
Heureusement, tout cela n'était qu'un mauvais rêve !

D'après un conte japonais.

6e octobre

Le bal du diable

Jean était amoureux d'une demoiselle, mais il était le seul de sa région à ignorer qu'elle était sorcière. Il avait pour habitude de lui rendre visite chaque soir chez sa mère. Un jour, la demoiselle lui dit :
– Ne viens pas demain, je ne serai pas là.
Le lendemain, tandis qu'il rentrait des champs, Jean croisa son voisin.
– Alors, tu vas voir ta belle, ce soir ? lui demanda le fermier.
– Eh non ! ce soir elle n'est pas là, lui répondit Jean.
– Je sais où elle va, moi ! dit encore le brave homme. Écoute, rends-toi quand même chez elle, fais semblant de t'endormir et tu sauras.
Jean suivit son conseil, et se rendit chez la demoiselle, qui, très gênée, lui rappela qu'il ne pouvait pas rester.
– Oui, j'avais oublié, répondit Jean. Mais va où tu dois aller, je dormirai sur le fauteuil.
Lorsqu'elles le crurent endormi, la jeune sorcière et sa mère prirent un pot sur l'étagère, s'enduisirent les mains d'une sorte de crème, prononcèrent une formule magique et disparurent par la cheminée. Jean, étonné, se leva et fit de même.
En un clin d'œil, il se retrouva au bal du diable. Toutes les âmes mauvaises, les sorcières et les fantômes de la région se trouvaient là. Ils riaient et dansaient à perdre haleine. Dès que la musique s'arrêtait, chacun d'eux devait déposer un baiser sur les fesses du diable. Jean fit semblant de bien s'amuser aussi, mais quand vint son tour, il piqua les fesses du démon avec la pointe de son couteau.
– Aïe ! cria le diable. Mais qui donc a le bout du nez si pointu ?

D'après un conte breton.

7 octobre

La bouillabaisse sans poissons

– La meilleure bouillabaisse que j'ai mangée, c'est la bouillabaisse sans poissons, dit Pitalugue.
– Sans poissons ? C'est impossible ! s'exclama Cantorlu.
– Et si tu veux savoir pourquoi, je vais te raconter l'histoire...

À l'époque, j'habitais à Antibes, au bord de la mer.
Un jour, nous avons décidé, moi et quelques amis, d'aller pêcher du poisson pour la bouillabaisse. Ce qui fut dit, fut fait. On a préparé le "galopin", un joli petit canot. Bon vent, bonne brise. Le ciel était bleu, la mer transparente. Nous voilà partis.
On a arrêté le bateau dans une crique et on s'est mis à pêcher. Une heure a passé, deux heures. Pas le plus petit poisson. Et ainsi de suite jusqu'au soir si bien qu'on a rien pris.
Le Marius, il était tout à sa colère, parce que la bouillabaisse, c'est son régal et qu'on allait pas en manger.
Soudain, j'aperçus Paulo qui sortait sa marmite.
– Qu'est-ce que tu traficotes ?
– Tu nous fabriques une bouillabaisse sans poissons ? s'est moqué Marius.
– Tout juste, qu'il répond Paulo.
Alors là, ça nous a coupé la chique, à Marius et à moi. Une bouillabaisse sans poissons !
Paulo s'est mis à éplucher ses légumes, puis il a plongé dans l'eau et on l'a vu ressortir avec deux grosses pierres couvertes d'algues.
– Avec cette mer pleine de poissons, même les pierres, elles sentent le poisson !
Il les a mises à chauffer avec les légumes dans la marmite, et après ça, quand il nous a servis, quel délice ! Même Marius il n'en est pas encore revenu.
À présent Cantorlu, tu comprends pourquoi depuis ce jour-là, c'est la bouillabaisse sans poissons que je préfère.

D'après un conte provençal.

8 octobre

Les pièces d'or

Un jour, un pauvre paysan qui n'avait plus de quoi nourrir sa femme et ses huit enfants, se mit très en colère contre Dieu. Il quitta sa maison et partit à sa rencontre, armé d'un bâton, bien décidé à le punir de ses injustices. Dieu en fut averti et prit l'apparence d'un vieillard qui passait sur sa route.
– Il n'est pas bon de se mettre ainsi en colère, dit-il au paysan. Tiens, prends cet âne et lorsque tu lui diras : "Âne, fais ton travail", il crottera des pièces d'or.
L'homme le remercia et se rendit à la plus proche auberge pour s'offrir un bon repas.
– Occupe-toi de mon âne, dit-il à l'aubergiste, mais surtout ne lui dis pas : "Âne, fais ton travail."
L'aubergiste ne put s'empêcher de prononcer la phrase défendue, et lorsqu'il vit que l'âne crottait des pièces d'or, il décida de le remplacer par un autre tout à fait ordinaire. Le paysan rentra chez lui et voulut faire une démonstration des pouvoirs de son âne à ses enfants.

Mais la bête ne prêta aucune attention à la formule magique.
– Dieu se moque vraiment de moi ! cria l'homme, et il repartit sur les routes où il rencontra de nouveau le vieillard.
– L'âne que tu m'as donné n'a rien d'exceptionnel ; il crotte comme tous les ânes, se plaignit le paysan.
– Si tu n'étais pas si bavard, répondit le vieillard, l'aubergiste ne te l'aurait pas volé! Allons, prends ce bâton et lorsque tu lui diras : “Bâton, fais ton travail”, il te défendra.
Le paysan se rendit alors à l'auberge, prononça la formule et le bâton roua de coups l'homme malhonnête.
– J'arrêterai mon bâton, lui dit le paysan, uniquement lorsque tu m'auras rendu mon âne !
L'aubergiste obéit bien vite. L'homme rentra chez lui tout heureux. Sa femme et ses enfants purent voir qu'il n'avait pas menti.

D'après un conte français.

9 octobre

Le jeune roi et la jolie biche

Jadis, dans une contrée lointaine, vivait un jeune roi, juste et bon.
Un jour qu'il était parti à la chasse, il fut l'objet d'un curieux sortilège. Posée délicatement sur un tapis de verdure, une biche lui apparut dans l'éclat de sa belle robe blanche. Le jeune roi était sous le charme de son doux regard, et comme immobilisé par un divin enchantement. Mais le bel animal disparut aussitôt sous les frondaisons de la forêt, laissant le bon roi à son chagrin.
Il n'eut de cesse de la trouver, hélas, en vain. Accablé par la fatigue, il s'allongea au pied d'un arbre, où le sommeil eut vite raison de lui. Mais lorsqu'il s'éveilla, sa couche était faite d'un précieux brocart doré, et la forêt s'était transformée en un palis lumineux et majestueux. La princesse des lieux, douée de pouvoirs magiques, et qui n'était autre que la jolie biche aperçue dans la prairie, lui parla en ces termes : « L'administration de mon royaume me rappelle dans l'île de mes ancêtres. Si tu veux être mon roi, il ne faudra jamais t'étonner de nos coutumes et toujours leur obéir. » C'est ainsi que le jeune et bon roi fut conduit au pays des génies où il fut accueilli comme un des leurs.
Quelques temps après, la reine mit au monde un superbe garçon.
Assis auprès du feu, et tout à la joie de sa paternité, le roi vit avec horreur son épouse jeter leur fils aux flammes ! Il se rappela sa promesse d'obéissance, et se tut.
Bientôt, les obligations de son royaume le ramenèrent dans son pays, où une guerre faisait rage. Alors que ses troupes attendaient leur approvisionnement en nourriture, la reine saccagea tous les vivres !
Sur-le-champ, il lui fit part de sa colère. « Puisque tu doutes de moi, lui répondit-elle, tu seras heureux d'apprendre que le feu était un bon génie, chargé de l'éducation de notre enfant, et qu'un poison mortel contaminait les victuailles que tu réservais à tes soldats. Mais tu ne m'as pas fait confiance, et nous devons désormais

nous séparer. » Ceci était en fait une dernière épreuve, censée tester la fidélité du roi. Après dix années du chagrin le plus sincère, ils furent à nouveau réunis par les bons génies.
Fou de joie, le roi put enfin croire au bonheur éternel, en compagnie de son épouse et de leur fils !

D'après un conte persan.

10 octobre

Le jardin mystérieux

Il était une fois un jeune homme, qui habitait près d'un parc merveilleux. À l'arrivée du printemps, il demanda la permission à ses parents de partir en promenade. À cette époque, le parc était un enchantement de senteurs et de fleurs multicolores.
Alors qu'il s'apprêtait à rentrer, il aperçut, tout au fond, une petite route mystérieuse. Au terme d'une longue marche, il découvrit un curieux jardin, où tout semblait abandonné. Soudain, sortant de nulle part, apparut une vieille femme qui l'entraîna vers sa demeure. Il se retrouva confortablement installé au creux d'un bon fauteuil, tandis que la vieille femme lui préparait un breuvage verdâtre.
C'est alors que la jeune fille de la maison, prénommée Printemps, lui dit d'une voix tremblante : « Fuyez, fuyez, vous êtes ici dans le monde des morts ! » Mais il était déjà trop tard, et, en un instant, une cage aux barreaux d'acier s'abattit sur lui. Dans la pénombre de la pièce, il commença à distinguer deux trônes immenses où siégeait un couple étrange, vêtu de pourpre et d'or : « Réjouissez-vous, jeune homme, vous serez désormais le successeur du roi et de la reine de la nuit ! »
Le jeune homme était terrorisé et regrettait amèrement la douceur de son foyer. Il en oublia presque le petit mot que Printemps lui avait glissé tout à l'heure dans la main : « Tu trouveras, au fond de la cage, un trou qui te ramènera chez toi. » Sans se faire prier, il s'engouffra dans ce trou providentiel et regagna la lumière du jour. Mais, durant des nuits entières, le jeune homme fit d'affreux cauchemars. Régulièrement, l'image effrayante des personnages de l'autre monde venait le hanter. Ses parents, inquiets, décidèrent de faire appel à un ami, réputé pour sa sagesse, afin que ce sortilège prit fin. Après lui avoir fait garder le lit trente jours durant, l'ami très sage le jugea fin prêt et convoqua, en grand secret, les obscures manifestations qui terrorisaient le jeune homme. Attirés par une formule magique, la vieille femme, le roi et la reine de la nuit furent transformés en une poule, un hamster et une petite souris. Puis, une dernière incantation les fit disparaître à jamais.
Quand le jeune homme vit qu'il avait eu affaire à de biens innocents animaux, il s'en amusa beaucoup avec ses parents et décida qu'il n'aurait plus jamais peur des poules, des hamsters et des souris !

D'après un conte chinois.

11 octobre

La jeune fille au cœur de pierre

Il existe, dans des terres reculées, une étrange montagne à forme humaine. Son histoire, racontent les habitants du pays, est la plus terrible des histoires.

Il y a fort longtemps de cela, une jeune fillette et sa mère vivaient pauvrement dans une demeure de la région. La sécheresse de la terre n'était l'occasion que de maigres récoltes, et la vieille mère était bien trop fatiguée pour pourvoir à leurs besoins par une quelconque activité. Cependant, sa bonté était telle, sa générosité si grande, qu'elle préférait toujours se priver pourvu que sa fille ne manquât de rien. Quelques rares bestiaux, que la jeune fille faisait paître régulièrement, constituaient leur seule richesse.
Un après-midi qu'elle se trouvait au pâturage, goûtant le doux soleil de la fin de journée, une visite imprévue vint la tirer de ses rêveries. Dans la lumière rougeoyante des hautes montagnes se dressait la fière silhouette d'un chevalier. Le jeune homme était un riche seigneur du pays, que son amour des vastes étendues amenait souvent en promenade au cœur de cette nature sauvage. Fasciné par la beauté de la jeune fille, par ses longs cheveux de soie, ses grands yeux en amande, il restait debout, interdit, sans pouvoir esquisser un mouvement.
Quelques temps après, quand le seigneur annonça son mariage avec la jolie bergère, sa mère fut au comble du bonheur :
– Voici ma fille hors de portée de la misère et de la solitude qui nous rongeaient jusqu'ici ! se dit-elle.
Cependant, la jeune fille ne se souciait guère de sa vieille mère, préoccupée qu'elle était de la dot qu'elle devait constituer. Elle avait honte de sa pauvreté, et entreprit, devant sa mère en larmes, de vider la maisonnée du moindre objet qui s'y trouvait.
Le jour des noces arriva, avec son cortège de serviteurs et de parures somptueuses. La longue file gravissait lentement le chemin caillouteux, s'éloignant lentement mais sûrement de l'humble chaumière perdue à flanc de colline. La longue file allait disparaître derrière un gros rocher quand la jeune épouse s'exclama :
– J'ai oublié quelque chose !
Il ne s'agissait que d'une cuiller de bois, seul bien qui restait dans la maison. La douleur de la vieille mère fut si grande, que les habitants du pays affirment qu'elle fut entendue, et qu'à cet instant, un brouillard épais enveloppa toutes les montagnes.
Ils racontent aussi que depuis ce jour, le rocher a pris la forme de la jeune fille au cœur de pierre. Mais il paraît qu'ils ont beaucoup d'imagination…

D'après un conte français.

12 octobre

Le chat qui jouait du violon

Un chat et un coq étaient les plus grands amis du monde. Le chat jouait admirablement du violon tandis que le coq était imbattable pour tous les sports de combat. Depuis leur naissance, ils avaient vécu dans l'opulence et n'avaient jamais connu de soucis.
– Je commence à m'ennuyer un peu, dit un jour le chat à son ami le coq.

– Que pourrions-nous faire ? lui répondit-il.
– Il est grand temps d'abandonner nos richesses et d'avoir une vie plus simple! suggéra le chat.
C'est ainsi qu'ils décidèrent de partir sur les routes en quête d'un endroit vierge où s'installer.
Ils étaient tous deux fins gourmets, et un bon repas suffisait d'habitude à leur bonheur. C'est pourquoi ils s'arrêtèrent dans une forêt dont l'abondance d'arbres fruitiers était la promesse de festins mémorables. La demeure qu'ils se construisirent était modeste, mais très confortable. Le chat pouvait à loisir y faire de longues siestes, alors que le coq mettait au point de nouvelles techniques de combat. Leur garde-manger était toujours soigneusement fourni grâce au produit de leurs cueillettes.
Un jour que le chat allait justement récolter quelques fruits, il mit en garde son compagnon :
– Ami coq, n'ouvre pas notre porte à n'importe qui !
Le coq fut bien vexé du peu de confiance qu'avait en lui son ami le chat. Mais au bout de quelques minutes, quelqu'un frappa à la porte. Oubliant les conseils de son ami, le coq ouvrit sans méfiance, et se trouva prisonnier, en un tournemain, du terrible renard des forêts. Alerté par les cris de son ami, le chat courut devant le repère du renard. Il sortit son violon et joua une mélodie qui attira au dehors, un à un, tous les membres de la famille renard. Quand le renard sortit enfin, le coup d'archet du chat ne fut pas très harmonieux : il rossa de façon impitoyable toute la famille. Une fois hors de danger, les deux amis s'en retournèrent dans leur maison, sans oublier de piller le garde-manger du renard funeste!

D'après un conte lituanien.

13 octobre

La Dame blanche

Dans une forêt reculée, un fantôme, la Dame blanche, gardait dans une tour de son château un magnifique trésor. Mais personne encore n'avait tenté de le dérober, car tous les gens du pays avaient peur de la mystérieuse Dame blanche.
Un jour, cependant, un homme du village, plus hardi que les autres, se mit en route pour la forêt et réussit à pénétrer facilement dans le château. Aussitôt, il vit surgir devant lui la Dame blanche, qui était une très belle jeune femme.
– Que veux-tu ici, homme téméraire ?
– Je voudrais voir ce trésor dont tout le monde parle, répondit-il, tremblant.
Elle le conduisit à la tour et lui dit de soulever la très lourde dalle de pierre. Après bien des efforts, il y parvint ; quelle ne fut pas sa joie d'apercevoir un chaudron rempli de pièces d'or étincelantes ! La Dame lui dit alors :
– Tu peux en prendre la moitié, si tu veux, car tu as été courageux. Mais ne t'avise jamais de revenir ici.
L'homme s'empressa de déposer les pièces d'or dans un sac et s'enfuit bien vite.
De retour au village, il ne dit rien à personne de son étrange aventure, contempla jalousement son butin et décida de s'acheter un grand domaine.
Il avait assez d'argent pour vivre tranquille jusqu'à la fin de ses jours, mais cela ne lui suffisait pas. Il songeait avec regrets au reste du trésor qu'il avait laissé dans la tour. Aussi, une nuit, il courut jusqu'à la tour du château, souleva la dalle et commença à remplir ses poches de tout ce qu'il pouvait.

La Dame blanche surgit qui, prise d'une terrible colère, le griffa au visage. L'homme s'évanouit de terreur, et lorsqu'il se réveilla, le trésor et la tour avaient disparu. Ainsi il fut bien puni...

D'après un conte galicien.

14 octobre

Le petit pêcheur et la sirène

Il y a de cela bien longtemps, un petit garçon fit une pêche extraordinaire. Il ramena sur le rivage une belle sirène. La malheureuse le supplia :

– Relâche-moi, je t'en prie, sinon, je vais mourir.

Le petit pêcheur, ému, accepta de libérer la sirène. Pour le remercier, elle lui dit :

– Si tu as besoin de moi un jour, siffle dans cette flûte et je viendrai.

Le petit garçon grandissait et voulait devenir un vaillant capitaine. Mais ses parents étaient très pauvres et ne pouvaient payer ses études. Il pensa soudain à la sirène et souffla dans la flûte. Elle apparut aussitôt.

– Prends cette bourse, lui dit-elle. Tu pourras en retirer autant de pièces d'or que tu veux. Puis elle disparut.

Le jeune garçon put devenir un capitaine émérite, renommé sur toutes les mers. Il appelait parfois la sirène avec sa flûte pour la remercier de sa bonté. Ils devinrent tous deux de grands amis. Le capitaine fit ainsi plusieurs fois le tour de la terre.

Mais, un jour, il y eut une si violente tempête que son bateau se brisa en mille morceaux. Le capitaine se retrouva dans les flots avec son équipage : il crut sa dernière heure arrivée.

Il sortit sa flûte pour que la sirène vienne le sauver de la noyade. Elle surgit des flots avec un magnifique vaisseau.

– Ce navire est magique. Tu pourras traverser toutes les tempêtes avec lui. Tu n'auras qu'à lui commander de te conduire où tu veux.

Puis elle s'évanouit à jamais dans les vagues, emportant avec elle la petite flûte.

Le capitaine put voguer tranquillement sur toutes les mers à bord de son vaisseau magique. Comme il avait eu de la chance de pêcher un jour une sirène !

D'après un conte breton.

15 octobre

La lune dans l'étang

Une nuit, on courut dans un village en frappant aux portes et en criant :

La lune est tombée dans l'étang ! La lune est tombée dans l'étang !

Malgré le froid, tous les habitants sortirent en hâte de chez eux et accoururent près de l'étang du village. C'était bien vrai : la lune était là, au fond de l'eau. Tous la montraient du doigt.

Les sages arrivèrent bientôt, observèrent longuement l'étang, et conclurent que c'était là un bien grand malheur. Puis ils virent que la lune bougeait, et qu'elle voulait sortir de l'étang pour retrouver le ciel.

Ils ordonnèrent alors aux villageois de l'aider. Ceux-ci allèrent chercher des filets, qu'ils étendirent sous la lune, et qu'ils tirèrent pour essayer de la faire remonter. Mais la lune passa à travers les filets et resta au fond de l'étang.

Après de nombreuses tentatives, les villageois, découragés, questionnèrent de nouveau les sages. Ceux-ci réfléchirent longuement, puis finirent par répondre que c'était là un bien grand malheur, et tous se désolèrent.

C'est alors qu'arriva près de l'étang un petit garçon, réveillé par le vacarme. Il n'habitait pas le village, mais était en visite chez sa tante. Quand celle-ci lui eut dit quel était le grand malheur, il regarda le ciel et y vit la lune toute ronde, avec sa couleur de crème, bien à sa place.

Il la montra aux autres. Tous furent très étonnés. Les sages réfléchirent un long moment, puis ils déclarèrent :
– C'est un bien grand bonheur ! Le ciel nous a fait cadeau d'une lune, à nous, pauvres paysans ! Qu'elle reste à jamais au fond de notre étang !

Et c'est ainsi que les villageois sont très fiers de montrer « leur » lune.

D'après un conte arménien.

16e octobre

L'œuf ou le cheval

Deux paysans discutaient dans une auberge. L'un deux affirmait qu'aucun homme n'était obligé d'obéir à sa femme. L'autre n'était pas du tout de cet avis.
– Si tu veux, je te montrerai un homme qui commande à sa femme.
– Pari tenu ! répondit l'autre. Mais tu prendras avec toi une charrette remplie d'œufs et deux beaux chevaux. À chaque fois que tu rencontreras un homme mené par le bout du nez par sa femme, tu lui donneras un œuf. Si tu trouves celui qui a le dessus, tu lui donneras à choisir un de tes chevaux. Je suis convaincu que tu reviendras de ta tournée avec tes deux chevaux attelés à une charette vide.
Les conditions furent acceptées, et le paysan partit avec une charrette remplie d'œufs et deux chevaux magnifiques, l'un gris, l'autre noir.
Hélas ! Que d'œufs il dut distribuer ! Aucun homme ne semblait capable d'être obéi de son épouse. La réserve d'œufs diminuait à vue d'œil. Le paysan commençait à désespérer quand, un jour, il crut avoir trouvé l'homme qu'il cherchait.
Ce patron dirigeait sa ferme avec beaucoup d'autorité. Même dans l'intimité, il semblait que ce soit le maître qui donne des ordres ! Sa femme était très soumise et ne disait pas un mot.
Notre paysan offrit donc à son hôte de choisir un de ses chevaux.
– C'est un grand cadeau, répondit l'hôte un peu gêné. Mais, puisque tu insistes, je prends le noir.
– Mais non, le gris est beaucoup mieux, imbécile ! lança alors sa femme.
– Tu as raison, s'empressa de dire l'homme. Prenons le gris.
Très triste, le paysan ne dit mot, et donnant un œuf au maître tout surpris, il s'en alla avec ses deux chevaux qui tiraient une charrette vide.

D'après un conte danois.

17 octobre

Le chat sauvage et le dindon

Un chat sauvage se lamentait de n'avoir rien à se mettre sous la dent, pas même une toute petite souris. Soudain, sur la route, il rencontra un lapin. Quelle aubaine ! Le chat s'en léchait déjà les babines, quand le lapin s'écria en tremblant :

– Je peux te trouver une proie bien meilleure ! Fais le mort. Je me charge du reste.

Et le lapin partit à la rencontre d'un troupeau de dindons. Il dit au chef :

– J'ai tué un gros chat ! Venez voir.

Les volatiles ne pouvaient rater l'occasion d'observer de près un ennemi aussi redoutable. Alors qu'ils faisaient cercle autour du cadavre supposé en poussant de grands cris d'admiration, le chat se leva brusquement et emporta au loin le dindon le plus dodu. Le chef des dindons, furieux d'avoir été piégé, résolut une vengeance contre le lapin.

Le lendemain, alors que le lapin grignotait paisiblement l'herbe de la prairie, le chef des dindons se jeta sur lui en gloussant. Le lapin courut se réfugier dans le premier terrier qu'il avisa, mais son adversaire l'avait déjà saisi par la queue. Le lapin s'agrippa du mieux qu'il put aux parois du trou. De son côté, le dindon tirait avec toute l'énergie que donne la colère. Tant et si bien que la queue lui resta dans le bec.

Le pauvre rongeur pleura longtemps la perte de sa queue, puis il finit par s'y habituer. C'est depuis ce temps que le lapin n'a qu'une queue minuscule. Mais, surtout, n'allez pas le répéter, il en serait fâché.

D'après un conte indien.

18 octobre

La migraine, le point de côté et la mort

Un jour, la migraine et le point de côté rencontrèrent la mort.

– Salut, dirent-ils. Quelle surprise ! Cela faisait si longtemps qu'on ne s'était pas vus.

Pour fêter leurs retrouvailles, ils voulurent dîner d'un mouton grillé. Ils allèrent trouver le berger du hameau le plus proche.

– Donne-moi un mouton, lui demanda la migraine.

Comme le berger refusait, la migraine se mit dans sa tête. Aïe, aïe, aïe ! Le pauvre homme courut se mettre la tête sous la fontaine. Mais il ne voulait toujours pas donner son mouton.

À son tour, le point de côté s'approcha de lui :

– Donne-moi une bête gratis.

Comme le berger refusait une seconde fois, le point de côté s'introduisit dans sa poitrine. Ouille, ouille, ouille !

Il dut retenir sa respiration pendant au moins un quart d'heure pour que le mal disparaisse. Mais il ne cédait pas, ça n'était pas son habitude. Alors la mort arriva :

– Je t'ordonne de me donner un agneau.

Le berger obéit.

– Tiens, le voici. Cette fois je n'ai plus le choix. Car tu es la mort. Mais en échange, attends un peu avant de venir me chercher, je t'en supplie...

La mort hocha la tête :

– Il n'est pas en mon pouvoir d'allonger la vie.

– Eh bien, puisque c'est ainsi, conclut le berger qui était têtu, ni toi ni tes amis vous ne toucherez à mon agneau ! Et il reprit la bête.

Ce soir-là, la migraine, le point de côté et la mort rentrèrent souper mine basse. Point de mouton pour leurs retrouvailles ! Car l'homme têtu a souvent le dernier mot !

D'après un conte français.

19 octobre

L'escalier du géant

Il était une fois un roi et une reine qui aimaient tendrement leur jeune fils. Celui-ci grandissait en savoir et en sagesse et faisait l'émerveillement de ses parents. Un jour, alors qu'il venait d'avoir sept ans, il disparut et personne ne put le retrouver. C'était un grand malheur, car il était aimé de tous. Or, une nuit, le forgeron du village fit un rêve étrange. Le jeune prince, monté sur un cheval blanc, lui disait ceci :

– Je suis retenu chez le géant de la montagne et je lui sers de page. Les sept années de mon temps de service se terminent, et cette nuit même, si tu viens me délivrer, tu connaîtras la fortune.

Le forgeron connaissait bien l'escalier du géant dans la montagne. Il comptait des marches immenses, bien trop hautes pour le pied d'un homme. Le forgeron se rendit au pied de la montagne, et désespérait déjà de ne pouvoir gravir la première marche, quand il aperçut l'entrée d'une grotte. Il y pénétra, et après bien des tours et des détours, il entrevit une lueur. Il la suivit et arriva bientôt dans une salle grandiose où se tenait le géant en personne.

– Que viens-tu chercher ici, misérable vermisseau ? demanda le géant d'une voix terrible.

– Je viens chercher mon prince, que tu retiens depuis sept ans. Je sais qu'il est libre aujourd'hui.

Le géant conduisit le pauvre homme, terrifié, dans une autre pièce. Là, se trouvaient une trentaine d'enfants, tous vêtus comme des pages. Comment reconnaître le prince, parmi ces visages presque identiques ? Le forgeron eut alors l'idée de flatter le géant, de lui raconter une bonne histoire drôle. Le géant se tordit bientôt de rire, et tous les enfants rirent avec lui.

Dans le brouhaha général, le forgeron perçut une petite voix qui prononçait son nom. Il se saisit du garçon qui avait parlé, et ils s'enfuirent tous les deux tandis que le géant et ses pages riaient aux éclats.

Ils arrivèrent sains et saufs au château, et le forgeron ne fut pas oublié dans la fête qui suivit le retour du jeune prince.

D'après un conte irlandais.

20 octobre

Le ménage dans la maison

Un pot en porcelaine, une soucoupe en terre, une carotte, une mouche, un épi de blé et une aiguille à coudre se réunirent pour se répartir les tâches de la maison. C'est le pot en porcelaine qui donna les ordres :

– Toi, va chercher de l'eau au puits, dit-il à la soucoupe. Toi, la carotte, conduis le troupeau au champ. Toi, la mouche, va faire paître le bœuf. Toi, l'épi de blé, tu iras dans la cour vanner les grains, et toi, l'aiguille, tu balaieras la maison.

Ainsi fut fait. Tous se mirent au travail. Sauf le pot qui réfléchit à l'organisation du lendemain.

Mais quels malheurs, mes amis ! Quand la soucoupe en terre voulut se remplir d'eau, elle se ramollit complètement et ne put plus bouger. Quand la carotte emmena le troupeau au champ, elle se fit manger toute crue. Quand la mouche fit paître le bœuf, celui-ci l'assomma d'un simple coup de queue. Quand l'épi de blé voulut vanner les grains dans la cour, un coup de vent l'emporta. Et quand l'aiguille se mit à passer le balai, elle glissa entre deux lattes de plancher.

Tant et si bien que de la soucoupe, de la carotte, de la mouche, de l'épi de blé et de l'aiguille, il ne resta plus personne !

Trois heures après la réunion, le pot commença à s'inquiéter :

– Mais que font-ils ?

Il décida de partir à leur recherche et sauta d'un bond depuis l'étagère... Patatras ! Il avait oublié qu'il était en porcelaine ! Il se cassa en mille morceaux sur le plancher. Il ne restait plus personne, mais plus personne du tout. Qui allait s'occuper de la maison ?

D'après un conte tibétain.

21 octobre

Le mariage du soleil

Une belle paysanne se maria avec un homme qui resplendissait de lumière et de beauté, au point que tout le monde s'écriait sur leur passage :

– Quel beau couple !

Juste après la noce, elle s'aperçut qu'elle avait épousé le soleil.

Un mois plus tard, le frère de la jeune mariée qui voyageait dans la région, lui rendit une visite à l'improviste dans son château. En arrivant, il aperçut sa sœur dans une cuve de feu et eut très peur.

– Comment as-tu fait pour tomber là-dedans ?

– Ne t'inquiète pas ! Mon mari, le soleil, me l'a conseillé pour ma santé, répondit-elle.

Il est en promenade mais il rentre à la nuit tombante. Si tu passes la soirée au château, tu le rencontreras.

Le soir, comme prévu, le soleil revint de son travail. Il accueillit son hôte avec une grande générosité. Il lui fit préparer un repas de roi, puis il lui proposa de l'accompagner dans sa promenade du lendemain.

– Viens avec moi. Cela pourra t'éclairer.

Le frère accepta, mais le soleil ajouta :

– Permets-moi cependant d'y mettre une seule condition : quoi que tu puisses voir pendant ma tournée, ne me pose aucune question avant notre retour.

Pendant la promenade avec le soleil, le jeune frère vit des vaches grasses dans le désert et des vaches maigres dans de verts pâturages. Il vit aussi deux pigeons qui s'embrassaient.

Mais il se garda bien de poser une seule question.

De retour dans la propriété, le maître des lieux dit :

– À présent je vais t'expliquer, car je suis le soleil et je détiens les secrets de la vie. Les vaches grasses que tu as vues dans le désert, ce sont les méchants qui sont malheureux dans l'Autre monde. Les vaches maigres dans les verts pâturages, ce sont les pauvres gens qui sont récompensés dans l'Autre vie. Quant aux deux pigeons qui s'embrassent, c'est ta sœur et moi !

D'après un conte breton.

22 octobre

Le crabe qui faisait de l'or

Il existait autrefois, dans un petit port, un pauvre pêcheur qui avait deux fils. Chaque matin, il partait sur son bateau, et chaque soir, il revenait avec les rares poissons que la mer avait bien voulu lui donner.

Un jour, pourtant, il recueilli dans ses filets un crabe aux pouvoirs extraordinaires. En effet, celui-ci pondait des œufs d'or !

Tout enthousiaste, le brave pêcheur ramena son trophée à la maison. Tandis qu'il partageait sa joie avec ses deux fils, ils découvrirent, au dos du crabe, un autre de ses secrets : celui qui le mangeait devenait éternellement riche !

Le pêcheur voulut alors porter la nouvelle à sa femme, qui travaillait au marché. Bien mal lui en prit, car les deux fils en profitèrent pour s'enfuir aussitôt avec le précieux butin.

Il partagèrent le crabe en deux et en mangèrent chacun une moitié. C'est ainsi qu'ils trouvèrent, chaque matin, une bourse d'or sous leur oreiller.

Le premier des deux frères profita de ce trésor sans cesse renouvelé pour ouvrir un commerce, que son travail rendit prospère.

L'autre frère préféra dépenser tout cet argent, dans des fêtes et au jeu. Au cours d'une soirée, il fit une étrange rencontre : c'était une sorcière rusée qui s'empressa de lui faire cracher le crabe magique.

Heureusement, le premier frère eut vent de sa mésaventure. Il profita d'un moment d'inattention de la sorcière pour lui subtiliser son grimoire d'incantations et la transforma en ânesse. Et comme tout le monde sait que les ânesses ne supportent pas les crabes, elle eut vite fait de cracher à son tour le fabuleux crustacé.

Au terme de cette péripétie, les deux frères, qui n'avaient pas oublié les années passées dans la petite maison du port, décidèrent cette fois-ci de partager le crabe avec leurs parents. Leurs retrouvailles se firent autour des assiettes familiales… en or massif !

D'après un conte italien.

23 octobre

La poule d'or

Il était une fois un brave paysan, si pauvre qu'il avait dû vendre toutes ses bêtes, les unes après les autres. Il ne lui restait plus une seule vache, pas même un petit mouton. Il n'avait plus rien à vendre, pour nourrir ses enfants. Le dernier animal de sa ferme était une poule, une vieille poule boiteuse.

– Combien pourrai-je en tirer ? Quelques sous, peut-être une ou deux miches de pain. Cette pauvre bête est invendable.

– Tu parles trop vite, paysan, fit une voix.

Le fermier n'en croyait pas ses oreilles. La poule, c'était la poule qui parlait.

– Écoute-moi bien, dit l'animal. Mène-moi au marché et tu verras.

L'homme se mit en route. Chemin faisant, la poule aperçut une flaque de boue.

– Attends, dit-elle. Je vais patauger dedans.

– Mais tu seras sale, je te vendrai encore moins cher, fit le paysan.

– Fais-moi confiance, dit la poule, et elle se roula dans la flaque de boue.

Quand elle en ressortit, elle était toute poisseuse. Un peu plus tard, la poule vit un chariot plein d'avoine. D'un coup d'aile, elle se jeta à l'intérieur. Le fermier regardait sans comprendre. Mais quand elle ressortit, les flocons s'étaient collés dans la boue et faisaient comme une armure dorée, qui luisait au soleil.

Arrivé au marché, le paysan se dirigea vers le premier marchand.

– Quelle drôle de poule vous avez là ! s'exclama celui-ci.

– Elle est en or, fit la petite voix de la poule.

Le marchand ne sut pas d'où venaient ces paroles, mais il se dit :

– Cet idiot de paysan ne sait pas que sa poule est en or. Elle vaut une fortune ! Je vais la lui acheter si cher qu'il ne la vendra pas ailleurs.

Et il donna au pauvre paysan une grosse bourse pleine de pièces d'or, persuadé de faire une bonne affaire. Quant au paysan, il vécut, grâce à la poule, à l'abri de la pauvreté.

D'après un conte français.

24 octobre

Petit Pêcher

Une vieille trouva une pêche qui flottait sur l'eau et la ramassa. De retour dans sa chaumière, elle posa le fruit sur une assiette en disant :

– Cela fera un bon dessert pour mon vieux mari.

L'homme rentra des champs. À peine l'avait-il portée à sa bouche que la pêche se fendit et qu'un tout petit garçon en sortit. Les deux vieux, qui n'avaient pas eu d'enfant, l'adoptèrent et l'appelèrent Petit Pêcher.
Petit Pêcher grandit et dit un jour aux deux vieux :
– Je vais partir chercher les trésors sur l'île des ogres. Préparez-moi, s'il vous plaît, quelques beignets au millet pour le voyage.
Il se mit en route. Sur le chemin, il rencontra un singe qui lui demanda :
– Qu'y a-t-il dans ton baluchon ?
– Les meilleurs beignets au millet de tout le Japon.
– Donne-m'en un, et je viens avec toi.
Petit Pêcher accepta et le singe l'accompagna.
Non loin de là, un faisan les arrêta :
– Qu'y a-t-il dans ton baluchon ?
Petit Pêcher répondit la même chose et le faisan, après avoir mangé un beignet, le suivit aussi.
Peu après, ils croisèrent un chien. Celui-ci dévora un beignet et les accompagna.

Finalement, ils étaient quatre compagnons à faire route ensemble vers l'île des ogres : Petit Pêcher, le singe, le faisan et le chien. Lorsqu'ils arrivèrent, ils durent livrer aux ogres une terrible bataille. Mais, grâce à leurs talents additionnés, ils remportèrent la victoire ! Le singe agile grimpa sur les ogres pour les ficeler, le faisan leur creva les yeux avec son bec et le chien les mordit jusqu'au sang.
Les monstres vaincus abandonnèrent leurs richesses aux quatre amis : des manteaux de fourrure, des pierres précieuses et des épices magiques. Il y avait tant de trésors que leurs yeux étincelaient de mille feux.
Petit Pêcher rapporta sa part du trésor à ses parents adoptifs et ils vécurent en paix jusqu'à la fin de leurs jours.

D'après un conte japonais.

25 octobre

L'oiseau et le vilain

Un oiseau venait chanter deux fois par jour sur un grand pin dans le verger d'un vilain bonhomme. Un tout petit oiseau. Plus petit qu'un moineau et plus petit qu'un roitelet. Son chant était si mélodieux que ni l'alouette ni le merle, ni l'étourneau, ni même le rossignol n'osaient siffler à côté de lui. Il avait des chansons chaque jour nouvelles, plus douces et plaisantes que la veille Jamais on avait entendu refrain si harmonieux. Le plus triste des hommes, en entendant le petit oiseau chanter, oubliait ses chagrins et devenait subitement joyeux.
En l'écoutant ainsi, le propriétaire du verger, qui était très vilain, se croyait plus heureux qu'un empereur. Un matin, l'homme se dit : « Si je parviens à capturer cet oiseau, j'en tirerai un bon prix ! »
Aussitôt dit, aussitôt fait. Il grimpa au sommet du pin, attacha un lacet sur une branche, et attendit. Vers le soir, l'oiseau se posa et fut pris au piège.
– À présent, je te tiens et je vais te vendre !
– Eh bien, dans ce cas, je ne chanterai plus !
– Alors je vais te manger !
– Je suis bien petit, tu ne feras pas un bon repas. Alors que si tu me rends la liberté, je ferai de toi un homme riche, car j'ai dans mon cœur une pierre merveilleuse qui exauce les vœux…
À ces mots, le vilain relâcha aussitôt son prisonnier.
– Tu es un nigaud ! tu as cru à mes mensonges ! dit l'oiseau enfin libre.
– Tu te moques de moi, se lamenta le vilain.
– Si tu avais su, tu ne m'aurais pas lâché. Comment une pierre pourrait-elle tenir dans mon cœur ? Je suis si petit ! Tu es un nigaud et un vilain. Te voilà bien puni.
Ceci dit, l'oiseau s'envola très haut, et ne revint jamais chanter dans le verger.

D'après un conte français.

26 octobre

La moufle

C'était un hiver terrible, plus rude que tous les hivers précédents.

– Quel malheur, pour nous, les animaux, se lamentait une souris qui marchait péniblement sur le chemin. Jusqu'au moment où elle aperçut une moufle rouge sur la neige. Elle se dépêcha de s'y fourrer, bien à l'abri, bien au chaud.

Quelques minutes à peine s'écoulèrent avant qu'une grenouille ne passe ses deux joues à l'intérieur de la moufle en coassant :

– Ohé ! Est-ce qu'il y a une petite place pour moi ici ?

La souris dormait déjà et elle ne leva même pas la tête lorsque la grenouille s'installa à côté d'elle. L'instant d'après, arriva une chouette :

– Par pitié, mes ailes sont gelées, laissez-moi entrer !

À présent, elles étaient trois dans la moufle : la souris, la grenouille et la chouette.

– Place ! fit le lièvre sans donner plus d'explication. Et il se glissa auprès des autres...

Puis ce fut le tour du renard, de la belette et enfin du sanglier !

Un ours également montra patte blanche. Alors là, tous les animaux en chœur s'écrièrent :

– Non ! Non ! C'est complet !

L'ours geignait. Lui aussi était un animal, il avait le droit de se réchauffer comme les autres, il se ferait tout petit s'il le fallait. Tant et si bien qu'ils finirent par l'accepter. Ils étaient huit à présent dans la moufle.

Aucun d'entre eux ne prêta attention à une minuscule souris qui se glissa parmi eux... Et paf ! La moufle explosa en mille morceaux.

Il suffit parfois d'un tout petit rien pour dépasser les bornes !

D'après un conte russe.

27 octobre

La grenouille

Deux frères en avaient assez d'être célibataires. Ils décidèrent d'épouser les deux premières créatures qui passeraient sur le chemin.

– Je prends la première, dit l'aîné qui était un garçon décidé.

C'était une jolie jeune fille et il s'empressa de l'épouser. Le cadet, plus benêt, eut moins de chance car la seconde créature qui passa était une grenouille ! Il fut pourtant fidèle à son engagement et l'épousa.

Quelque temps plus tard, les deux frères rendirent visite à leur vieil oncle qui était fort riche. Il leur déclara :

– Je voudrais un petit chien pour me tenir compagnie. Peu m'importe qu'il soit noir ou roux, mâle ou femelle. Je ne souhaite qu'une chose : qu'il soit agile et ne casse ni mes verres en cristal ni mon service en porcelaine. À celui d'entre vous qui me trouvera un petit chien comme cela, je donnerai en récompense toute ma fortune.
Le frère aîné s'empressa d'acheter un petit chien pour le dresser. Le cadet, pendant ce temps, ne fit rien.
– Qu'as-tu rapporté ? demanda l'oncle le jour venu à l'aîné.
Le petit chien, qui n'était pas encore bien dressé, sortit de son panier et se mit à tout casser ! Alors l'oncle dépité se tourna vers le cadet mais celui-ci n'avait rien apporté.
– Je vous donne une seconde chance, dit le vieil homme. Celui qui m'amènera la plus belle femme obtiendra ma fortune.
L'aîné, tout heureux, pensa que sa charmante épouse l'emporterait. Le cadet, lui, crut déjà sa chance envolée.
– Comment pourrais-tu concourir, tu n'es qu'une grenouille, se lamenta-t-il auprès de son épouse.
La grenouille ne répondit rien. La nuit suivante, elle prépara un attelage avec une citrouille en guise de carrosse et des rats pour cochers.
Le lendemain, au moment où ils devaient aller chez l'oncle, la citrouille se transforma en carrosse, les rats en laquais et la grenouille laissa place à une princesse d'une beauté unique.
L'oncle se montra généreux. À chacun des deux frères, il offrit la moitié de sa grande fortune.

D'après un conte français.

28 octobre

Le faux sorcier

Un jour, la châtelaine ouvrit son coffre à bijoux, et s'écria :
– Au secours ! Mon anneau a disparu !
Le seigneur du château fit appeler le sorcier du village pour découvrir le voleur.
– Que veux-tu, en échange ?
– Trois bons repas, Seigneur.
Un cuisinier apporta sur-le-champ le premier repas.
– En voilà déjà un ! dit-il après avoir tout englouti.
Un autre cuisinier apporta le deuxième repas.
– Et de deux ! se félicita le sorcier. Il avala tous les plats.
Un troisième cuisinier apporta le dernier repas.
– En voilà trois ! dit le sorcier en se léchant les babines, car il avait bien mangé sans rien avoir donné en échange.
Les trois cuisiniers, qui avaient dérobé l'anneau de la châtelaine, tremblèrent de peur car ils croyaient que le sorcier les avait découverts. Ils lui proposèrent :
– Si tu ne dis à personne que c'est nous qui avons dérobé l'anneau, tu auras droit à la moitié de sa valeur.
Le sorcier, qui en fait n'avait aucun pouvoir de divination, eut une idée :
– Il y a un gros coq dans la basse-cour. Pour plus de sûreté, faites-lui avaler l'anneau.
Ce qu'ils s'empressèrent de faire. Quand le seigneur fit tuer le coq le dimanche suivant, l'anneau fut découvert. Il fit venir le faux sorcier :
– Je t'ai fait servir trois bons repas. Mais tu n'as pas trouvé le voleur... À présent, si tu es un vrai sorcier, je t'ordonne de deviner ce que j'ai caché sous ma serviette. Sinon, tu es un imposteur.
– Pauvre de moi, se lamenta le faux sorcier. Te v'la pris, et bien pris, griot, ajouta-t-il dans son patois.
– Tu as deviné juste, déclara le seigneur satisfait. C'est bien un grillon qui est caché.

D'après un conte lorrain.

29 octobre

L'homme qui répétait tout sans comprendre

Un homme répétait tout sans jamais rien comprendre.
Un jour, comme il lavait sa chemise sur le ponton, il aperçut un voilier au large :
– Ohé, du bateau ! s'écria-t-il.
L'équipage le crut en danger et le voilier se rapprocha à toute vitesse de la terre.
– À votre avis, ma chemise est-elle bien blanche ? demanda l'homme à l'équipage.
Le capitaine était hors de lui.
– Tu nous as fait venir pour ça ! lui cria-t-il en lui bottant le derrière.
– Que faut-il dire alors ?
– Vent en poupe ! Vent en poupe !
Le lendemain, l'homme vit une meule de foin en feu dans un grand champ. Il hurla :
– Vent en poupe ! Vent en poupe !
Les paysans le rouèrent de coups.
– On ne dit pas cela ! Il faut dire : "Que saint Antoine te protège ! Que saint Antoine te protège !"
Un jour, l'homme récitait sa prière au bord du chemin devant un âne mort.
– Ce n'est pas cela qu'il faut faire ! lui dit un passant. On le prend par les pattes et on le jette dans le fossé.
Peu après, l'homme croisa un cantonnier endormi au pied d'un figuier. Il le prit par les pieds et le jeta dans le fossé.
Parions qu'à cette heure, l'homme qui répétait sans comprendre est encore en prison !

D'après un conte corse.

30 octobre

Le mauvais esprit

Un curé rentrait chez lui, au trot, à travers la campagne noire et déserte. Soudain, son cheval se cabra et refusa d'avancer. Le prêtre aperçut, à quelque distance, un grand rond de feu blanc au milieu du chemin. Le feu ne crépitait pas, ne provoquait pas de fumée et n'avait pas d'odeur. Intrigué, le curé se risqua à faire un pas à l'intérieur du cercle. Le feu ne produisait aucune chaleur non plus.
– Du feu froid, c'est bien la première fois que je vois ça ! grommela le prêtre tout haut.
Une voix, qui provenait de sous la terre, gronda :
– Si tu veux du feu chaud, on t'en donnera !
– Non, merci, non, répondit le brave homme, je n'ai besoin de rien.
L'esprit souterrain monta d'un ton et se mit à l'insulter.
Le curé, en colère, se munit d'un bâton et frappa à l'intérieur du cercle. Chaque fois qu'il portait un coup, il entendait des cris et des plaintes monter du sol.
Il tapa ainsi jusqu'à ce que le feu blanc disparaisse et qu'il n'entende plus qu'un profond soupir.
Il rentra chez lui et décida de ne plus y penser. Comme

il s'apprêtait à se coucher, le prêtre entendit frapper à la porte. Il se rhabilla rapidement et descendit ouvrir. Il ne vit personne sur le seuil, mais une voix s'éleva :
– Bonsoir, curé.
Le curé reconnut la voix du vieux Jean qu'il avait enterré l'année dernière.
– Bonsoir, Jean. Tu es allé au paradis, j'espère ? s'enquit le brave homme.
– Pas encore, je pars dès l'aube, répondit la voix. Un esprit méchant me barrait sans cesse la route mais tu l'as si bien battu cette nuit que tu l'as tué.
– Tant mieux, tant mieux, dit le curé. Bon voyage et prie pour moi !

D'après George Sand.

31 octobre

Le pou

Un roi, on ne sait comment, attrapa une drôle de petite bête noire qui courait sur les poils de sa jambe. Il convoqua son bouffon et lui demanda :
– Qu'est-ce que c'est que ça ?
Le bouffon fut formel :
– Un pou, Seigneur, dit-il.
Intrigué, le roi qui n'avait jamais vu de pou auparavant, ordonna :
– Qu'on le mette à engraisser dans une salière !
Ainsi fut fait. Le pou devint tellement gros qu'il fallut casser la salière pour l'en sortir. On lui enleva la peau et on fabriqua une paire de gants dans cette matière.
Le roi voulait marier sa fille mais désirait que son futur gendre soit plus intelligent que tous, même s'il n'était pas de sang royal. Il décida donc :
– Celui qui découvrira de quoi sont faits ces gants, celui-là aura ma fille.
À cette nouvelle, les prétendants accoururent par centaines au château, comtes et ramoneurs, princes et mendiants. Tous se bousculaient sur les routes et dans la cour du château, à celui qui arriverait le premier !
La princesse était secrètement amoureuse d'un prince du voisinage, et, pour qu'il puisse l'épouser, elle lui révéla le secret.
Le jour dit, son soupirant, déguisé en charbonnier, se rendit au château. Quand ce fut son tour d'être interrogé, le roi lui demanda comme à tous les autres prétendants depuis le début de la journée en montrant les gants :
– De quoi sont-ils faits ?
– De la peau d'un pou, répondit-il à la stupéfaction générale.
Le roi lui donna immédiatement sa fille. Lorsque le jeune homme révéla qu'il était prince et non charbonnier, le monarque s'inclina volontiers.
Il ne sut jamais que la plus intelligente de tous était sûrement la princesse, sa fille.

D'après un conte français.

1er novembre

L'ours et le lion

Un jour, l'ours jugea qu'il n'était pas de son rang de dormir dans une tanière et décida de se construire une belle maison identique à celle des hommes.
Il passa sa journée à couper du bois, à ramasser des pierres, à transporter des troncs d'arbres... Quand vint la nuit, épuisé, il s'endormit non loin de là.
Le lion, qui passait sur le chemin, vit tous les matériaux accumulés et se dit : « Tiens, tiens, voici tout ce qui est nécessaire pour se construire une maison. Ça tombe bien, coucher dans les arbres, ce n'est plus de mon âge ! »
Et il commença à lier les branches ensemble, à empiler les pierres les unes sur les autres. Au lever du soleil, fatigué, il partit se coucher.
L'ours, en se réveillant, n'en croyait pas ses yeux : « Voilà mon travail bien avancé ! Ce sont sans doute de petits lutins qui sont venus cette nuit pour m'aider. »
Il se remit à l'ouvrage, le soir, partit dormir, et la nuit, le lion prit la relève. Ainsi, l'ours travaillait le jour, le lion la nuit et tous deux pensaient recevoir l'aide des lutins pendant qu'ils se reposaient.
Quand la maison fut prête, ils se retrouvèrent nez à nez.
– Qu'est-ce que tu fais dans ma maison ? grogna le lion.
– Comment, ta maison ! s'écria l'ours, mais c'est moi qui l'ai construite !
– Ah non ! C'est moi !
Ils se battirent, puis s'expliquèrent et finirent par comprendre ce qu'il s'était passé. Ils n'avaient plus d'autre solution que de vivre ensemble.
Mais ils se disputaient tout le temps et chacun imaginait le moyen de chasser l'autre. Tous deux, une fois de plus, eurent la même idée. C'est ainsi qu'un soir, le lion arriva chargé d'un ourson tué et l'ours d'un lionceau mort dans les bras.
Effrayés l'un par l'autre, ils s'enfuirent tous deux en courant, l'ours au pôle Nord et le lion en Afrique, afin d'être bien certains de plus jamais avoir à partager la même maison.

D'après un conte amérindien.

2 novembre

Le chien et le loup

Un chien et un loup décidèrent un jour de cultiver ensemble un champ et de partager la récolte. Ils labourèrent, plantèrent des oignons et s'en occupèrent si bien que bientôt ils virent sortir de terre de belles pousses vertes. Le chien demanda alors au loup s'il voulait ce qui avait poussé sur la terre ou sous la terre. Attiré par les belles pousses verdoyantes, le loup laissa au chien tout ce qui était sous la terre. Mais, tandis que le chien se régalait avec les oignons doux et tendres, le loup ne put rien manger, car les pousses étaient affreusement acides.

Ils décidèrent alors de planter des navets. Ils labourèrent de nouveau, plantèrent, prirent soin des jeunes pousses. Au moment du partage, le loup hésita, mais, de nouveau mis en appétit par la belle couleur, il décida encore de prendre ce qui avait poussé sur la terre. Et, alors que le chien, tout heureux de la naïveté de son compagnon, dégustait les petits navets bien sucrés, le loup ne put rien manger, tant les pousses de navets étaient acides.

Le chien et le loup plantèrent finalement du blé. Lorsque le moment de la récolte arriva, le loup, rendu méfiant par les deux premiers partages, se dit qu'il valait mieux, cette fois-ci, choisir ce qui avait poussé sous la terre. Le chien accepta bien vite et, tandis qu'il portait les beaux épis dorés chez le meunier, le loup s'aperçut en creusant le sol qu'il ne pouvait rien manger des racines. C'est ainsi que le loup affamé s'en fut en maudissant le chien qui l'avait trompé trois fois, pour retourner vivre en solitaire dans la montagne, se promettant bien de se venger un jour. C'est pourquoi les chiens et les loups se font toujours la guerre.

D'après un conte kabyle.

3 novembre

Le bohémien et les trois grains de blé

Il était une fois un bohémien très pauvre. Il arriva un jour dans une ferme, et demanda à une servante de lui donner un morceau de pain et trois grains de blé. La servante fut un peu étonnée, mais elle lui donna ce qu'il voulait.

Le bohémien continua son chemin et arriva devant la maison d'un fermier. Il demanda à l'homme de bien vouloir garder ses trois grains de blé. Le lendemain, quand le bohémien revint pour reprendre le blé, le fermier, un peu gêné, lui dit qu'une poule les avait mangés.

– Donne-moi la poule, fit le bohémien, car mon bien est dans son estomac.

Le bohémien s'en fut avec la poule. Il demanda alors à une vieille femme de la garder chez elle. Mais quand il revint la prendre, le chat de la vieille avait mangé la poule. Il lui dit donc :

– Tu dois me donner ton chat, car il a mangé mon seul bien.

La vieille accepta, et le bohémien s'en fut en portant le chat. Il passa devant la maison d'un bûcheron et lui laissa son chat jusqu'au lendemain. Mais lorsqu'il vint le reprendre, le chien du bûcheron avait tué le chat.

Il demanda alors :
– Bûcheron, donne-moi ton chien, il me consolera de la mort de mon chat.
Le bûcheron avait bon cœur, il le lui donna, et le bohémien s'en alla. Mais un cheval, lancé au galop, écrasa le chien. Le cavalier revint alors sur ses pas et dit :
– Prends donc ce cheval qui est coupable de la mort de ton chien.
Et le bohémien s'en fut alors au loin sur sa monture, et il ne revint jamais, car les bohémiens ne sont jamais aussi heureux que sur un cheval.

D'après un conte camarguais.

4 novembre

La jument blanche

Il était une fois une fille de seigneur qui voulait épouser un pauvre jeune homme appelé Pierre. Le père de la jeune fille ayant refusé, Pierre vint alors le trouver et conclut un accord avec lui : s'il parvenait à voler la jument blanche du seigneur, il épouserait sa fille. Le seigneur fit installer deux gardes qui veillaient jour et nuit dans l'écurie. Pierre attendit alors la fête de la ville. Le grand jour était arrivé et la ville entière

se réjouissait, sauf les deux gardes. L'un d'eux dit alors :
– Écoute, Pierre doit être à la fête lui aussi, il ne viendra pas. Il est inutile que nous soyons deux. Va donc t'amuser pendant que je reste ici, et tu viendras me remplacer à la moitié de la nuit.
Son compère accepta, et il partit sur-le-champ. Pierre, qui avait tout entendu, attendit qu'il fasse nuit noire, puis il se dirigea vers l'écurie. Déguisant sa voix, il dit au garde :
– Compère, je te remplace, car mes amis ne sont pas à la fête, et je m'ennuie.
L'autre partit en courant. Pierre détacha alors la jument, installa une selle sur un tonneau qu'il avait recouvert d'un drap blanc, et s'en fut bien vite.
Le second garde, arrivant à la fête, trouva son compère parmi les convives : ils comprirent qu'ils avaient été joués. Ils décidèrent malgré tout de profiter des festivités, persuadés que Pierre n'avait sûrement pas eu le temps de s'emparer de la jument. Deux heures plus tard, ils rentrèrent ivres morts à l'écurie, et ne s'aperçurent pas du subterfuge. C'est ainsi que le lendemain matin, le seigneur découvrit ses deux hommes endormis, en train de garder un tonneau. Ils furent congédiés, mais Pierre put épouser la fille du seigneur…

D'après un conte breton.

5 novembre

Les sorcières et le pêcheur

Il était une fois un pêcheur qui, un beau matin, s'aperçut que les nœuds des cordages n'étaient pas faits à sa façon. Il partit, mais, le soir venu, il revint se glisser dans son bateau sans se faire voir, et il attendit.
Peu après, de vieilles femmes montèrent dans son bateau et larguèrent les amarres. Ils voguèrent quelques temps, puis accostèrent. Le pêcheur entendit les femmes descendre.
Il se glissa alors derrière elles et les vit allumer un grand feu sur la plage. Il comprit en les regardant que c'était des sorcières et reconnut parmi elles une vieille femme de son village.
Il s'éloigna du feu, et chercha à reconnaître l'endroit. Mais la côte lui était inconnue, bien qu'il ait beaucoup navigué. Il eut alors l'idée de couper un roseau

d'une étrange espèce, puis il regagna sa cachette sur le bateau.
Peu avant l'aube, les sorcièrent repartirent, et atteignirent le port avant le lever du soleil.
Le pêcheur attendit que les méchantes femmes aient quitté son bateau, puis il se rendit chez l'apothicaire, qui savait exactement à quel endroit poussait chaque plante. L'apothicaire regarda longuement l'étrange roseau, puis il dit avec un grand étonnement :
– C'est un roseau qui vient d'Amérique. Mais les vents du retour devaient être très favorables, car il semble avoir été coupé il y a quelques heures seulement.
Le pêcheur s'en alla alors trouver la vieille sorcière du village et il lui dit :
– Sais-tu que je peux te dénoncer ? Mais je ne dirai rien si tu me donnes le secret qui fait marcher les bateaux plus vite que le vent.
La vieille lui donna alors en grognant une poudre magique et, toute sa vie durant, le pêcheur put faire le tour des mers du monde sans que personne ne s'en aperçoive, car il rentrait toujours à la tombée de la nuit.

D'après un conte espagnol.

6 novembre

Le loup de la plaine

Il était une fois un loup affamé qui courait dans la plaine à la recherche d'une proie. Il vit un âne et lui dit d'un air menaçant qu'il allait le manger.
– Bien sûr, répondit l'âne. Tu es plus fort que moi. Mais je te conseille d'attendre la nuit, car chacun sait que le jour la chair des ânes n'est pas bonne. Attends-moi là, je vais manger quelques herbes qui me donneront du goût.
Le loup, qui était stupide, le laissa partir. Il attendit toute la nuit, mais l'âne ne revint pas. Au matin, furieux d'avoir été trompé, il poursuivit son chemin. Il rencontra alors un chevreau et se jeta sur lui. Mais celui-ci le supplia :
– Loup, tu me mangeras, car je suis faible. Mais laisse-moi aller chercher de l'ail et une bonne petite sauce, car je serai bien meilleur ainsi.
Le loup le laissa partir en songeant au délicieux repas qu'il allait faire. Mais, bien sûr, le chevreau ne revint pas. Fou de rage, il s'attaqua alors à un buffle :
– Loup, tu ne me mangeras pas ainsi, je suis couvert de boue ! Attends un peu, je vais me laver, ce sera bien mieux pour toi.
Le loup accepta et le buffle s'éloigna dans l'eau. Le loup ne savait pas nager... Il dut abandonner sa proie. Puis il aperçut un cheval.
– Loup, je t'en prie, j'ai promis de ne pas mourir sans savoir mon âge qui est inscrit sous mon sabot arrière. Dis-le moi, et je me laisserai manger.
Le loup ne put refuser d'accomplir cette dernière volonté. Mais, comme il se penchait pour regarder, le cheval lui décocha un terrible coup de sabot, et le loup vola dans les airs. Lorsqu'il retomba par terre, il était seul avec sa faim.

D'après un conte russe.

7 novembre

Le roi qui n'arrivait pas à éternuer

Il était une fois un roi qui était très malheureux, car il n'arrivait plus à éternuer.
On fit venir les plus grands médecins du royaume. L'un d'eux lui conseilla de respirer du poivre. Le roi inspira à fond, sentit qu'il allait éternuer. De joie, il laissa tomber le poivre. Tous les conseillers et le médecin lui-même furent pris d'une terrible crise d'éternuements, mais le roi n'éternua pas.
Un autre médecin lui fit chatouiller le visage avec une plume de paon. Le roi riait de si bon cœur que la cour entière ne put s'empêcher de l'imiter. Le médecin, entre deux éclats de rire, demanda qu'on arrête le traitement.
Un troisième médecin lui recommanda d'attraper un gros rhume. On installa alors le roi dehors, sous la pluie et dans les courants d'air. Le roi fut si malade qu'il passa trois mois au lit et que l'on craignit pour sa vie. On parvint enfin à le guérir, mais il n'avait pas éternué.
Le roi devint alors extrêmement malheureux. Il passait ses journées dans les jardins du palais à se désoler sur son sort. Un jour, il décida de se reposer à l'ombre d'un pommier. Un jeune jardinier arriva alors et, sans avoir vu le roi, se mit à secouer l'arbre pour faire tomber les fruits. Une pomme tomba juste sur le nez du roi, et celui-ci se réveilla en lançant un terrible éternuement, bientôt suivi de nombreux autres. Dans un bref moment de pause, il fit venir le jardinier qui l'avait guéri et lui demanda quelle récompense il désirait. Celui-ci, qui était secrètement amoureux de la princesse, demanda sa main en rougissant. Le roi était si heureux qu'il accepta, et l'on célébra bien vite la noce.

D'après un conte français.

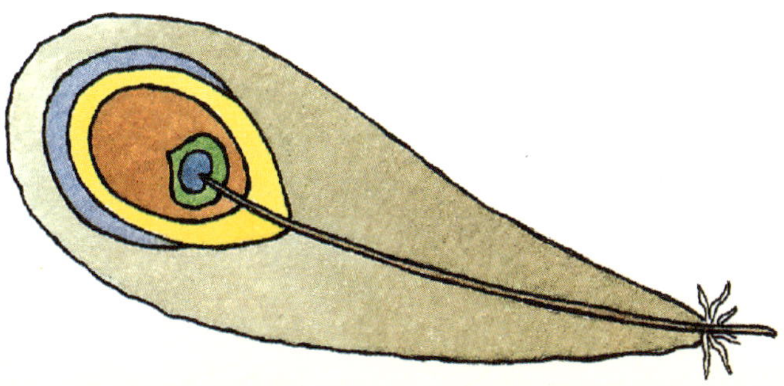

8 novembre

Le secret des marées

On raconte qu'il y a bien longtemps la mer ne bougeait jamais, car les marées n'existaient pas.
Mais il y avait, sur une île, un homme un peu sorcier que tout le monde craignait. On savait qu'il possédait un vieux livre magique très puissant et rempli de maléfices. Le sorcier, avant de consulter ce livre, vérifiait toujours qu'il était seul et que personne ne le voyait.

Quand il sortait, il enfermait le livre dans un coffre et défendait à son apprenti de le toucher.
Un jour qu'il était sorti se promener sur la plage, il vit avec terreur que les eaux de la mer montaient vers lui à grande vitesse. Il courut pour leur échapper, mais les vagues le rattrapèrent, et il fut obligé de se percher sur un rocher qui dépassait encore des eaux. Il aperçut son apprenti qui, assis derrière une dune, regardait le livre magique, et il comprit que cela avait causé la colère de la mer.
Le sorcier ordonna à l'imprudent de lire à l'envers le passage qu'il venait de terminer. Mais l'apprenti, pris en faute, eut tellement peur lorsqu'il entendit la voix de son maître qu'il referma le livre en tremblant. Il était si terrifié par le bruit terrible des vagues qu'il n'arrivait pas à trouver la bonne page. Il finit pourtant par la retrouver, pendant que les vagues, qui montaient encore, menaçaient d'engloutir le sorcier.
Affolé, l'apprenti n'arrivait pas à lire le passage à l'envers. Il s'enfuit alors et alla s'abriter derrière un petit mur. Là, ayant retrouvé un peu de calme, il commença à lire les pages à l'envers. Mais le passage était long, et cela lui prit beaucoup de temps. Finalement, les vagues arrêtèrent de monter mais restèrent encore très hautes. Le soir seulement, la mer commença à redescendre. Mais il était trop tard, et l'on ne retrouva pas le sorcier. Depuis ce jour, la mer monte et descend deux fois par jour, avec les marées.

D'après un conte anglais.

9 novembre

Le rossignol qui voulait faire peur

Un rossignol qui se trouvait trop petit refusait de chanter : il regrettait de n'être qu'un oiseau, inoffensif et fragile. Il voulait absolument être un tigre, très redoutable. Un jour, il décida de se déguiser afin de devenir l'animal terrible de ses rêves.
Il perça une feuille de deux trous pour les yeux et découpa une bouche aux dents pointues.
– Voilà mon masque de tigre. Avec ce déguisement, tout le monde me craindra, dit-il fièrement de sa petite voix.
Il descendit de sa branche et se mit à marcher d'un pas assuré sur la route. Soudain, un tigre apparut au détour du chemin. Le rossignol, d'instinct, eut très peur et recula. Puis, il se souvint qu'il était déguisé. Il fit alors face au tigre et lui lança un regard de défi. Le tigre remarqua le rossignol masqué.
– Drôle d'animal, fit-il, intrigué par le déguisement du rossignol.
« Le tigre ne m'attaque pas, il a peur ! pensa le rossignol, me voilà fort et puissant. » Et il rugit de plaisir, avec, évidemment, un minuscule rugissement de rossignol.
« Étrange, peut-être, mais son cri m'agace, il fait trop de bruit », se dit le tigre.
À ces mots, il se saisit du rossignol déguisé et l'avala tout cru. Puis, il reprit sa route, en quête d'un vrai repas. Depuis, les rossignols se contentent de chanter.

D'après un conte chinois.

10 novembre

La fermière, le fermier et la vache

Il était une fois un méchant fermier qui maltraitait sa femme. Un jour, il alla au marché acheter une vache. Sa femme, ne le voyant pas revenir, se demandait ce qui avait pu arriver, quand un voisin vint chez elle en courant.

– Ah ! ma bonne ! Si vous saviez ! Votre mari a trop bu au village !

– Ca ne m'étonne pas, répondit-elle sans se troubler.

– Mais il est tombé, et la vache s'est enfuie !

– Ah ! mon Dieu, quel malheur !

– Votre homme a quand même réussi à la rattraper.

– Bon, tant mieux !

– Mais comme ils passaient sur le petit pont, la vache s'est débattue, votre homme est tombé à l'eau et il a été emporté !

– La vache aussi ?

– La vache aussi. Ils ont été emmenés tous les deux par le courant, et on ne les a repêchés que très loin.

– Et la vache est morte ?

– Non. Mais pour votre homme, il était trop tard. Il est mort, ma pauvre...

– Et la vache ?

– On vous la ramène.

– Ah ! Bien ! Me voilà rassurée ! Et mon homme est mort ?

– Eh oui...

– Ah ! Mais voisin, on peut dire que vous m'avez fait peur !

Car on dit bien qu'une bonne vache vaut mieux qu'un mauvais mari.

D'après un conte français.

11 novembre

La tapisserie magique

Il était une fois un frère et une sœur qui étaient orphelins. Ils arrivaient à survivre grâce aux splendides tapisseries que brodait la jeune fille, et que le garçon vendait aux alentours.

Un jour, une vieille femme arriva au village et demanda à manger dans plusieurs maisons, mais elle fut chaque fois rejetée avec mépris par les habitants. Elle arriva alors chez les deux orphelins qui l'accueillirent avec bonté et se privèrent de leur maigre repas pour le lui offrir, tant elle semblait épuisée. Puis ils la prièrent de se reposer sur leur seul lit, et ils s'installèrent par terre.

La jeune fille brodait une tapisserie représentant un superbe oiseau multicolore. La vieille femme qui la regardait faire avec admiration dit alors :

– Enfants, vous êtes les seuls à m'avoir accueillie, alors que vous êtes les plus pauvres. Vous vous êtes privés pour moi, et je veux vous récompenser.

Elle donna alors à la jeune fille plusieurs bobines de fil de soie pour sa tapisserie, et lui dit de souffler sur son travail quand il serait fini. Puis elle s'en alla.

La jeune fille fit comme on lui avait dit. Lorsque l'oiseau fut terminé, elle souffla sur la tapisserie qui commença à gonfler et à grossir jusqu'à ce que l'oiseau brodé se détache de la toile et prenne vie. Il dit alors aux deux enfants qui le regardaient avec émerveillement que la vieille femme était une magicienne qui l'avait chargé de veiller sur eux.

Les deux enfants grimpèrent alors sur son dos, et l'oiseau prit son envol pour les déposer dans une riche contrée où ils s'installèrent tous trois. Les orphelins s'aperçurent que l'oiseau pondait des œufs d'or.

Ils purent alors vivre tranquillement et sans souci, en soignant toujours leur bel oiseau, et en accueillant du mieux qu'ils pouvaient les pauvres et les vagabonds, en souvenir de la vieille femme.

D'après un conte chinois.

12 novembre

Les chèvres, le renard et le loup

Il était une fois sept chèvres blanches qui se promenaient gaiement lorsqu'elles rencontrèrent un loup. Il semblait si féroce qu'elles se mirent à trembler sans même essayer de se défendre. Mais elles parvinrent à supplier :

– Loup, ne nous mange pas ! Nous avons chacune deux petites chevrettes. Comment vont-elles faire sans nous ? Laisse-nous un an pour les élever, et nous reviendrons alors. Elles auront grandi et tu pourras nous manger.

Le loup accepta, et les sept chèvres s'en furent bien vite auprès de leurs petites. Mais un an après, elles tinrent leur promesse, car le loup les avait menacées de manger également leurs petites si elles ne revenaient pas.

Elles marchaient donc en pleurant lorsqu'elles rencontrèrent un renard qui leur demanda la raison de leurs larmes. Elles lui racontèrent toute l'histoire. Le renard réfléchit alors, puis il leur dit :

– Que six d'entre vous arrachent des mottes de terre. Vous les fixerez ensuite à vos cornes, et vous avancerez en ligne les unes à côté des autres. La septième viendra derrière les autres.

Les chèvres firent ce qu'il avait dit, et allèrent au rendez-vous du loup, accompagnées du renard qui marchait un peu en avant. Ils arrivèrent bientôt à l'endroit où le loup attendait. Le renard courut alors vers lui.

– Vois, compère loup, voici les chèvres qui arrivent !

– Je vois, dit le loup, et je suis bien content. Mais qu'ont-elles sur la tête ?

– Ce sont les têtes des loups qu'elles ont tués, répondit le renard.

– Ha ! fit le loup très inquiet. Et la dernière, pourquoi n'en porte-t-elle pas ?

– C'est pour y accrocher ta tête, mon pauvre ami ! s'écria le renard.

En entendant ces mots, le loup fut pris d'une telle frayeur qu'il détala sans demander son reste et ne revint jamais au pays de ces chèvres si féroces.

D'après un conte français.

13 novembre

La reine et le musicien

Il était une fois un musicien qui parcourait de nombreux royaumes en jouant du luth. Sa musique était si belle que tous les gens accouraient pour l'écouter, et restaient charmés de longs jours après son départ. Il arriva un jour dans un royaume où l'on n'entendait

aucun bruit, aucun chant, aucune musique. Le pays, pourtant peuplé, semblait désert.
Il demanda alors à un paysan la raison de ce silence. Celui-ci lui répondit que la reine était si malade, qu'elle avait donné l'ordre de ne plus faire le moindre bruit. La musique, les chants et les danses étaient sévèrement punis.
Le musicien se dirigea alors vers le palais de la reine, demanda à la voir et la supplia de faire cesser cette interdiction. En échange, il lui proposait de la guérir par sa musique. La reine répondit alors :
– Tu peux essayer, musicien. Si tu parviens à me guérir, la musique reviendra dans ce pays. Mais si tu échoues, tu seras la proie des crocodiles.
Le musicien accepta ce marché, accorda son luth et commença à jouer. Les courtisans, fascinés, écoutaient en pleurant. Bon nombre de gens arrivèrent bientôt et s'installèrent autour du musicien, pour mieux l'entendre. Il joua jusqu'à épuisement. Quand il s'arrêta, à bout de forces, la reine elle-même avait les larmes aux yeux. Elle lui dit alors :
– Musicien, tu as gagné ton pari, je suis enfin guérie. Je tiendrai ma promesse. La musique retentira bientôt dans ce palais, et partout ailleurs. Accepte de devenir mon mari, tu seras roi et le pays dansera grâce à ta musique.
Le musicien s'inclina et répondit :
– Reine, sois remerciée de ta proposition. Mais je ne peux m'arrêter ici. Ton royaume retrouvera la joie et n'aura plus besoin de moi. Je veux porter ma musique à tous ceux qui souffrent et qui en ont besoin.
Sur ces mots, il s'en alla pour ne plus revenir...

D'après un conte indien.

14 novembre

La plume d'or

Un poète qui n'avait plus d'inspiration passait de longues heures à se promener au bord des rivières. Un jour, à proximité d'une source, il trouva une plume d'or qui brillait comme un soleil. Il la rapporta chez lui, mais la nuit venue, elle éclaira tant sa maison que le poète ne parvint pas à dormir. Il s'installa alors à son bureau, trempa la plume dans l'encre et se mit à écrire sans effort. Les nuits suivantes, il travailla ainsi, des heures durant, à la lumière de sa plume d'or.
Grâce à elle, il réalisa les poèmes les plus beaux que l'on avait jamais lu et devint célèbre à travers le monde.
Quand il devint vieux, la mort vint l'avertir que son heure allait bientôt sonner. Mais le poète ne voulait pas mourir. Il disait qu'il lui restait encore beaucoup à écrire. Comme il méditait sur son sort, il passa par hasard devant la source où il avait trouvé la plume, des années auparavant, et une belle femme au plumage d'or vint se poser devant lui.
– Bonjour, je suis ta muse et je suis venue te chercher pour t'enlever à la mort.
Le poète, ravi de pouvoir échapper à son sort, enfila la paire d'ailes que la muse lui tendait et s'envola jusqu'aux

étoiles. Là, il tendit un fil entre deux astres, s'assit dessus comme sur une balançoire et se mit à écrire ce qu'il voyait, c'est-à-dire tous les rêves des vivants de la terre qui montaient vers le ciel.

Le poète devint immortel. Là-haut, dit-on, il vit heureux auprès de sa muse, et il écrit encore.

D'après un conte breton.

15 novembre

L'eau du puits

Il était une fois un couple de braves gens qui tenaient un salon de thé. Ils pensaient aussi aux pauvres du village qui avaient besoin de boire, mais n'avaient pas assez d'argent pour s'acheter un bol de thé. C'est pourquoi ils leur offraient toujours de l'eau bien fraîche, qu'ils tiraient de leur puits. Un jour, un vieillard passa et demanda de l'eau. La femme l'installa dans un fauteuil pour qu'il se repose et lui donna tout ce qu'il fallait pour qu'il se rafraîchisse. Le vieillard la remercia beaucoup de sa générosité, et en partant, il s'arrêta un moment devant le puits.

Le lendemain, quand l'homme alla tirer de l'eau, il s'aperçut qu'il y avait dans le puits un vin délicieux. Lui et sa femme commencèrent alors à vendre ce vin en bénissant le vieillard. Ils devinrent bientôt riches, mais restèrent tout aussi généreux, et quand ils moururent, tout le monde se désola.

Leur fils leur succéda, mais c'était un homme méchant et avare. Il vendait son vin plus cher et interdisait aux pauvres de s'approcher de la maison. Il se maria avec une femme aussi mauvaise que lui...

Un jour, le vieillard revint au salon de thé. Le fils le reconnut, mais au lieu de le remercier, il mentit et se plaignit d'être pauvre. Comme le vieillard ne disait rien, il finit par lui dire qu'il aurait mieux fait de mettre de la liqueur dans le puits, car cela se vendait plus cher que le vin, et il aurait ainsi eu plus d'argent.

Le vieillard quitta la maison sans avoir dit un mot, mais en partant, il s'arrêta près du puits. Le méchant fils passa toute la nuit à rêver à de nouvelles richesses. Mais au matin, il fut réveillé par des cris de colère. Des clients n'avaient trouvé que de l'eau dans les tonneaux qu'il leur avait vendus. Il courut au puits et il n'y trouva que de l'eau. Les gens se moquèrent de lui, et comme il avait perdu toute sa richesse, il préféra quitter le village où personne ne le regretta.

D'après un conte chinois.

16 novembre

La lune et le dieu-éléphant

Il y a bien longtemps, le dieu-éléphant était honoré par les hommes qui lui préparaient de délicieux petits gâteaux à la noix de coco pour lui faire plaisir.

Un beau jour, il trouva sur son autel une quantité de ces petits gâteaux dont il raffolait. Comme il était très

gourmand, il ne put résister à la tentation de les manger tous, en se disant que s'il les laissait pour le lendemain, ils ne seraient plus aussi bons.
Il les mangea donc tous, l'un après l'autre, et il y en avait tant qu'il resta là jusqu'au soir. Puis, repu, il partit faire une petite promenade pour essayer de digérer un peu. Mais comme il avait beaucoup trop mangé, il avait du mal à garder les yeux bien ouverts, et à regarder où il posait ses pattes.
C'est ainsi que n'ayant pas vu un serpent qui dormait dans l'herbe, il trébucha dessus et s'étala de tout son long. Le serpent mourut écrasé, et le ventre du dieu-éléphant éclata sous le choc. Fort mécontent, il ramassa le serpent et le noua autour de son ventre, comme une ceinture, puis continua son chemin.
La lune, qui le regardait depuis un moment, le trouva si drôle qu'elle ne put se retenir et partit d'un immense éclat de rire qui illumina sa large face ronde. Tous les animaux et les astres de la création, en l'entendant, se mirent à rire également. Le dieu-éléphant fut très vexé d'être ainsi la risée de tous.
Il arracha alors l'une de ses défenses et la lança vers la lune avec colère. Celle-ci fut touchée, son rire cessa aussitôt et tout tomba dans l'obscurité. Mais les dieux ne voulurent pas de la disparition de la lune, dont ils aimaient la lumière et le rire.
Le dieu-éléphant accepta alors de lui redonner la vie, mais à condition que sans cesse elle croisse et décroisse jusqu'à prendre la forme de sa défense perdue.

D'après un conte indien.

17 novembre

Les petits pains

Il était une fois un jeune paysan qui avait rejoint une armée de gens pauvres et malheureux révoltés contre leurs cruels seigneurs. Comme il était audacieux et intelligent il devint bientôt leur chef.
Un jour, il attaqua une ville où plusieurs seigneurs s'étaient réunis pour former une armée. Il fit surveiller par ses hommes toutes les routes qui y menaient, avec l'ordre de ne rien laisser entrer ni sortir. Le siège dura longtemps et il n'y eut bientôt plus rien à manger dans la ville. Les habitants et les soldats maigrissaient à vue d'œil, mais les seigneurs faisaient encore de bons repas, car ils gardaient pour eux seuls tout ce qu'ils pouvaient trouver.
Notre chef décida alors d'attaquer la ville. Mais avant, il fit servir un repas à tous ses soldats pour qu'ils prennent des forces. Ce jour-là, parmi quantité de plats délicieux offerts par les paysans, il y avait des petits pains fourrés à la viande qui sentaient très bon.
Le chef avait bon cœur et il pensait que les habitants et les soldats de la ville mouraient de faim pendant que son armée se régalait. Il donna alors l'ordre d'accrocher deux petits pains à la viande sur des flèches, et demanda à chacun de ses soldats d'envoyer trois de ces appétissantes flèches sur la ville.
Quand ils virent arriver ces flèches, les gens, affamés, n'en crurent pas leurs yeux. Mais ils se jetèrent bien vite sur les petits pains. Ils comprirent alors que l'armée qui assiégeait la ville était commandée par un homme bon et généreux, alors que les seigneurs les laissaient

mourir de faim sans les aider. Ils ouvrirent donc les portes de la ville au chef et à son armée, qui emprisonnèrent les seigneurs.
Et c'est sans doute la seule fois qu'on gagna une bataille avec des petits pains.

D'après un conte breton.

18 novembre

Les deux vaches

Il y a fort longtemps, un seigneur très avare ne pensait qu'à s'enrichir. Les paysans qui travaillaient pour lui étaient régulièrement privés de la moitié de leurs biens, pour qu'il puisse vivre sans rien faire. Un de ces paysans était si pauvre qu'il parvenait difficilement à nourrir sa famille. Pourtant, le seigneur venait lui prendre souvent le peu qu'il possédait. Ce paysan, après beaucoup d'efforts, parvint à acquérir une petite vache, qui donnait un peu de lait pour nourrir les enfants. Il la cachait soigneusement, de peur que le seigneur ne la lui prenne. Mais, rapidement, elle fut découverte et emmenée dans l'étable du château. Le paysan supplia. Rien n'y fit. Le seigneur lui dit seulement : « Ce que je te prends, Dieu te le rendra en double! », et il s'en alla.
À l'étable du château, la petite vache fut attachée à une énorme vache, qui donnait beaucoup de lait. La nuit venue, la petite vache reprit le chemin de la ferme, suivie de près par la grande vache, car elles étaient attachées. Le paysan, voyant revenir sa vache, fut très heureux, et quand il découvrit l'autre vache qui suivait, il cria au miracle ! Le seigneur arriva bientôt, réclamant les deux animaux. Mais le paysan, malin, lui répondit :
– Vous avez dit vrai pour la vache que vous m'avez prise : Dieu m'en a donné une autre !
Ne sachant que répondre, et n'osant s'opposer à la volonté divine, le seigneur repartit, bredouille, en jurant que Dieu l'avait bien puni de son avarice, et qu'il ne priverait plus aucun paysan de ses biens…

D'après un conte italien.

19 novembre

L'ours de la neige

Il y a bien longtemps, au cours d'un long hiver, quatre frères partirent à la chasse, accompagnés de leur petit chien. Ils trouvèrent bientôt dans la neige les traces des pattes d'un ours qui devait être énorme.
Ils les suivirent sur une grande distance, et arrivèrent finalement devant la grotte où se cachait l'animal. Le frère aîné y entra et découvrit un gigantesque ours blanc comme la neige. Malgré tout son courage, il n'osa pas l'attaquer seul, et sortit rejoindre ses frères. Ils décidèrent alors d'allumer un feu à l'entrée de la grotte. Ainsi firent-ils, et bientôt une épaisse fumée se dégagea et pénétra dans la grotte. Peu de temps après, l'ours, réveillé et gêné par la fumée, sortit de la grotte et se mit à courir pour échapper à l'épais nuage noir. Les quatre frères tirèrent alors bon nombre de flèches qui atteignirent l'animal, mais il continua pourtant à fuir.
Le frère aîné se lança alors à sa poursuite, le rattrapa et s'agrippa à lui, mais il était trop léger pour retenir l'énorme bête. Le deuxième se mit alors à courir, empoigna son frère pour arrêter l'ours, mais celui-ci poursuivait sa course. Le troisième les rejoignit alors, accompagné du petit chien qui le suivait partout.
Mais rien n'y fit.

Le plus jeune frère était sur le point de se lancer à leur poursuite quand il vit avec stupeur que l'ours continuait sa course vers le ciel. Il cria alors à ses frères de lâcher prise, mais ceux-ci ne l'entendirent pas et s'envolèrent à la suite de l'ours blanc, suivis par le petit chien.

Ils montèrent si haut dans le ciel qu'ils ne purent jamais redescendre, et furent transformés en étoiles. On en voit quatre, en carré, pour l'ours ; trois en triangle le suivent de près : ce sont les frères ; enfin, une petite étoile semble trottiner derrière eux, comme le petit chien fidèle. C'est pour cela que ces étoiles forment ce qu'on appelle la Grande Ourse.

D'après un conte amérindien.

20 novembre

La fille du roi dragon

Il était une fois un jeune homme qui avait décidé de partir à l'aventure. Il s'en fut un beau matin, avec pour bagage un couteau à la ceinture et un sac sur l'épaule. Il marcha pendant plusieurs jours et atteignit de hautes montagnes. Un matin, sur un chemin escarpé, il vit un rossignol attaqué par un gros serpent venimeux. Le petit oiseau luttait autant qu'il le pouvait, mais le serpent était bien prêt de l'avaler. Rassemblant son courage, le jeune homme bondit alors sur le serpent, son couteau à la main. Le combat fut long, car la bête était forte et rusée, mais le jeune homme finit par avoir le dessus et coupa le serpent en deux.

C'est alors que le rossignol, qui s'était envolé sur un arbre d'où il pouvait regarder la lutte, vint se poser aux pieds du jeune homme. Là, il se transforma aussitôt en une très belle jeune fille qui lui dit alors :

– Je te remercie, noble étranger, de ta générosité et de ton courage. Je suis la fille du roi dragon, et j'étais venue sous la forme d'un rossignol cueillir des fleurs qui peuvent guérir mon père malade. Ces serpents sont nos ennemis. Je veux te récompenser, si tu acceptes de me suivre, bien sûr.

Le jeune homme était si charmé par la voix mélodieuse et la beauté de la jeune fille qu'il accepta aussitôt. Enfin, ils arrivèrent au royaume du roi dragon. La jeune fille se précipita pour donner à son père les fleurs qui pouvaient le guérir.

Quelques jours plus tard, les précieuses fleurs avaient complètement rétabli le roi. Ayant appris l'histoire, celui-ci voulut récompenser le jeune homme et lui demanda ce qu'il désirait. C'est alors que sa fille lui murmura quelque chose à l'oreille. Il sourit et proposa au jeune homme d'épouser sa fille...

D'après un conte chinois.

21 novembre

La montagne

Il était une fois un paysan qui vivait avec sa femme dans une petite maison au pied d'une montagne. Mais cette maison était si haute, que, à cause de son ombre, rien ne poussait dans leur jardin, ni autour de la maison. Un beau jour, le paysan et sa femme en eurent assez et décidèrent de déplacer la montagne.
Le paysan alla demander conseil à un vieil homme d'un village voisin. Celui-ci lui dit qu'il devait couper un arbre, le plus gros qu'il pourrait trouver, appuyer le sommet contre la montagne et le tronc contre le sol, et le laisser pousser. Le paysan et sa femme firent ce que le vieux avait dit. Mais la montagne ne bougea pas.
Le paysan retourna voir le vieux : celui-ci lui dit alors de porter des galettes au génie de la montagne, qui habitait tout en haut, et de lui demander de déplacer la montagne. Sa femme prépara les galettes, et tous deux partirent bientôt sur un mauvais chemin qui montait sans cesse. Ils longèrent un précipice. Le paysan faillit tomber, se raccrocha à une racine, mais lâcha le panier, et les galettes furent perdues.
Le paysan alla voir le vieux une troisième fois. Celui-ci sourit et lui dit :
– Il ne reste qu'une solution. Démonte ta maison, fais-en deux tas, un pour toi, un pour ta femme. Prenez les tas sur votre dos et marchez le visage vers la montagne mais les yeux fermés, en chantant la chanson qui éloigne la montagne : « Pied droit derrière pied gauche, pied gauche derrière pied droit. »
Le paysan et sa femme firent ce qu'il avait dit. Ils marchèrent tout le jour ainsi, et c'était un bien curieux spectacle de les voir ! Le soir, ils ouvrirent les yeux et s'aperçurent que la montagne était partie si loin qu'ils en voyaient à peine le sommet ! Tout heureux, ils remontèrent alors leur maison. Et, dans leur jardin rempli de fleurs, ils ne se lassaient pas de raconter comment ils avaient éloigné la montagne.

D'après un conte occitan.

22 novembre

La sirène

Un pêcheur prit dans son filet une sirène. Elle était si belle qu'il hésita à lui rendre sa liberté.
– Si tu me remets à l'eau, supplia-t-elle, tu attraperas autant de poissons que tu le désires.
Le pêcheur accepta, et les jours suivants, son filet était toujours plein.

Mais il commençait à regretter la jolie sirène. Aussi, allait-il toujours pêcher au même endroit dans l'espoir de la revoir. Un jour, il entendit chanter, s'approcha et l'aperçut sur un rocher.
– Bonjour, lui dit-il d'un air timide. Je te remercie pour tous les poissons que tu m'as procurés et j'aimerais à mon tour te rendre service.
– Est-il vrai, demanda la sirène, que la vie sur la terre est aussi différente qu'on le prétend ?
– Oh ! je pense bien ! lui répondit le pêcheur.
– Alors il me plairait, continua la jeune femme, d'habiter à la ville. Je me sens bien seule au milieu de cet océan, et si tu consentais à m'épouser, je pourrais marcher et vivre auprès de toi. Le pêcheur accepta avec joie et ils vécurent heureux pendant plusieurs années.
Mais un soir, la sirène resta jusqu'à l'aube, debout face à la fenêtre, à contempler la mer en chantant d'une voix triste. Sa tristesse augmentait de jour en jour et son époux perdit patience.
– Pauvre de moi ! se lamenta-t-il un matin. Quelle idée d'avoir épousé une sirène qui ne sait rien faire au lieu d'une femme de la terre ! Qu'elle s'en retourne donc à la mer, et j'en serai soulagé ! À peine eut-il prononcé ces paroles qu'une immense vague se déversa sur lui. Affolé, il s'enfuit en courant et grimpa sur le haut d'une colline. Lorsqu'il se retourna, sa maison, les arbres, tout avait disparu. À la place, s'étendait une paisible lagune reliée à un bras de mer. Jamais plus il ne revit la sirène.

D'après un conte brésilien.

23 novembre

Le bossu

Il était une fois un bossu qui, rencontrant un de ses amis, bossu comme lui, s'aperçut que celui-ci était débarrassé de sa bosse.
Son ami lui raconta qu'en se promenant un jour près d'un noyer il était tombé sur un groupe de sorciers et de sorcières qui faisaient une fête autour d'un feu. Il restait là à les observer, quand une sorcière s'aperçut de sa présence et l'entraîna dans sa danse. Le bossu dansa alors avec tant de grâce que toute l'assemblée s'arrêta pour le regarder, émerveillée.
Ils l'applaudirent longuement, lui firent de nombreux compliments et, pour le remercier, décidèrent de le débarrasser de sa bosse. Ils la lui scièrent avec une scie

magique, sans lui faire le moindre mal. L'ami bossu écouta ce récit sans rien dire. Mais la nuit même, il partit à la recherche du noyer et des sorciers. Il finit par les trouver et entra dans la danse sans qu'on l'y ait invité. Un peu fâchés, les sorciers et les sorcières le regardèrent danser. Mais il était si maladroit et si grotesque qu'ils finirent par se fâcher pour de bon. Il apportèrent alors la bosse qu'ils avaient enlevée au premier bossu et, avec une colle magique, la lui fixèrent sur la poitrine.
Et c'est ainsi que le vilain bossu mal élevé et mauvais danseur retourna chez lui avec une bosse derrière et une bosse devant.

D'après un conte italien.

24 novembre

Le pauvre menuisier

Il était une fois un pauvre menuisier obligé de travailler sans arrêt pour nourrir sa femme et sa fille. Ses coups de marteau, qui résonnaient tout le jour, finirent par déranger un mage qui vivait non loin de chez lui. Ce dernier fit venir le menuisier et lui demanda la raison de tout ce vacarme. Le pauvre homme s'excusa et lui expliqua sa situation. Le mage lui dit alors : « Prends donc cette meule magique. Tu n'auras qu'à lui dire :

"Meule, travaille !" et tu trouveras tout le blé moulu que tu voudras. Tu n'auras plus besoin de travailler, et moi je profiterai du calme. »
Une méchante voisine s'aperçut que le pain de la femme du menuisier était délicieux. Elle la pria tant de lui révéler le secret que celle-ci accepta de lui prêter pour une nuit la meule magique. Le lendemain, quand elle la rapporta, la meule ne fonctionnait plus, et le menuisier dut travailler encore plus dur.
Le mage appela encore le menuisier, lui donna un bâton et lui expliqua ce qu'il fallait faire. Le soir même, ils invitèrent la voisine à dîner. À un moment, le menuisier dit au bâton : « Bâton, travaille ! » et celui-ci se mit à frapper la voisine, si fort et si longtemps qu'elle indiqua l'endroit où elle avait caché la vraie meule. La méchante femme s'enfuit, et la famille put de nouveau vivre sans soucis.

D'après un conte français.

25 novembre

Le poète et l'automne

Un poète décrivit aux gens de son village l'automne des pays lointains.
– Là-bas, racontait-il, les feuilles des arbres, au lieu d'être toujours vertes, deviennent pourpres et dorées en septembre, le vent frais et agréable, les pluies fines et les récoltes excellentes.
Les Indiens, qui ne connaissaient que deux saisons, l'été brûlant et l'hiver glacial, supplièrent le poète de leur rapporter l'automne. Le vieil homme le leur promit et se mit en marche. Après plusieurs années d'errance, il rencontra, aux dernières limites du monde, un puissant sorcier qui lui révéla :
– Tu trouveras sur ton chemin une grande pierre sous laquelle coule la source de l'automne. Bois de cette eau, puis retourne à ton village.
Le poète obéit, trouva la pierre, but l'eau fraîche puis rentra chez lui. Lorsqu'il arriva sur la place principale, les Indiens coururent l'accueillir, mais le vieil homme ne put faire un seul geste. Ses pieds s'enfoncèrent dans la terre, son corps se mit à grandir et se couvrit d'écorce tandis que ses bras se déployaient vers le ciel, envahis par une multitude de feuilles pourpres et or. Un vent léger se mit à souffler et une pluie fine rafraîchit les visages. Un des Indiens, fasciné par cet extraordinaire spectacle, murmura alors :
– Le vieux poète a tenu sa promesse, il nous a rapporté l'automne.

D'après une légende amérindienne.

26 novembre

Le loup et le petit agneau

Un petit agneau, qui avait gambadé toute une journée dans les champs, décida, le soir venu, de rentrer chez lui. Il était de très bonne humeur.
« Je me suis bien amusé, aujourd'hui, se dit-il. Rentrons vite à la maison, maman aura préparé un bon repas. »
Mais, soudain, au détour d'un bois, apparut un loup. La bête se jeta sur le pauvre petit agneau et ouvrit sa grande gueule aux dents pointues.

– Ne me tue pas ! cria l'autre.
– Pourquoi pas ? rugit le loup. J'ai faim.
Le petit agneau réfléchit. Ce n'était pas le moment d'avoir peur. Il fallait tromper le loup avant qu'il ne soit trop tard... C'est alors qu'il eut une idée.
– Jouons à un jeu, dit-il. C'est bien plus amusant ! Je suis sûr que tu aimes jouer.
– Pas tellement, grogna la vilaine bête, qui ne pensait qu'à son repas.
– Écoute, reprit l'agneau. Je vais te poser deux questions. Si tu peux y répondre, tu me mangeras. Ce sera facile pour toi, qui es si malin.
– C'est vrai, fit le loup, flatté. Pose tes questions, et vite !
Malgré sa peur, le petit agneau réfléchit.
– Première question. As-tu envie de me manger ?
– Bien sûr, répondit le loup. Pose ta seconde question, qu'on en finisse.
– Et si je n'étais pas là, aurais-tu envie de me manger ?
– Forcément, cria le loup. Je meurs de faim. Viens ici, que je te croque.
– Attends, dit le petit agneau. Si je n'étais pas là, comment aurais-tu envie de me manger, puisque tu ne me verrais pas ?
– C'est juste, fit le loup, troublé.
Il s'assit sur une pierre et se mit à réfléchir. Cet animal avait raison ; comment aurait-il envie de le manger s'il n'était pas là ? Bien sûr, il aurait pu imaginer le dévorer, mais comment imaginer quelque chose que l'on n'a jamais vu ? Il se posa tant de questions... que le petit agneau prit ses jambes à son cou et rentra chez lui. Quant au loup, il s'interroge encore.

D'après un conte français.

27 novembre

Petit Georges

Un paysan nommé Petit Georges se fiança avec Anne, une jeune fille d'un village voisin. Celle-ci lui offrit un jour un petit canif. Quand il revint, elle lui demanda si son canif coupait bien. Mais Petit Georges répondit qu'il l'avait perdu dans sa charrette pleine de paille.
Le père d'Anne s'écria :
– On ne met pas un canif dans la paille, on le met dans sa poche !
Petit Georges promit qu'il serait plus sage, et Anne lui prépara un gâteau au miel. Quand il revint, la poche de sa veste était tachée et collante. On lui demanda ce qui s'était passé et il répondit qu'il avait mis le gâteau dans sa poche.
– Un gâteau, on l'emballe dans du papier. Et, pour ne pas l'abîmer en travaillant, on le pose sur la paille !
– On met une pièce dans son porte-monnaie, et on le ferme bien ! dit Anne.
Petit Georges répondit qu'il avait compris. La semaine suivante, la mère d'Anne, voulant lui faire plaisir, lui donna des œufs tout frais, encore chauds.
Quand on lui demanda si les œufs étaient bons, il répondit qu'ils s'étaient cassés, car il les avait posés sur la paille et ils avaient glissés.
Et avant que Petit Georges ait pu demander où il fallait mettre les œufs, le père et la mère d'Anne avaient jeté dehors ce fiancé si stupide !

D'après un conte français.

28 novembre

Le pêcheur de feuilles

Il était une fois un pauvre pêcheur qui, malgré tout son travail, arrivait à peine à retirer de l'eau de quoi nourrir sa famille. Pourtant, c'était un excellent pêcheur. Un jour, le roi passa et s'informa de la situation des habitants. On lui raconta alors le cas étrange du pauvre homme. Le roi le prit en pitié, alla le voir et lui proposa le marché suivant : le pêcheur devrait passer une journée en mer, du lever au coucher du soleil, puis venir au palais avec toute sa pêche. Le roi lui donnerait alors une quantité d'or égale au poids des poissons.

Le pêcheur accepta bien volontiers, et dès le lendemain, il partit sur la mer dans sa petite barque. Mais il eut beau jeter ses filets dans l'eau sans relâche, il ne prit aucun poisson. Enfin, il trouva dans ses filets une feuille de chêne.

Le lendemain, honteux, il alla voir le roi avec la feuille. Le roi se moqua de lui mais tint sa promesse. Il fit venir une balance, mit la feuille d'un côté et une toute petite pièce d'or de l'autre. Mais la feuille pesait plus lourd que l'or. Étonné, le roi ajouta une grosse pièce. La balance ne bougea pas. Le roi fut obligé de mettre cent deniers d'or dans la balance pour égaler le poids de la feuille. Malgré ce mystère, il les donna au pêcheur.

C'est en arrivant chez lui que celui-ci comprit ce qui s'était passé. Fatigué par le poids de l'or, il se reposait sous un grand chêne. Il se souvint que, dans son enfance, il avait un jour trouvé un tout petit chêne arraché. Il l'avait alors replanté sur la falaise. L'arbre avait poussé durant des années, et il avait laissé tomber dans la mer cette feuille qui avait pesé plus lourd que du plomb dans la balance du roi, pour témoigner sa reconnaissance au pêcheur.

D'après un conte albanais.

29 novembre

Charlotte et l'ogre

Il était une fois un ogre qui terrorisait toute la région alentour, car il dévorait sans pitié ceux qu'il croisait sur son chemin. Mais une petite fille du nom de Charlotte, qui avait très bon cœur et était très courageuse, décida un jour d'aller le voir. Tous les chevaliers du royaume avaient promis d'affronter le méchant homme, mais au dernier moment ils avaient pris peur. Charlotte, elle, était fermement décidée à débarrasser la région de l'ogre. Elle se précipita dans sa cuisine et prépara des montagnes de plats, tous plus appétissants les uns que les autres. Il y avait des pâtés, des viandes grillées et d'autres bouillies avec des épices, quantité de gâteaux, de crèmes, de biscuits et de confitures de toutes sortes. Elle chargea ces bonnes choses dans une charrette et partit à la rencontre de l'ogre.

Celui-ci, dont la vue était aiguisée par l'appétit, la vit venir de loin. Il descendit alors de sa grotte et barra la route à Charlotte qui arrivait. Puis il s'écria :

– Halte ! tu n'iras pas plus loin, car j'ai faim !

Charlotte lui répondit alors en souriant :
– Volontiers, monsieur l'ogre. Mais vous mangerez bien auparavant ces quelques friandises que je portais à ma grand-mère, sinon, elles seront perdues.
L'ogre hésita, surpris. D'où sortait cette fille qui n'avait pas peur de lui ? Puis il se décida à goûter un premier pâté. Après tout, il pourrait bien dévorer cette petite insolente un peu plus tard. Dès la première bouchée, il sourit largement.
– Mais, s'exclama-t-il, c'est bien meilleur que ce que je mange d'habitude !
Il poursuivit son repas avec de nouvelles exclamations de joie et mangea tout jusqu'à être repu. Après son repas, il proposa à Charlotte de rester auprès de lui pour lui préparer à manger. Ainsi, il ne tuerait plus personne. Charlotte accepta. En quelques semaines à peine, l'ogre devint doux comme un agneau, et la région retrouva le calme et la gaîté. On dit même que, des années plus tard, Charlotte et l'ogre finirent par se marier.

D'après un conte arménien.

30 novembre

Quand la lune refusa de se coucher

Un beau matin, il y a très longtemps de cela, la lune refusa de se coucher. Le soleil était déjà haut dans le ciel, quand il s'aperçut de sa présence. Il l'appela :
– Lune ! Il est six heures du matin. Tu devrais aller te coucher !
– Non, répondit-elle simplement.
– Comment, non ? Si tu restes là, personne n'y comprendra plus rien. Tu n'as rien à faire dans le ciel à cette heure-ci.
– Tant pis, dit la lune. J'en ai assez de la nuit. Je veux voir le jour.
– Comme tu voudras, après tout, fit le soleil. Il y a de la place pour deux.
Ainsi, tout le monde put voir la lune, fièrement installée aux côtés du soleil. Les animaux et les hommes étaient très surpris, mais comme elle ne gênait personne, tout se passa pour le mieux.

La nuit venue, le soleil alla se coucher. La lune, très fière, se mit à briller comme tous les soirs, en se disant fièrement : « Je brille jour et nuit ! Je suis bien plus puissante que le soleil. »
Mais à peine une heure après la tombée du jour, la lune se sentit fatiguée. Elle avait veillé toute une journée et toute une nuit avant cela. Elle bâilla à s'en décrocher la mâchoire, puis s'endormit. Le monde fut alors plongé dans une terrible obscurité, comme on n'en avait jamais connue. Les hommes, les bêtes, les plantes même furent pris d'une peur terrible. Qu'allaient-ils faire dans le noir ? Les animaux nocturnes ne pouvaient plus chasser, puisqu'on ne voyait plus à trois pas.
Le lendemain, quand le soleil se leva, il entendit des millions de plaintes. Il alla voir la lune et lui interdit désormais d'apparaître durant le jour. Honteuse, elle obéit, promettant de se coucher à l'heure. Mais elle est incorrigible ! Parfois, lorsqu'on observe le ciel, on peut l'apercevoir, habilement cachée derrière un nuage.

D'après un conte brésilien.

1er décembre

Le requin

Il était une fois, il y a bien longtemps, un requin qui vivait près d'une île. Il était très fort, avait de longues dents terriblement pointues, mais il s'amusait sans cesse avec les enfants de l'île sans leur faire aucun mal. Il les portait sur son dos, les emmenait pêcher, les portait sur la barrière de corail et participait à tous leurs jeux.
Mais les dieux étaient jaloux de son amitié avec les hommes et attendaient de pouvoir se venger. Un jour qu'un petit garçon nageait au large, une terrible tempête, commandée par eux, s'abattit sur l'île. L'enfant n'arrivait plus à rejoindre la rive et n'avait plus de forces. Le requin l'aperçut. Il se lança alors à son secours, mais les dieux le ralentirent. Et quand il arriva, il était trop tard.
La nuit suivante, les dieux envoyèrent en rêve un messager au père de l'enfant et lui firent dire que le requin avait tué son fils. Le père fut pris d'une terrible colère et jura de tuer le requin. Dès le lendemain, on interdit aux enfants de revenir jouer avec le pauvre requin qui, très malheureux, revint pourtant près de l'île, s'approchant de plus en plus pour essayer de comprendre ce qui se passait. C'est ce qu'attendait le père, qui lança un harpon vers le requin. Celui-ci le brisa d'un simple coup de dent, mais il avait compris que les hommes voulaient le tuer.
Le requin vécut donc de longues années et se fit d'autres compagnons parmi les poissons de la mer. Mais depuis ce temps, les requins et les hommes ne sont plus amis ; au contraire, ils se craignent et se combattent.

D'après un conte tahitien.

2 décembre

Le loup idiot

Dans les steppes de Russie, vivait un loup complètement idiot. Un après-midi, il rencontra un bouc.
– Bouc, lui dit-il, j'ai envie de te manger.
– D'accord, lui répondit le bouc. Tu te mets en bas du talus, tu ouvres grand la gueule, moi je prends mon élan, je saute droit dedans et tu n'auras qu'à m'avaler.
Le loup trouva que c'était une bonne idée. Mais au lieu d'agir selon ses dires, le bouc se jeta sur lui et lui donna de furieux coups de corne.
Le loup s'enfuit et, plus loin, rencontra un tailleur qui s'en allait chez un client.
– Tailleur, lui déclara le loup, je vais te manger.
– D'accord, admit le tailleur, mais laisse-moi d'abord mesurer ton ventre pour voir si je rentre dedans.
Le loup jugea la remarque justifiée. Mais tandis qu'il se laissait faire, le tailleur lui attrapa la queue et le pauvre loup, en se débattant, se l'arracha.

Au cours de sa retraite, il rencontra six de ses compères dans la forêt.
– Qu'est-il arrivé à ta queue ? lui demandèrent-ils.
– C'est le tailleur qui me l'a arrachée, aidez-moi à l'attraper !
Le tailleur, se sachant poursuivi par les sept loups, se mit à courir et grimpa dans un arbre. Le chef de la bande décida de constituer une échelle. Le loup sans queue acquiesça.
Il se campa bien raide sur ses pattes, un autre lui monta sur le dos, un troisième sur le dos du deuxième et ainsi de suite pour atteindre la branche où s'était réfugié le tailleur.
– La prochaine fois, je lui arrache les oreilles ! cria alors ce dernier.
Le loup sans queue, en entendant cela, eut si peur qu'il fit un bond en avant et tous ceux qui étaient sur son dos roulèrent les uns sur les autres. Les six loups, très en colère, se jetèrent sur lui et le mordirent sauvagement.
Depuis, chaque fois que le loup idiot rencontre un animal ou un homme, il leur dit en tremblant :
– Vous n'avez rien à craindre de moi, je ne mange que des pommes !

D'après un conte russe.

3 décembre

La sorcière gourmande

Un paysan, qui travaillait beaucoup, avait l'habitude de se coucher tôt tandis que sa femme restait au salon à tricoter. Depuis plusieurs soirs, chaque fois que celle-ci s'apprêtait à confectionner son repas, une sorcière surgissait dans la cuisine.
– Si tu ne me donnes pas la moitié de ton repas, je te mangerai, disait-elle.
Et la pauvre femme était bien obligée de lui obéir. Le paysan avait remarqué que les repas étaient plus légers qu'auparavant. Il avait questionné sa femme, mais celle-ci ne voulut rien lui dire.
Une nuit, en raison de la chaleur, l'homme ne parvint pas à s'endormir. Comme il se retournait dans son lit, il lui sembla entendre sa femme parler à quelqu'un au salon. Le lendemain, il la questionna à ce sujet et elle lui expliqua tout. L'homme décida de prendre sa place.
Le soir venu, tandis que le paysan mettait de l'huile à frire dans une poêle, la sorcière, comme d'habitude, fit son apparition.
– Bonsoir, dit-elle, je ne te connais pas, toi, qui es-tu ?
– Je suis moi-même, lui répondit le paysan.
– Bon ! Si tu ne me donnes pas la moitié de ton repas, je te mangerai.

– Approche donc, lui dit le paysan, et regarde si ce lard est à ton goût.
Et tandis qu'elle se penchait au-dessus de la poêle, l'homme l'aspergea d'huile bouillante. La méchante femme se mit à hurler et s'enfuit par la cheminée.
Sur le toit, ses amies accoururent à son secours.
– Mais qui donc t'a défigurée de la sorte ? lui demandèrent-elles.
– Moi-même, répondit la sorcière.
– Eh bien, dans ce cas, nous ne pouvons rien pour toi !
Et toutes s'en allèrent sur leur balai, laissant la pauvre idiote seule avec ses affreuses brûlures !

D'après un conte basque.

4 décembre

Le soleil blessé

Il y a bien longtemps, les animaux à quatre pattes étaient de toutes les couleurs, tout comme les oiseaux et les papillons.

Un été, le soleil brillait sans répit dans le ciel, et pas une seule goutte d'eau ne tombait. L'eau était rare, l'air était sec et les bêtes passaient leur temps à chercher de l'ombre pour se rafraîchir.

Le lapin bleu souffrait beaucoup de cette chaleur. Afin de se nourrir, il avait pour habitude de parcourir des dizaines de kilomètres par jour. Mais là, le sol était si brûlant que sa course devenait extrêmement pénible. Épuisé, il se mit en colère contre le soleil.

– Si tu ne laisses pas place à la pluie, gare à toi ! lui cria-t-il.

Mais le soleil, indifférent, continuait de projeter ses rayons puissants. Le lapin bleu, qui était un excellent tireur à l'arc, décida alors de se rendre à l'extrême limite du monde pour tuer l'astre du jour.

Parvenu sur le fil de l'horizon, il décocha sa flèche et atteignit le soleil en plein cœur.

– Malheureux ! Qu'as-tu fait ? lui crièrent les autres animaux, ne sais-tu pas que le soleil est intouchable et immortel ? Par ta faute, nous allons tous périr dans un gigantesque incendie !

En effet, de la blessure du soleil commençaient à tomber des gouttes de feu qui se répandaient sur la terre.

Les seuls animaux qui parvinrent à fuir cette marée brûlante furent les oiseaux et les papillons qui pouvaient se réfugier dans les nuages. Tous les autres, affolés, cherchèrent abri dans les arbres ou les buissons. Le feu avançait vite, sautait par-dessus les obstacles, et s'ils ne moururent pas, en revanche, ils eurent tous le poil brûlé.

Par la faute du lapin bleu, les animaux qui ne pouvaient pas voler perdirent leurs couleurs.

Certains n'avaient plus sur le dos que des taches brunes, d'autres des taches rousses, d'autres enfin étaient devenus noirs comme du charbon.

D'après un conte amérindien.

5 décembre

La fillette et l'ours

Autrefois, dans la forêt, vivait un couple de fermiers et leur fille. Un après-midi, le père et la mère durent s'absenter et demandèrent à l'enfant de rester seule à la ferme. Tandis qu'elle était en train de jouer dehors avec sa poupée, un ours surgit devant elle. La fillette eut grand peur et crut sa dernière heure venue. Pourtant, l'attitude de l'animal lui parut étrange. Il ne montrait aucune agressivité mais se contentait de piétiner le sol en tendant sa patte avant. Prudemment, l'enfant s'en approcha et vit qu'elle saignait. Elle observa plus attentivement et découvrit une écharde, longue comme un doigt, plantée dans la chair.

– Mon Dieu, comme tu dois avoir mal ! dit la fillette à l'ours. Attends, ne bouge pas, je vais m'occuper de toi.

Elle disparut un instant dans la grange et revint, tenant à la main une tenaille avec laquelle, d'un coup sec, elle arracha l'écharde. Content, l'ours se lécha la patte puis s'en retourna tranquillement vers la forêt.
Le soir, lorsque ses parents rentrèrent, la fillette leur raconta son aventure, mais ni son père ni sa mère ne la crurent. Quelques semaines plus tard, alors que tous avaient oublié l'histoire, l'ours revint à la ferme, tenant entre ses pattes un tronc d'arbre. Le père, affolé, courut chercher son fusil pour abattre l'animal mais la fillette s'interposa.
– Ne le tue pas, dit-elle, c'est lui que j'ai soigné l'autre jour. Je suis sûre qu'il ne nous veut aucun mal.
L'ours déposa le tronc devant elle avant de disparaître rapidement derrière les arbres de la forêt.
Les parents s'approchèrent de l'arbre mort et virent qu'il était rempli de miel.
C'est le cadeau le plus précieux qu'un ours peut offrir.

D'après un conte russe.

6 décembre

La statue d'ivoire

En Grèce vivait un sculpteur qui ne s'était jamais marié. Il avait parcouru tout le pays à pied sans trouver une seule épouse à son goût. Aussi entreprit-il de sculpter une statue d'ivoire à l'image de sa femme idéale. Enfermé dans son atelier, il travaillait sans relâche jour et nuit. Il était si talentueux qu'au bout de quelque temps, il réalisa une statue aussi belle que la plus belle des femmes qu'on puisse imaginer. Le sculpteur la traitait comme un être vivant. Il l'habillait des plus belles robes, la parait de bijoux, lui donnait à manger, et, le soir, la couchait dans un grand lit. Tous les gens de la cité le prenait pour un fou, mais le sculpteur ne s'en souciait guère. Il était persuadé qu'un jour sa statue d'ivoire prendrait vie.
Un matin, il alla déposer des offrandes devant l'autel de Vénus :
– Ô, Vénus, déesse de l'amour, s'il est vrai que tes pouvoirs sont illimités, fais en sorte que ma sculpture respire, vive et parle comme une femme !
Après sa prière, il rentra chez lui. Lorsqu'il se pencha sur sa statue d'ivoire, elle lui donna un baiser. L'homme, surpris, l'embrassa à son tour et la sculpture se mit à rougir. Il lui prit la main, et les doigts d'ivoire serrèrent les siens. Il lui adressa de simples mots d'amour, et la statue lui répondit d'une voix douce. Enfin, il la prit dans ses bras et elle l'enlaça.
Ainsi, il sut que son œuvre vivait et qu'elle l'aimait, et il épousa la plus belle des femmes.

D'après Ovide.

7 décembre

Les papillons

Une jeune Indienne, un matin, partit dans la colline cueillir des fruits et chercher des graines. Soudain, elle aperçut, perché sur une feuille, le plus grand et le plus joli des papillons. Fascinée, elle tenta de le saisir mais il lui échappa et alla se poser sur une autre feuille.

Elle essaya encore, une fois, deux fois, mais en vain. Finalement, il s'envola au-delà des buissons, et la jeune fille, oubliant sa tâche, partit à sa poursuite.
Elle courut après lui toute la journée. Chaque fois qu'elle croyait pouvoir le saisir, il s'envolait. Le soir, épuisée, elle s'endormit à même le sol.

Le lendemain matin, lorsqu'elle se réveilla, elle ne savait plus du tout où elle était. C'est alors qu'elle vit un beau jeune homme s'avancer vers elle.
– Bonjour, lui dit-il. Je suis le papillon que tu as poursuivi hier, toute la journée. Veux-tu rester avec moi pour toujours ?
La jeune fille accepta avec joie.
– Nous allons rejoindre mon pays, lui dit encore le jeune homme. Nous allons traverser la vallée des papillons. Il faudra me suivre et surtout ne pas se laisser distraire.
Parvenue dans la vallée, la jeune fille fut émerveillée par toutes les couleurs qui dansaient autour d'elle. Un immense papillon noir cerclé d'or vint la distraire, puis un autre et encore un autre. Sans réfléchir, la jeune fille s'élança à leur poursuite. Elle était si fascinée qu'elle se rendit à peine compte qu'elle avait perdu de vue le jeune homme. Elle continua ainsi sa chasse pendant des jours et des mois sans parvenir à rentrer chez elle si bien qu'un matin elle mourut d'épuisement, seule au milieu des papillons.

D'après un conte amérindien.

8 décembre

Le saule pleureur

Dans les temps anciens, les trolls, habitants de la forêt, étaient les ennemis jurés des gnomes. Ces affreuses créatures avaient capturé une jolie fille blonde.
Comme elle ramassait du bois dans la forêt, un jeune homme qui passait sur le chemin la vit et en tomba aussitôt amoureux. Il voulut la raccompagner mais lorsqu'il arriva chez les trolls, ceux-ci lui claquèrent la porte au nez. Le jeune homme, triste et déçu, alla trouver un gnome de ses amis.
– J'ai besoin de ton aide pour libérer une belle jeune fille que les trolls ont capturée, lui dit-il.
Le gnome alla chercher des chevaux, et tous deux se rendirent chez les trolls. Par une entrée secrète, le lutin se faufila dans la tanière et libéra la jeune fille. Elle monta sur la monture de son sauveur et tous trois s'en furent au galop.
Mais les trolls ne tardèrent pas à partir à leur poursuite. Parvenus au bord d'une rivière, la jeune fille, le gnome

et le jeune homme s'empressèrent de monter dans une barque et de s'éloigner. Les trolls, restés sur le rivage, leur jetaient des pierres. L'une d'elle toucha la barque qui se renversa et la jeune fille coula.
Son amoureux la chercha longtemps dans la rivière, mais en vain. Inconsolable, il venait chaque jour au bord de l'eau et restait des heures, le regard fixé sur son reflet.
Quand il devint vieux, il y passait ses journées entières, si bien qu'un jour, ses jambes s'enfonçèrent dans le sol. Il prit racine, et des feuilles lui poussèrent sur le corps. Il se transforma en saule pleureur et resta là pour toujours. Ses branches balaient sans cesse la surface de l'eau dans l'espoir de retrouver sa bien-aimée.

D'après un conte norvégien.

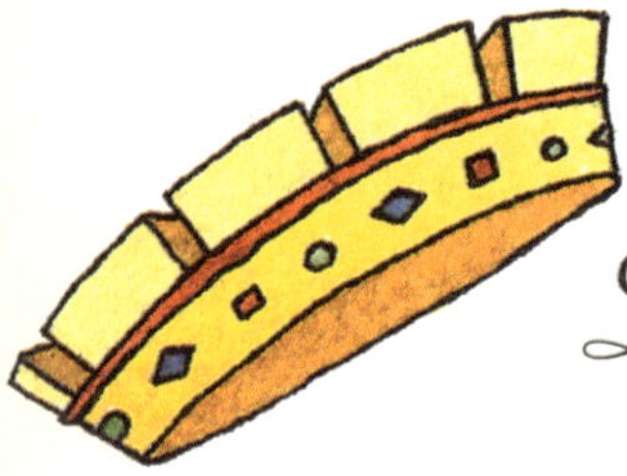

9 décembre

Les enfants d'Or bleu

Autrefois, dans la cordillère des Andes, vivait l'Inca, prince tout-puissant. Dans son royaume vivaient deux sœurs d'une beauté éblouissante. L'une était douce et serviable, tandis que l'autre était paresseuse et sournoise. Le prince décida de prendre pour épouse la première d'entre elles qu'on appelait Or bleu.
Lorsque la princesse tomba enceinte, l'Inca alla consulter l'oracle.
– Vous aurez de beaux jumeaux, lui répondit l'oracle, un garçon et une fille avec des cheveux d'or.
Pour la naissance, Or bleu demanda à sa sœur de l'assister. Ensemble, elles se rendirent à la rivière. La princesse mit au monde, comme prévu, deux beaux bébés blonds comme le soleil. Sa sœur, fort jalouse, sous prétexte de laver les nouveau-nés, s'en empara et les abandonna dans une barque. En revenant vers sa sœur, elle tua une chienne pour lui prendre ses deux chiots.
– Tiens, dit-elle à Or bleu en les posant sur sa poitrine, voici tes enfants.
La princesse pleura beaucoup, mais elle n'eut pas le courage de chasser les chiots qui voulaient téter. Lorsque le prince Inca se rendit à la rivière, il se mit en colère contre sa femme.
– Tu ne m'avais pas dit que tu étais une chienne ! Pour te punir de m'avoir trompé, tu iras vivre au chenil.
Or bleu était bien malheureuse. Elle se nourrissait d'os et du peu de viande que les autres chiens lui laissaient. Quelques années plus tard, l'Inca fut averti qu'en aval de son palais, deux jumeaux aux cheveux d'or avaient pour habitude de se baigner dans la rivière. Il partit à leur rencontre.
– Qui êtes-vous ? leur demanda-t-il.
– Nous sommes deux orphelins et nous avons été recueillis par des pêcheurs.
Tous deux ressemblaient beaucoup à Or Bleu. L'Inca alla voir la princesse qui lui expliqua tout. Alors il libéra son épouse et força sa sœur à prendre sa place au chenil.

D'après un conte amérindien.

10 décembre

Pourquoi la chouette gémit la nuit

Au camp des Indiens, une belle jeune fille qui avait pour nom Ougoukou, arriva en âge de se marier. Sa mère décida de lui trouver un époux digne et courageux. Elle fit venir tous les chasseurs des environs. Un Indien, inconnu de la région, vint se présenter.
– Je voudrais épouser Ougoukou, dit-il à la mère.

– Es-tu bon chasseur ? demanda celle-ci.
– Je suis le meilleur chasseur de ma race, répondit l'homme.
La mère fit appeler sa fille. L'homme lui plut et elle accepta de l'épouser. Le lendemain, le mari alla à la chasse mais ne rapporta que trois poissons maigres. Le soir suivant, il revint au camp, tenant dans sa main trois lézards. Ougoukou eut honte et commençait à se méfier de lui.
– Écoute, lui dit sa mère, demain, lorsqu'il partira chasser, cache-toi et observe ce qu'il fait.
Ougoukou suivit ses conseils. Quelle ne fut pas sa surprise de voir son époux se transformer en chouette, s'envoler au-dessus de l'étang, puis plonger à la surface de l'eau pour attraper une petite écrevisse ! Lorsque l'homme rentra le soir, la mère demanda :
– Et où sont tes poissons ?
– Une chouette me les a volés, répondit-il.
– Mais c'est toi la chouette ! s'écria la mère. Tu es un menteur et, en plus, un mauvais chasseur.
– Pour les hommes, je suis peut-être un mauvais chasseur, répondit le gendre, mais pour les chouettes, je suis le meilleur.
– Va-t'en d'ici, lui dit la femme. Nous ne voulons plus de toi au camp.
Il reprit sa forme de chouette et s'envola au-delà de l'étang. Mais il demeura inconsolable à vie de la perte d'Ougoukou qu'il aimait du plus profond du cœur. Aussi, le soir, au clair de lune, les Indiens l'entendaient-ils pleurer :
– Ougoukou, ouououou..., ce à quoi répondaient toutes les chouettes de la forêt.

D'après une légende amérindienne.

11 décembre

Le monde sans nuit

Le monde existait depuis peu de temps, et les animaux et les hommes étaient fort mécontents car le soleil brillait sans répit. La nuit ne venait jamais, si bien que l'eau des fleuves était brûlante, l'air irrespirable et la lumière si vive que personne ne pouvait dormir.
Au bout d'un certain temps, les hommes s'adressèrent aux dieux pour demander la nuit.
– Impossible, répondirent-ils. Les serpents l'ont volée et cachée dans un coffre en pleine forêt amazonienne. En apprenant cela, le chef des Indiens devint furieux et alla de ce pas trouver le roi des serpents.
– Si tu veux que je rende la nuit, dit le serpent, apporte-moi en échange une crécelle et dix cruches de ce précieux poison dont tu te sers pour enduire tes flèches. La crécelle que j'accrocherai à ma queue servira à avertir mes compères du danger, et le poison dont nous enduirons nos crocs sera une arme efficace contre l'ennemi.
Le chef indien accepta. Il rentra dans son village, fabriqua une crécelle, chargea son dos des dix cruches et donna le tout au serpent. En échange, il reçut comme promis le coffre précieux.
Avant de partir, le serpent lui dit :
- Ne libère pas la nuit tout de suite. Attends un peu, sinon l'obscurité m'empêcherait de distribuer convenablement le poison et ce serait la catastrophe. Sur le chemin du retour, le chef indien dut se battre contre un tigre. Au cours du combat, le coffre tomba et s'ouvrit. La nuit plongea bien vite toute la forêt dans l'obscurité. Chez les serpents, ce fut la panique. Tous se précipitèrent sur les cruches de poison par peur d'en manquer et ils en enduisirent tant leurs crocs qu'ils devinrent venimeux à vie. Cependant, comme les Indiens

leur avaient rendu un grand service, le roi des serpents, grâce à sa crécelle, les avertissait toujours de leur présence et jamais un Indien ne fut mordu.

D'après une légende amérindienne.

12 décembre

Une vie de singe

Deux singes étaient un jour assis dans un arbre, à deux pas d'un petit village. L'un d'entre eux s'écria :
– Comme j'aimerais être un homme !
– Ah bon ? Et pourquoi faire ? Tu n'est pas content d'être un singe ?
– Pas trop... Regarde les hommes, là-bas, au village.
On apercevait les villageois qui préparaient un repas de fête. Des fruits, des gâteaux, des viandes rôties ; il y avait des plats à perte de vue.
– Ce n'est pas tous les jours que nous nous régalons comme ça, reprit le singe en jetant une peau de banane dans les bois.
– Tu as peut-être raison, fit l'autre.
Toute la nuit, les hommes mangèrent, burent et dansèrent. Les deux singes observaient en silence, un peu jaloux de ce festin.
Mais le lendemain matin, les hommes se mirent au travail. La fête avait perturbé le village tout entier : une montagne de vaisselle attendait d'être lavée. Que d'assiettes, que de verres, que de plats ! De plus, il fallait chasser pour le repas du lendemain et nourrir les enfants.
Les hommes s'activèrent toute la journée. Ils balayèrent les allées, nettoyèrent les maisons. Le soir venu, ils étaient épuisés. Et comme le lendemain était aussi un jour de travail, ils se couchèrent tôt pour être aux champs dès l'aube.
Pendant ce temps, les deux singes se prélassaient dans leur arbre, jetant partout leur peaux de bananes.
– Eh bien, voudrais-tu toujours être un homme ? Tu pourrais bien être au village, à l'heure qu'il est, occupé à balayer, à faire la vaisselle, à cultiver les champs...
– J'ai changé d'avis, répondit son ami. Pour rien au monde je ne donnerai ma vie de singe !

D'après un conte chinois.

13 décembre

Les voleurs rusés

Dans la forêt vivaient six voleurs qui étaient particulièrement rusés. Un jour, ils virent passer un berger qui portait sur son dos un mouton.
– Oh ! quel joli chiot vous avez là ! lui dit le premier voleur. Où l'avez-vous trouvé ?
– Mais ce n'est pas un chiot, répondit l'homme, c'est un mouton !
– Il fera un excellent chien de chasse, continua le voleur, ça se voit à ses pattes.
Le berger passa son chemin, pensant que l'homme était fou. C'est alors qu'il croisa le deuxième voleur.
– Quel chiot magnifique ! le complimenta le deuxième voleur. Vous l'avez acheté ou vous allez pour le vendre ?
– Mais, s'étonna le berger, je viens d'avoir la même conversation il y a une demi-heure ! Et je répète que

ceci n'est pas un chiot mais un mouton. C'est visible tout de même !
– À en juger par sa mâchoire, ce sera un excellent chien de garde, ajouta encore le deuxième voleur.
L'homme, un peu inquiet, poursuivit sa route. Au bout d'une demi-heure, il rencontra le troisième voleur.
– Oh ! quel chiot vous avez là, et comme il a l'œil vif ! s'exclama-t-il.
– Mais c'est insensé ! s'énerva le berger. Ce n'est pas un chiot, c'est un mouton !
– Ah ! permettez, intervint le voleur. Je connais les chiens depuis que je suis né et je peux vous garantir que celui-ci est d'une beauté rare.
Le berger, de plus en plus inquiet, commença à regarder sa bête d'un drôle d'œil. Après avoir parlé au quatrième voleur, puis au cinquième, il fut tout à fait persuadé qu'il s'était trompé. Si bien que lorsque surgit le sixième voleur, il lui céda son mouton pour le prix d'un chiot.

D'après un conte brésilien.

14 décembre

Le rossignol et l'empereur

Il était une fois un empereur qui entendit un soir, dans son jardin, une musique merveilleuse. Il s'aperçut que c'était un rossignol qui chantait. Le chant de l'oiseau était si doux et si beau que l'empereur en eut les larmes aux yeux, et passa toute la nuit à l'écouter. Le lendemain, dès le coucher du soleil, l'empereur s'installa sous l'arbre du rossignol, tant il était impatient de réentendre ce chant merveilleux. L'oiseau arriva bientôt, chanta, et l'empereur fut de nouveau ému jusqu'aux larmes. Bientôt, l'empereur ne put plus se passer de l'oiseau, et il le fit capturer. Il l'installa dans une splendide cage d'or, à côté de son trône, et ne s'en éloignait jamais.
Mais, un jour, l'oiseau se tut, et rien ne put lui faire reprendre son chant. L'empereur se désola, cria, pleura, supplia, menaça, mais le rossignol restait muet. Un jour, il dit à l'empereur :
– Empereur, j'ai chanté pour toi et tu m'as bien traité. Mais ne comprends-tu pas qu'un oiseau ne peut être heureux dans une cage ? Tout l'or de ton palais ne peut pas remplacer le bleu du ciel. L'empereur comprit le chagrin de l'oiseau. Malgré sa tristesse, il ouvrit la cage, et le rossignol s'envola aussitôt avec un chant joyeux. Mais l'empereur était si malheureux de ne plus l'entendre qu'il tomba gravement malade. Aucun médecin n'arrivait à le soigner, et il était près de mourir.
Pourtant un soir, il entendit le chant merveilleux. Il crut rêver et écouta mieux. C'était bien le rossignol, qui se posa près de l'empereur et lui dit :
– J'ai appris que tu étais malade de chagrin à cause de moi. Tu as été bon avec moi et je voulais te remercier.
Il se mit alors à chanter et continua jusqu'au matin, ainsi que les nuits suivantes. L'empereur guérit rapidement. Le rossignol le quitta ensuite, en lui promettant de revenir chanter chaque été dans les jardins du palais.

D'après un conte chinois.

15 décembre

Les trois brigands

Il était une fois trois brigands terribles qui terrorisaient toute une région. Ils avaient de grands manteaux et de grands chapeaux noirs, et ils ne sortaient de la nuit que pour attaquer les diligences.

Le premier avait un tromblon et soufflait du poivre sous le nez des chevaux qui s'arrêtaient. Le deuxième brisait alors les roues de la diligence avec sa hache, tandis que le troisième, armé d'un couteau, menaçait les voyageurs qui lui donnaient tous leurs biens. Puis tous trois disparaissaient dans la nuit en emportant leur butin et rentraient dans leur château. Ils avaient là quantité de coffres pleins d'or, de bijoux, de perles et de pierres précieuses.

Une nuit, ils attaquèrent une diligence dans laquelle ils ne trouvèrent qu'une petite orpheline. Elle se rendait chez une vieille tante pour habiter avec elle, et cela ne lui plaisait pas du tout. Aussi fut-elle bien contente quand les brigands, qui n'avaient rien trouvé d'autre, l'emmenèrent avec eux.

Au château, ils lui firent un petit lit moelleux où elle s'endormit avec joie. Le lendemain, elle découvrit les coffres, et demanda aux brigands ce qu'ils faisaient de toutes ces richesses. Ceux-ci se regardèrent alors tout étonnés, car ils n'avaient jamais pensé à les utiliser ! Mais comme la petite fille leur plaisait beaucoup, ils décidèrent de recueillir d'autres enfants malheureux.

Ils parcoururent toute la région, ramenant de nouveaux protégés. La nouvelle se répandit bien vite, et de nombreux enfants furent laissés à la porte du château, car on savait qu'ils y seraient bien traités et très heureux. Les brigands donnèrent à chacun un manteau et un chapeau pareils aux leurs.

Les enfants furent bientôt si nombreux qu'ils décidèrent de fonder une ville. Et pour la défendre, ils construisirent trois tours qui avaient la forme des chapeaux des brigands, pour que l'on se souvienne d'eux.

D'après un conte allemand.

16 décembre

Le crapaud paresseux

Au milieu d'un étang, sur un beau nénuphar, un crapaud paresseux attendait, sans bouger, qu'une mouche vienne à passer. Quelques heures s'écoulèrent, et l'animal, qui commençait à avoir faim, se plaignit à haute voix.

– Que t'arrive-t-il ? demanda un canard qui passait par là.

– J'ai faim, répondit le crapaud. Depuis ce matin, j'attends une mouche ou une libellule, mais aucune ne passe devant mon nénuphar.

– Change de place, suggéra l'autre.

– J'ai une meilleure idée. Je resterai ici, pendant que toi, tu iras à la recherche d'une mouche. Tu nages en surface bien mieux que moi et, grâce à ton bec, tu peux facilement attraper des insectes.
– Bon, d'accord, fit le canard, apitoyé. Mais en contrepartie, tu plongeras au fond de l'eau pour me rapporter de bonnes algues, bien grasses.
– Quand tu m'auras trouvé une mouche, dit le crapaud.
Et il s'endormit tranquillement sur son nénuphar, pendant que le canard nageait vigoureusement, à la recherche d'un insecte. Longtemps après, il découvrit enfin une libellule, posée sur un brin d'herbe, au bord de l'étang. Il s'approcha doucement et l'attrapa du bout du bec. Puis, prenant garde de ne pas abîmer le repas du crapaud, le canard nagea jusqu'au nénuphar.
– Excellente, cette libellule, déclara le paresseux, en gobant l'insecte. J'ai fait le meilleur des repas.
À ces mots, il bondit, rapide comme l'éclair, plongea dans l'étang et disparut.
Le canard attendit son retour de longues heures durant. Mais le crapaud ne réapparut pas. Il dormait, le ventre plein, quelque part au bord de l'eau. Le pauvre canard se promit que jamais plus il ne se fierait à la parole d'un paresseux...

D'après un conte espagnol.

17 décembre

Jean de la lune

Bien peu de gens savent que sur la lune vit un petit bonhomme tout rond et tout blanc qui s'appelle Jean de la lune. Il voit très bien ce qui se passe sur terre, mais personne ne peut le voir, car il se méfie désormais du regard des hommes. Voilà pourquoi : un jour que Jean de la lune observait la terre, il vit que l'on y donnait un bal masqué. Les danseurs avaient l'air de tant s'amuser qu'il se sentit bien triste, tout seul là-haut.
Il décida de les rejoindre et se laissa glisser le long d'un rayon de lune qui arrivait jusque sur la piste de danse. Il tomba presque dans les bras d'une marquise masquée qui l'invita à danser. Jean de la lune s'amusa comme un fou pendant toute la nuit. Mais au matin, les danseurs retirèrent leur masque et la marquise lui demanda d'en faire autant. Il baissa les yeux, chercha à s'excuser, puis expliqua finalement qu'il n'en avait pas. La charmante marquise poussa alors un hurlement affreux et réclama que l'on arrête ce monstre terrible. Jean de la lune eut beau protester, expliquer, chercher à s'enfuir, rien n'y fit. Il se retrouva dans un cachot sombre et humide, un boulet au pied, et se mit à pleurer amèrement, car les hommes qui semblaient si gentils avaient été tellement cruels avec lui, simplement parce qu'il ne leur ressemblait pas !
Pourtant, il s'aperçut un soir qu'il commençait à maigrir, car la lune décroissait et qu'il faisait comme elle. Il reprit alors espoir et attendit patiemment d'être assez mince pour pouvoir sortir son pied du boulet et se glisser entre les barreaux de son cachot. Le temps passa, et il maigrissait petit à petit, un gramme par-çi, un gramme par-là. Enfin une nuit, alors qu'il était aussi mince qu'un fil, il réussit à s'échapper, attrapa le dernier rayon qui caressait la terre et regagna la lune avec soulagement. Il ne l'a jamais quittée depuis.

D'après un conte français.

18 décembre

Lucas et la chèvre

Il était une fois un bûcheron très pauvre qui se désolait, car il ne pouvait plus nourrir ses enfants. Il décida alors de vendre son unique chèvre, et demanda à son fils Lucas de l'amener au boucher de la ville.
Lucas et la chèvre partirent donc. Bientôt, ils furent pris dans une terrible tempête.
La chèvre bêlait de toutes ses forces et refusait d'avancer. Mais Lucas était un petit garçon courageux et il la tira derrière lui pour essayer de trouver un abri. La belle petite chèvre, qui le connaissait depuis toujours, finit par le suivre avec confiance.
La neige avait déjà tout recouvert, et Lucas se croyait perdu, quand il crut apercevoir une petite colline toute proche. En s'avançant, il vit que c'était une meule de foin. Il reprit alors courage, et y creusa un abri.
La neige boucha très vite l'entrée. Lucas se mit à pleurer. Il n'avait plus froid, mais terriblement faim et peur de ne jamais pouvoir retrouver sa famille.

La chèvre, elle, toute heureuse, broutait le foin. Au bout d'un moment, Lucas s'aperçut que ses pis étaient pleins. Il but son lait, puis s'endormit. Quand il se réveilla, il neigeait toujours. Lucas but à nouveau du lait de sa chèvre, lui parla longtemps et se rendormit. La neige tomba pendant trois jours et trois nuits. La chèvre broutait avec plaisir, et Lucas ne se nourrissait que de son lait. Le matin du quatrième jour, Lucas s'aperçut que la neige avait cessé. Tout joyeux, il sortit de son abri et reprit le chemin de son village, bien décidé à ramener son amie. Le pauvre bûcheron, croyant que son fils était mort dans la tempête, fut si heureux de le revoir en vie grâce à la chèvre qu'il jura de toujours garder celle-ci auprès d'eux.

D'après un conte arménien.

19 décembre

La véritable histoire des éléphants

On raconte qu'il y a bien longtemps les animaux de la savane n'étaient pas tout à fait comme ils sont aujourd'hui. Ainsi, les éléphants avaient bien leurs grosses pattes, leur petite queue, leurs grandes oreilles et leur peau dure comme un bouclier, mais ils n'avaient qu'un petit nez en trompette dont ils étaient très fiers.
Il y eut un jour un jeune éléphant qu'on appelait Coquet, car il se trouvait fort beau et terriblement élégant. Il ne cessait

de s'admirer et étourdissait toute la savane en demandant à chaque animal qu'il rencontrait :
– Ne trouves-tu pas que je suis très beau et très élégant ?
Un jour qu'il était allé admirer son image sur le miroir brillant du fleuve, Coquet vit au loin un énorme crocodile qui bâillait de son mieux. Tout heureux d'avoir trouvé un admirateur, Coquet lui posa ses questions habituelles. Mais le gros crocodile était rusé et il avait très faim. Il s'approcha du jeune éléphant en disant :
– C'est que je suis bien vieux, mon mignon, ma vue a baissé et, d'ici, je ne peux pas juger. Entre donc un peu dans l'eau, que je te voie mieux.
Coquet, vexé, s'avança tant qu'il put. Le gros crocodile affamé le saisit alors par le bout du nez et tira pour l'attraper. Coquet, terrifié, tirait dans l'autre sens pour lui échapper. Ils firent tant et si bien, tirant d'un côté et de l'autre, que le nez de Coquet commença à s'allonger, s'allonger de plus en plus, jusqu'à devenir très long. Dans un dernier effort, Coquet réussit à s'enfuir. C'est depuis ce temps que les éléphants ont une longue trompe.

D'après un conte africain.

20 décembre

La légende des quatre hommes

On raconte qu'il y a bien longtemps il n'y avait que quatre hommes sur toute la surface de la terre. Ces quatre hommes étaient semblables, car ils avaient tous été faits sur la même image, avec la même terre. C'est pourquoi leur peau était d'un marron très foncé, et qu'il était impossible de les distinguer.
Un jour, ils arrivèrent auprès d'un tout petit lac dont l'eau était claire et pure, et ils eurent envie de se rafraîchir. Mais comme ils ne pouvaient se baigner qu'un par un, ils laissèrent le sort décider pour eux, car ils ne voulaient pas se disputer.
Celui qui fut désigné pour se baigner en premier s'avança dans l'eau. Il se rafraîchit autant qu'il le voulut et se lava. Quand il ressortit, sa peau était devenue blanche et ses cheveux, clairs comme le soleil. Le deuxième homme entra dans l'eau du petit lac, qui était déjà moins claire. Il se baigna et se lava à son tour, mais moins longtemps, car l'eau n'était plus aussi pure. Lorsqu'il ressortit, sa peau était éclaircie, mais gardait une teinte jaune, et ses cheveux étaient restés noirs.
Le troisième homme entra à son tour dans l'eau, qui était à présent terreuse. Il ne put se baigner que très peu de temps, et sa peau garda une couleur de cuivre.
Mais quand le quatrième homme s'approcha, l'eau était devenue si sale qu'il put à peine boire. Il se lava juste la plante des pieds et la paume des mains. Quand ils furent sortis du lac, les quatre hommes découvrirent qu'ils étaient chacun, d'une couleur différente. Le lac était magique : son eau décolorait la peau et changeait les visages. Ils furent très surpris, mais ils comprirent bien vite l'avantage qu'ils allaient en tirer : ils pourraient à présent se reconnaître.
Depuis ce jour, il y a sur terre quatre familles d'hommes : les Blancs, les Jaunes, les Indiens et les Noirs.

D'après un conte amérindien.

21 décembre

L'homme qui était heureux de vivre

Un bon roi n'avait qu'un seul fils qu'il chérissait de tout son cœur. Mais ce prince était toujours triste, le regard mélancolique et la mine pâle, ce qui inquiétait beaucoup son père le roi, qui le questionnait sans relâche, du soir au matin :

– Es-tu contrarié ? Amoureux ? Ce palais n'est-il pas à ton goût ? Que désires-tu ?

Le malheureux roi aurait fait tout ce qui était en son pouvoir pour guérir son fils.

À bout de courage, il convoqua, de tous les pays de la terre, les penseurs et les philosophes les plus sages afin de leur demander conseil.

Après avoir longuement délibéré, les savants lui recommandèrent :

– Allez chercher un homme heureux de vivre. Puis, lorsque vous l'aurez trouvé, échangez la chemise de votre fils contre la sienne.

Le roi envoya sur-le-champ des ambassadeurs aux quatre coins du monde pour y trouver un homme heureux de vivre. Mais ce n'était pas chose facile !

Un jour, Sa Majesté se rendit à la chasse pour se changer les idées.

En pleine campagne, il entendit une voix chanter la *farfulella,* le refrain des paysans du Frioul.

Il découvrit entre les vignes un jeune homme qui fredonnait tout en arrosant.

– Quel bon vent vous amène de si bonne heure dans nos campagnes, Majesté ?

– Ah ! Mon brave garçon ! Veux-tu venir dans mon château ? Tu seras mon ami.

– Non, vraiment, Majesté. En aucun cas. Je suis si heureux ici que je ne vous suivrais pas, même si vous m'offriez le trône d'un pape...

« Enfin un homme heureux ! », se dit le roi. Il ne se découragea pas :

– Écoute-moi, poursuivit-il. Serais-tu prêt à me rendre un immense service ?

– De tout mon cœur, Majesté. Encore faut-il que vous me jugiez assez digne de vous rendre service, et que j'ai la possibilité de vous aider. Je ne suis qu'un modeste paysan.

– Je t'offrirai tout ce que tu désires, si seulement tu veux bien me donner...

– Quoi donc, Majesté ?

Et sans dire un mot, le roi se précipita sur le jeune paysans pour lui déboutonner sa chemise, mais ses mains n'agrippèrent que la peau nue : l'homme heureux ne portait pas de chemise !

D'après un conte italien.

22 décembre

La carpe et le pêcheur

Un pêcheur s'était un jour installé au bord d'une petite rivière. Tout heureux, il vit remonter une carpe superbe. Mais celle-ci lui adressa la parole :

– Tu es en train de faire une bêtise, pêcheur !

– Et pourquoi donc ? demanda-t-il, surpris d'entendre parler un poisson.

– Tu verras bien. Que comptes-tu faire de moi ?

Le pêcheur se mit alors à rire :

– Je vais te manger, pardi !

Et ses yeux brillaient déjà de gourmandise à l'idée du bon repas qu'il allait faire. Mais la carpe reprit en souriant :

– Ne serre pas trop et écoute-moi. J'ai un jour avalé un rubis magique. Je suis prête à te le donner, car il me gêne au fond de ma bouche. Seulement, tu ne pourras l'attraper que si je suis vivante, car il disparaîtra dès que je serai morte.

Le pêcheur hésita, pensant que la carpe cherchait à le tromper. Celle-ci continua :

– Tu peux ne pas me croire et me tuer, mais le rubis ne sera pas pour toi. Dépêche-toi, car l'eau me manque, et je ne tiendrai plus longtemps.

Le pêcheur pensa alors qu'il pourrait toujours manger la carpe après, et retira l'hameçon de sa mâchoire pour attraper le précieux rubis. La carpe, qui n'attendait que cela, glissa de ses mains et sauta dans la rivière. Elle réapparut peu après pour dire d'un ton moqueur au pêcheur furieux :

– Pauvre pêcheur ! Les carpes n'avalent pas de rubis, mais les hommes n'avalent pas de carpes ; ils avalent des mensonges !

D'après un conte espagnol.

23 décembre

Le Petit Chaperon rouge

Il était une fois une fillette que tout le monde appelait le Petit Chaperon rouge.

Un jour, elle alla porter une galette à sa grand-mère, qui était malade et habitait dans la forêt. En chemin, elle rencontra un loup.

– Où vas-tu donc, Petit Chaperon rouge ? demanda le loup.

– Je vais chez ma grand-mère lui porter cette galette.

– Pourquoi ne lui cueilles-tu pas un joli bouquet de fleurs ? dit le loup.

– Quelle bonne idée, grand-mère sera très contente ! répondit la fillette.

Le loup en profita pour filer à la maison de la grand-mère.

– C'est le Petit Chaperon rouge, dit-il d'une voix très douce.

– Tire le loquet et entre ! s'écria la grand-mère.

Le loup bondit dans la pièce et ne fit qu'une bouchée de la vieille dame. Puis il enfila sa chemise de nuit,

car elle ne voulait pas que ses enfants dînent, comme tous les soirs, d'un simple morceau de pain.
Une fois rentré, son aîné, Petit-Jean, s'étonna de trouver l'oie plumée et préparée.
– C'est Noël, lui dit sa mère, et je veux que vous fassiez un bon dîner.
Alors, Petit-Jean eut une idée.
– Maman, donne-moi cette oie ; nous passerons un excellent Noël.
Il s'en alla chez le roi et lui offrit la belle oie plumée et prête à rôtir. Mais le roi se dit : « Ce garçon croit que je vais lui donner une récompense et il se trompe. »
Voulant tendre un piège à Petit-Jean, il lui dit :

son bonnet, et se glissa dans le lit de la vieille dame.
Pendant ce temps, le Petit Chaperon rouge arrivait avec un beau bouquet.
– Dis, grand-mère, pourquoi tu as de grandes oreilles ?
– C'est pour mieux t'entendre, mon enfant, répondit le loup.
– Dis, grand-mère, pourquoi tu as de gros yeux ?
– C'est pour mieux te voir, mon enfant.
– Dis, grand-mère, pourquoi tu as de grandes dents ?
– C'est pour mieux te manger ! cria le loup, et, d'une seule bouchée, il engloutit la fillette.
Heureusement, un chasseur passait par là. Il entra, tua le loup et sortit de son ventre le Petit Chaperon rouge ainsi que la grand-mère, qui avaient eu bien peur...

D'après Grimm.

24 décembre

Petit-Jean et l'oie de Noël

Il était une fois une femme très pauvre, qui travaillait jour et nuit pour nourrir ses six enfants. Quand Noël arriva, la pauvre femme se décida à tuer la seule oie qu'elle possédait,

– Partage donc cette oie entre ma femme, mes fils, mes filles et moi. Si quelqu'un se plaint du partage, tu n'auras rien.
Sûr de lui, Petit-Jean prit un couteau et se mit à découper l'oie.
– Sire, pour vous, qui commandez vos sujets, voici la tête. Pour votre femme, qui dirige votre maison depuis son fauteuil, le croupion. Vos fils, qui vont bientôt courir le monde, auront les pattes. Quant à vos filles, qui sont en âge de se marier et de vous quitter, elles auront les ailes. Les restes, en toute justice, reviendront aux pauvres.
Et il s'empara du corps de l'oie. Le roi, pris à son propre piège, éclata de rire. Il donna à Petit-Jean une bourse pleine d'argent. Ravi, le garçon rentra chez lui pour fêter en famille le plus beau Noël de sa vie.

D'après un conte français.

25 décembre

Le prix de la fumée

Un jour, un pauvre paysan s'arrêta dans une auberge. En entrant, il fut alléché par le fumet des délicieuses viandes qui tournaient sur la broche, mais il était trop pauvre pour s'offrir autre chose qu'un peu de soupe et un morceau de pain.
Après avoir avalé sa soupe, il contempla avec envie la viande qui cuisait dans la cheminée.
Il se leva et tendit son pain au-dessus des broches. Le pain prit le goût de la fumée qui s'échappait d'un gros rôti. Ravi, le paysan mordit à belles dents dans son morceau de pain parfumé. L'aubergiste se précipita sur lui.
– Voleur ! lui cria-t-il. Je t'y prends !
– Mais j'ai payé mon pain, protesta le paysan.
– Peut-être, mais pas la fumée. Tu me dois de l'argent pour la fumée que tu m'as volée.
– La fumée n'est à personne, elle s'envole où bon lui semble, protesta le paysan.
– C'est ma fumée, et tu dois me la payer, répliqua le méchant homme.
Un brave marchand qui assistait à la querelle prit soudain la parole.
– Combien veux-tu pour ta fumée, aubergiste ?
– Trois sous, dit l'aubergiste, ravi du tour qu'il jouait au paysan.
Le marchand fouilla dans les poches du paysan et en retira les trois sous. Il les agita sous le nez de l'aubergiste en les faisant tinter. Puis, il les remit dans la poche du paysan et lança à l'aubergiste :
– Pour un peu de fumée, le bruit de l'argent suffit !
Tous les clients éclatèrent de rire, et l'aubergiste s'en alla, honteux. Le paysan remercia le marchand et mangea son pain parfumé à la viande...

D'après un conte français

26 décembre

Le bien le plus précieux au monde

Une jeune veuve très riche vivait dans un port. Elle était si riche que le luxe de sa maison dépassait celui du palais royal. Mais cette femme n'était jamais satisfaite de sa fortune et en voulait toujours davantage. Elle y pensait tant qu'elle n'arrivait plus à dormir.
Elle fit venir le capitaine qui commandait le meilleur bateau de sa flotte et lui ordonna :

– Tu connais toutes les mers du monde. Tu as vu tant de trésors que sûrement tu pourras trouver ce que je te demande. Dans un an, je veux que tu me rapportes la chose la plus précieuse du monde. Sinon, gare à toi !
Le capitaine partit donc et navigua longtemps. Il séjourna chez les plus riches rois et empereurs. Il vit des diamants gros comme le poing et mille autres merveilles. Rien pourtant qui ressemblait au bien le plus précieux au monde.
Un jour, son navire connut une violente tempête, et ce n'est que par miracle qu'il fut rejeté sur une île déserte. De toutes les marchandises que contenaient les cales, seuls les sacs de blé avaient été sauvés. Ce blé sauva la vie de l'équipage, et le capitaine comprit alors que c'était là le bien le plus précieux au monde. Il était temps : l'année s'était écoulée.
Quand la jeune veuve vit tous ces sacs de blé, elle devint folle de rage et traita son capitaine d'incapable. Elle l'obligea à quitter la ville. Avant de s'en aller, le capitaine lui déclara :
– Je ne te conseille pas de mépriser le bien le plus précieux au monde. Un jour, tu connaîtras la misère.
C'est ce qui arriva. Un an plus tard, la veuve perdait toute sa fortune dans le naufrage de ses navires. Sa maison brûla. La jeune femme devint une mendiante après avoir négligé le bien le plus précieux au monde.

D'après un conte hollandais.

27 décembre

Le lièvre et le hérisson

Un jour, un hérisson rencontra un lièvre qu'il salua gentiment, mais le lièvre ne répondit pas à son salut. Il se moqua même de lui :
– Que fais-tu dehors ? Tu devrais avoir peur de fatiguer tes pauvres petites pattes !
Le hérisson eut de la peine, car il n'aimait pas que l'on se moque de ses pattes. Elles étaient plus courtes que celles du lièvre, et beaucoup moins belles. Mais elles le portaient bien ! Alors, il décida de donner une leçon au lièvre.
– Tu crois courir plus vite que moi avec tes grandes pattes ?
– Bien sûr ! répondit le lièvre. Et comment !
– Je te parie une bouteille de vin que je te bats à la course, lança le hérisson.
– Pari tenu, s'écria le lièvre, qui était sûr de gagner.
Le hérisson courut chez lui et dit à sa femme :
– Voilà ce que nous allons faire : le champ a été fraîchement labouré, le lièvre va courir dans un sillon et moi dans
un autre. Tu n'auras qu'à te mettre au bout de mon sillon, et quand le lièvre arrivera, tu diras : « Je suis déjà arrivé ! »
Quand approcha l'heure de la course, le lièvre se moqua à nouveau du hérisson.
– Tu as perdu d'avance ! lui dit-il. Puis il courut très vite à l'autre bout du champ.
Quelle ne fut pas sa surprise quand il aperçut la femme du hérisson, qui lui cria :
– Je suis déjà arrivé !
Comme ils étaient tous deux recouverts de piquants, il était absolument impossible de les distinguer.
Le lièvre était furieux. Le hérisson et sa femme rentrèrent chez eux pour déguster la bouteille qu'ils avaient si bien gagnée...

D'après Grimm.

28 décembre

Chat et souris associés

Il était une fois un chat et une souris qui étaient si bons amis qu'ils s'installèrent ensemble. La souris, d'une nature prudente, dit un jour au chat :
– Il faut que nous fassions des provisions pour l'hiver.
Les voici qui vont au marché pour acheter une grosse terrine. Mais, de peur qu'on ne le vole, il décidèrent de cacher le pot loin de chez eux.
– Quelle meilleure cachette que l'église ? dit le chat. Personne n'ira nous le voler.
Et ils dissimulèrent le pot de pâté au fond de l'église, derrière une statuette.
Un jour, le chat eut faim. Il n'avait aucune envie d'aller à la chasse.
– Je vais à un baptême, ce soir, expliqua-t-il à la souris. J'ai accepté d'être parrain.
La souris ne se méfia pas. Le chat fila à l'église et engloutit tout le dessus de la terrine. De retour à la maison, la souris lui demanda le nom de son filleul.
– Dessus-parti, répondit le chat.
Peu de temps après, le chat repensa au pâté. Il alla trouver la souris et lui dit :
– Je suis de nouveau le parrain d'un petit chat de ma famille. Je dois m'absenter.
Arrivé à l'église, il dévora la moitié du pot.
– Mon nouveau filleul s'appelle Moitié-vide, dit-il à la souris.
Le chat ne tarda pas à avoir encore faim. Il mentit encore et partit vider le pot.
– Cette fois-ci, mon filleul s'appelle Tout-net.
L'hiver arriva et la souris eut faim à son tour. Ils se rendirent à l'église, mais quelle ne fut pas sa surprise de trouver le pot vide ! Elle comprit enfin qu'elle avait été trompée.
Le chat l'avala alors d'une seule bouchée. Il ne faut jamais se fier à un menteur...

D'après Grimm.

29 décembre

Le ver

Henry était un prince très paresseux qui détestait rendre service.
Un jour, alors qu'il pêchait dans la rivière, il tira de l'eau un long ver tout blanc. Dégoûté, il le jeta dans une fontaine et l'oublia.
Son père, inquiet de son caractère, décida un jour de l'envoyer à la guerre.
Le ver, qui n'était pas mort, se mit à grandir dans

la fontaine. Au bout de quelques mois, il était devenu énorme. Sa taille était telle qu'il devait s'enrouler autour d'une colline pour dormir. Bientôt, il se mit à tout dévorer dans la région. Il mangea des arbres, des animaux et écrasa des maisons. Des chevaliers essayèrent de le tuer, mais aucun n'y parvint.

Le roi lui fit donner du lait, que le monstre adorait. Mais il fallait des milliers de vaches pour satisfaire ses besoins. Le ver avait un énorme appétit !

Pendant des années, on lui donna tout le lait du royaume.

Henry revint de la guerre. Il avait beaucoup changé. Il se rappela du ver qu'il avait jeté dans la fontaine, à l'époque où il était encore paresseux. Et il se décida :

– Je dois aider ces pauvres gens, car c'est un peu de ma faute s'il est là.

Il prit son armure et y fixa de longues pointes de fer. Il y en avait tellement qu'il ressemblait à un hérisson. Puis, son épée en main, il partit affronter le ver.

Quand il aperçut Henry, l'animal s'enroula autour de lui pour l'étouffer, comme il l'avait fait avec les autres chevaliers. Mais toutes les pointes de fer s'enfoncèrent dans son corps. Le ver était percé comme une pelote d'épingles... Henry le coupa alors en morceaux avec son épée.

À partir de ce jour, tout le monde aima Henry, et il devint roi à son tour...

D'après un conte anglais.

30 décembre

Le loup et les sept chevreaux

Une chèvre dit un jour à ses sept petits chevreaux :

– Je vais en forêt pour chercher de quoi manger. Méfiez-vous du loup, et rappelez-vous : vous le reconnaîtrez toujours à sa grosse voix et à ses pattes toutes noires.

Le loup vit partir la chèvre et se précipita à la porte. En frappant, il cria :

– Ouvrez, mes petits, c'est moi, votre maman, qui vous apporte à manger !

Mais les chevreaux reconnurent la grosse voix du loup :

– Tu es le loup ! Nous ne t'ouvrirons pas !

Le loup s'éloigna, puis revint. D'une toute petite voix, il appela les chevreaux. Mais il avait posé sa grosse patte noire sur la fenêtre.

– Tu n'es pas notre maman ! Ta patte est noire et velue !

Le loup fila au moulin le plus proche et plongea sa main dans la farine. Il retourna à la maison, montra sa patte blanche et reprit sa petite voix. Les chevreaux, croyant que leur maman était revenue, lui ouvrirent la porte. Le loup entra alors et les dévora tous. Tous, sauf le plus petit, qui s'était caché dans la pendule.

Quand la chèvre revint, le chevreau lui raconta en pleurant ce qui s'était passé.

La chèvre prit une paire de ciseaux et du fil bien solide. Elle ne tarda pas à trouver le loup, qui dormait au pied d'un arbre. Tout doucement, elle découpa son ventre et fit sortir les six chevreaux qu'il avait avalé d'un coup. À leur place, elle déposa de gros cailloux, puis elle recousit le ventre de l'animal. Quand il se réveilla, il se sentait très lourd. Il alla boire à la rivière, mais le poids des cailloux l'entraîna dans l'eau. Il se noya aussitôt. La chèvre et ses petits purent vivre heureux...

D'après Grimm.

31 décembre

Les trois vagues

Un pêcheur et sa femme avaient un fils qui s'appelait Olaf. Ce garçon était si gentil que les fées lui avaient fait un don : il pouvait devenir invisible.
Un jour, son père disparut en mer. Sûr de pouvoir le retrouver, Olaf alla au port et proposa à des marins de s'embarquer avec eux. Il leur promit de les aider en se rendant utile à bord. Les pêcheurs acceptèrent de l'emmener avec eux.
Le soir du départ, Olaf aperçut trois mouettes noires, perchées sur le pont, qui semblaient parler entre elles. Le garçon se rendit invisible, puis il monta sur le pont et écouta la conversation des trois oiseaux. Les mouettes étaient en réalité trois vilaines sorcières.
– Si ces idiots savaient que nous allons nous transformer en vagues pour couler leur bateau, fit l'une.
– Et s'ils se doutaient qu'il suffit de jeter dans chacune des vagues une baguette de bois, fit une autre.
– Ils seraient bien surpris ! renchérit la troisième.
Le lendemain, Olaf se munit de trois grosses baguettes et monta à bord. Le bateau, pris dans une tempête, fut presque englouti par une énorme vague. Mais, au dernier moment, Olaf jeta dans l'eau l'une des baguettes et la vague retomba.
– Aïe ! fit une voix dans l'eau. C'était la première sorcière.
Une deuxième vague manqua de les faire couler, mais Olaf lança une autre baguette, et le bateau fut sauvé. C'était la deuxième sorcière.
Quand Olaf lança la dernière baguette, la troisième sorcière cria à son tour. Alors la mer redevint calme et les marins remercièrent le garçon. Le lendemain, ils retrouvèrent le père d'Olaf, seul et naufragé sur une île déserte. Ils le ramenèrent chez lui, et la famille fut à nouveau réunie grâce au dévouement d'Olaf...

D'après un conte norvégien.

Maquette intérieure :
Pascale Cazenave et Hélène Lemaire

Textes :
écrits ou réunis par Philippe Yedid

Photogravure :
Quadrilaser

Imprimé en Belgique